C·H·Beck
PAPERBACK

Plotin (204–270 n. Chr.) ist der Begründer und bedeutendste Denker des Neuplatonismus. Er prägte die Philosophie der Spätantike und war darüber hinaus von größtem Einfluß auf die gesamte metaphysische Tradition in Mittelalter, Renaissance und Neuzeit. Jens Halfwassen stellt in diesem Buch Leben und Werk Plotins vor und skizziert die wichtigsten Aspekte der Wirkungsgeschichte.

Umschlagbild: Diese Portraitbüste – aufbewahrt im Museum von Ostia – entstand in der späteren Lebenszeit Plotins und wird meistens mit ihm identifiziert. Porphyrios berichtet (VP 1), Plotin habe sich geweigert, sich portraitieren zu lassen, doch sei der Maler Carterius in seine Vorlesungen gekommen und habe dann aus dem Gedächtnis ein Portrait geschaffen, «das sehr ähnlich war». Dieses Gemälde konnte als Modell dienen für die Büste, von der mehrere Varianten existieren. Der Vollbart weist den Dargestellten als Philosophen aus. Ob es sich wirklich um Plotin handelt, ist freilich nicht ganz sicher. Die vergeistigten Züge, die hohe Stirn und die ausdrucksvollen Augen als «Fenster der Seele» vermitteln jedenfalls ein ansprechendes Bild eines spätantiken Intellektuellen.

Jens Halfwassen (1958–2020) war Professor für Philosophie an der Universität Heidelberg.

Die Reihe «Denker» wird herausgegeben von Otfried Höffe.

Jens Halfwassen

Plotin und der Neuplatonismus

C.H.Beck

Werner Beierwaltes
in Verehrung und Freundschaft
gewidmet

Originalausgabe

2. Auflage. 2020
Unveränderter Nachdruck

Wilhelmstraße 9, 80801 München, info@beck.de

www.chbeck.de
Satz: C.H.Beck.Media.Solutions, Nördlingen
Druck und Bindung: Druckerei C.H.Beck, Nördlingen
Umschlagentwurf: malsyteufel,Willich
Umschlagabbildung: Plotin, Skulptur, um 260 n. Chr.
Gedruckt auf säurefreiem und alterungsbeständigem Papier
Printed in Germany
ISBN 978 3 406 75866 9

myclimate shape our future
FSC www.fsc.org MIX Papier | Fördert gute Waldnutzung FSC® C019821

verantwortungsbewusst produziert
www.chbeck.de/nachhaltig
produktsicherheit.beck.de

Inhalt

Abkürzungen, Zitierweise

Anal. post.	Aristoteles, Analytica posteriora
Cat.	Aristoteles, Kategorien
Conf.	Augustinus, Confessiones
De an.	Aristoteles, De anima (Über die Seele)
De civ. dei	Augustinus, De civitate dei
De div. nom.	Ps.-Dionysius Areopagita, De divinis nominibus
De mem.	Aristoteles, De memoria et reminiscentia
De mens.	Johannes Lydos, De mensibus
De myst.	Jamblich, De mysteriis
De princ.	Damaskios, De principiis
De somn.	Aristoteles, De somno et vigilia
EN	Aristoteles, Nikomachische Ethik
Eud. Eth.	Aristoteles, Eudemische Ethik
In Arist. Phys.	Simplikios, In Aristotelis Physicorum libros commentaria
In Parm.	Porphyrios, In Platonis Parmenidem commentarius
In Parm.	Proklos, Commentarius in Platonis Parmenidem
In Parm. VII	Proklos, Commentarius in Platonis Parmenidem, pars ultima adhuc inedita, interprete G. de Moerbeka
In Tim.	Proklos, In Platonis Timaeum commentaria
Met.	Aristoteles, Metaphysik
Parm.	Platon, Parmenides
Phaidr.	Platon, Phaidros
Phileb.	Platon, Philebos
Phys.	Aristoteles, Physik
Praep. ev.	Eusebios, Praeparatio evangelica
Rep.	Platon, Politeia
Sent.	Porphyrios, Sententiae ad intelligibilia ducentes
Soph.	Platon, Sophistes
Symp.	Platon, Symposion

Test. Plat.	Testimonia Platonica
Theait.	Platon, Theaitetos
Theol. Plat.	Proklos, Theologia Platonis
Tim.	Platon, Timaios
VP	Porphyrios, Vita Plotini

Plotin wird zitiert nach der Enneadenordnung, die Porphyrios eingeführt hat, sowie nach den von Ficino in seiner lateinischen Plotinübersetzung eingeführten Kapiteln und den Zeilen der historisch-kritischen Textausgabe von Henry-Schwyzer. Dabei wird die Neunergruppe mit römischen, Schrift, Kapitel und Zeile mit arabischen Ziffern angegeben, z. B. VI 9, 1, 1: sechste Enneade, Schrift 9, Kapitel 1, erste Zeile.

Vorwort

Plotin ist neben Platon und Aristoteles der größte, einflußreichste und wirkungsmächtigste Denker der Antike. Der von ihm begründete Neuplatonismus bestimmte die letzte Epoche der antiken Philosophie, war darüber hinaus aber von größtem Einfluß auf die gesamte weitere Geschichte der Philosophie wie der Theologie. Eine innere Affinität verbindet ihn mit dem spekulativen Deutschen Idealismus, also dem Denken von Fichte, Hegel und Schelling. Wo immer nach Plotin metaphysisch gedacht wurde, waren Motive und Denkformen neuplatonischer Herkunft im Spiel. Jede Einheitsdeutung der Wirklichkeit bleibt dem Platonismus verpflichtet und greift schon mit dem Primat der Einheit auf ihn zurück.

Zugleich ist Plotins Philosophie voraussetzungsreicher als die der meisten anderen Klassiker des Denkens. Sie setzt nicht neu an, sondern bezieht sich ausdrücklich auf Platon, den Plotin im Lichte einer schon Jahrhunderte alten Auslegungstradition, die bis auf Platons eigene Schüler zurückgeht, interpretiert und in dessen Philosophie er zentrale Einsichten des Aristoteles integriert. Diesen Traditionsbezug muß jede Darstellung einbeziehen. Dazu kommt die außerordentliche inhaltliche Komplexität dieser Philosophie, die sich auch daraus ergibt, daß hier die tiefsten Probleme der Metaphysik behandelt werden. Das alles macht den Versuch einer einführenden und für Plotin werbenden Darstellung zu einer Herausforderung, die freilich besonders reizvoll ist.

Dieses Buch nimmt das Ganze von Plotins Denken in den Blick. Dabei habe ich keine doxographische Vollständigkeit angestrebt. Vielmehr wollte ich die grundlegenden Einsichten und Gedanken Plotins philosophisch verstehbar machen und ihren inneren Zusammenhang wie ihre geschichtlichen Voraussetzungen deutlich werden lassen. Über die historische Distanz hinweg möchte ich die Attraktivität, die Erschließungskraft und den Facettenreichtum eines Denkens zeigen, das auch heute noch zu faszinieren vermag.

Mein eigenes Verständnis Plotins und des Neuplatonismus verdankt niemandem mehr als Werner Beierwaltes. Er hat den philosophischen Rang und die Lebendigkeit neuplatonischen Denkens wie kein zweiter nachvollziehbar werden lassen. Ihm ist dieses Buch als bescheidener Ausdruck meines Dankes gewidmet. Die Kollegen Otfried Höffe (Tübingen), Christoph Horn (Bonn) und Walter Mesch (Heidelberg) haben das Manuskript in verschiedenen Aggregatzuständen seiner Entstehung gelesen und wertvolle Verbesserungsvorschläge gemacht; ich danke ihnen herzlich dafür. Meinen Mitarbeitern Markus Gabriel und Jens Rometsch danke ich für die Mühen des Korrekturlesens, Herrn Gabriel darüber hinaus für tatkräftige und engagierte Hilfe bei der Fertigstellung des Manuskripts. Die Diskussionen mit meinen Studenten und Mitarbeitern sind in dieses Buch eingegangen. Auch dafür möchte ich an dieser Stelle danken.

Heidelberg, Mai 2004

I. Was ist Neuplatonismus?

1. Geistesgeschichtliche Stellung

«Plotin benutzt die gesamte Überlieferung der antiken Philosophie als Mittel, eine wundersame Metaphysik auszusprechen, die, in ihrer Stimmung original, seitdem als die eigentliche Metaphysik durch die Zeiten geht. Die mystische Ruhe ist in der Musik einer Spekulation mittelbar geworden, die unüberholbar bleibt und in irgendeiner Weise widerklingt, wo immer seitdem metaphysisch gedacht wurde.» (Jaspers 1971, 119)

Dies schreibt Karl Jaspers in seiner damals weitverbreiteten *Einführung in die Philosophie* über Plotin, den Begründer und bedeutendsten Denker des Neuplatonismus. Dieser prägte speziell die Philosophie der Spätantike bis zur Schließung der Akademie Platons in Athen durch Kaiser Justinian im Jahre 529 nach Christus, war darüber hinaus aber von größtem Einfluß auf die gesamte metaphysische Tradition in Mittelalter, Renaissance und Neuzeit. Jaspers betont, daß Plotin «die gesamte Überlieferung der antiken Philosophie» aufnimmt, also eine umfassende Synthese anstrebt. Diese Synthese konzentriert sich aber, wie Jaspers ebenfalls hervorhebt, ganz auf die Metaphysik. Als Metaphysik im Sinne Plotins läßt sich ein Denken verstehen, das nach dem Ganzen dessen fragt, was überhaupt ist und gedacht werden kann. Nach dem Ganzen des Seienden und Denkbaren kann aber nur fragen, wer dieses Ganze als *Einheit* in den Blick nimmt. Und diese Thematisierung des Ganzen in seiner Einheit ist selber nur dadurch möglich, daß man nach einem letzten Grund und Ursprung fragt, von dem aus sich das Ganze als Einheit in den Blick bringen läßt, also nach einem Grund der Einheit des Ganzen. Dieser Urgrund aber kann seinerseits nicht wieder durch irgend etwas anderes bedingt sein, er ist also unbedingt und absolut, und weil er der Grund der Einheit des Ganzen ist, nennt Plotin ihn «das Eine selbst» (*auto to hen*). Neuplatonische Metaphysik ist darum in einem prägnanten Sinne *Denken des Einen* (vgl. Beierwaltes 1985).

Zugleich ist diese Metaphysik auch eine Philosophie des Geistes, wie besonders Hegel hervorgehoben hat (*Vorlesungen über die Geschichte der Philosophie* Bd 2, 403 ff). Der Neuplatonismus war die erste Philosophie, die dem Geist (*nous*) nicht nur eine besondere, herausgehobene Stellung in der Wirklichkeit zuerkannte, wie das schon Platon und Aristoteles getan hatten, sondern ihn als die Einheit der Wirklichkeit überhaupt dachte, der jedes Wirkliche seine besondere Bestimmung verdankt. Mit dem Geist ist also nicht unser individuelles und subjektives Denkvermögen gemeint, sondern der göttliche oder absolute Geist als Inbegriff der Fülle des Seins; er ist das zweite große Thema der neuplatonischen Philosophie neben dem Einen. Für Hegel bildet der Neuplatonismus darum einen entscheidenden Wendepunkt in der Geschichte des Geistes, weil mit ihm der Standpunkt erreicht sei, «daß sich das Selbstbewußtsein in seinem Denken als das Absolute wußte» (Hegel, *Vorlesungen über die Geschichte der Philosophie* Bd 2, 404). Die Thematik des Selbstbewußtseins und seines Verhältnisses zum Absoluten hat zur bleibenden Aktualität des Neuplatonismus in der Neuzeit viel beigetragen und verbindet ihn mit dem Deutschen Idealismus, besonders mit Fichte, Hegel und Schelling.

Allerdings ist für die Neuplatoniker das selbstbewußte Denken, der Geist, nicht selber das Absolute wie für Hegel. Für Plotin gründet auch der Geist in dem absoluten Einen, das selbst «jenseits des Geistes» (*epekeina nou*) und «jenseits des Seins» (*epekeina tês ousias*) steht. Die Transzendenz des absoluten Einen nicht allein über alles Sein, sondern auch über alles Denken bildet zugleich die Grundlage für eine genuin philosophische *Mystik*, die Plotin ausgebildet hat. Denn wenn das Eine alle Denkbarkeit transzendiert, dann kann es nur noch dadurch erreicht werden, daß das Denken auch *sich selbst* übersteigt und im Heraustreten aus sich selbst (*ekstasis*) mit dem Einen selbst unterschiedslos Eins wird, in einer differenzlosen Einung.

2. Berufung auf Platon

Die Bezeichnung der Philosophie Plotins und seiner Nachfolger als «Neuplatonismus» ist nicht antik, sondern entstand unter dem Einfluß der 1742 erschienenen *Historia Critica Philosophiae* des Philosophiehistorikers Jakob Brucker (vgl. Brucker 1742, 189ff); sie taucht zum ersten Mal 1774 bei A. Fr. Büsching auf (Büsching 1774, 471 ff) und wird gegen Ende des 18. Jahrhunderts zu einem festen Terminus. Brucker und die ihm folgenden Philosophiehistoriker der Aufklärung wollten damit diese Philosophie, in der sie nur eine unklare mystische Schwärmerei sahen, von der Philosophie Platons unterscheiden. Plotin und alle anderen Neuplatoniker selber nannten sich hingegen einfach Platoniker. Sie wollten keine Neuerer sein, sondern verstanden sich als getreue Wahrer und Interpreten der Philosophie des «göttlichen» Platon, die für sie den Gipfel der Weisheit darstellt. Plotin formuliert dieses Selbstverständnis in aller Grundsätzlichkeit (V 1, 8). Sein Programm ist die Interpretation der Metaphysik Platons und der in ihr enthaltenen Wahrheit. Diese liegt freilich auch für Plotin nicht einfach als fertiger Traditionsbestand vor, sondern bedarf der interpretierenden Entfaltung und Aneignung. Dabei konzentriert sich der Neuplatonismus ganz auf Platons Metaphysik; dessen praktische Philosophie tritt dahinter zurück.

Doch ist der Neuplatonismus keineswegs nur Platoninterpretation. Bereits Plotins Schüler Porphyrios bemerkt, daß in Plotins Philosophie neben Platonischen auch Aristotelische und stoische Lehren eingegangen sind (VP 14, 4 ff). Plotin selber beruft sich außer auf Platon auch auf Aristoteles und die großen Vorsokratiker Parmenides, Heraklit, Empedokles und Anaxagoras sowie auf die Schulüberlieferung des Pythagoreismus (V 1, 8–9). Der Neuplatonismus will die abschließende Synthese der gesamten antiken Philosophie sein. Diese Synthese erfolgt jedoch erklärtermaßen unter dem Vorzeichen Platons: alle anderen Lehren werden in den Theorierahmen des Platonismus eingeordnet und von ihm aus interpretiert. Dabei ist wichtig, daß für Plotin allein Platon die richtige Lehre von der absoluten Transzendenz des Einen selbst über Sein und Geist vertreten hat (vgl. *Rep.* 509 B, *Parm.* 137 C – 142 A, *Test. Plat.* 50); das unterscheidet ihn auch von Parmenides und Aristoteles, die das Eine mit dem Sein bzw. dem Geist gleichgesetzt hatten, und begründet den einzigartigen Vorrang Platons vor allen anderen großen Philosophen.

Von den meisten modernen Platondeutungen unterscheidet sich die Platonauslegung Plotins und der ihm folgenden Neuplatoniker in zwei wichtigen Punkten. *Erstens*: Die moderne entwicklungsgeschichtliche Betrachtungsweise eines Autors ist Plotin wie der gesamten Antike fremd. Er deutet die verschiedenen Dialoge Platons darum von vornherein als Ausdruck eines einheitlichen, sich durch alle Schriften durchhaltenden philosophischen Systems und stellt diejenigen Dialoge ins Zentrum seiner Deutung, in denen er zentrale Elemente dieses Systems findet: das sind vor allem *Politeia*, *Parmenides* und *Timaios*, ferner *Phaidon*, *Symposion*, *Phaidros*, *Sophistes*, *Philebos*, *Theaitetos* und *Alkibiades I*; oft herangezogen werden außerdem der (wahrscheinlich unechte) *2.* und der (echte) *7. Brief* Platons. *Zweitens*: Dieses System steht für Plotin *hinter* den Dialogen; es bildet zwar den Schlüssel zu ihrem Verständnis, wird aber als ganzes in keinem Dialog vollständig entwickelt. Den systematischen Gesamtrahmen seiner Platondeutung entnimmt er den zahlreichen Berichten bei Aristoteles und anderen antiken Autoren über Platons innerhalb der Akademie nur mündlich vorgetragene Philosophie der Prinzipien, die «ungeschriebenen Lehren» (*agrapha dogmata*) Platons. Daß die Neuplatoniker ihre Kenntnis dieser Prinzipienphilosophie ausschließlich den heute noch erhaltenen Berichten (gesammelt bei Gaiser 1963, 447–557) verdanken, ist dabei unwahrscheinlich, weil einige der wichtigsten Zeugnisse durch neuplatonische Autoren wie Porphyrios, Jamblich, Proklos und Simplikios überliefert sind, die somit offenbar Zugang zu heute verlorenen Quellen hatten. Zu rechnen ist mit einer Lehrkontinutät der Platonischen Prinzipienmetaphysik von der Älteren Akademie bis zum Neuplatonismus (vgl. Krämer 1964).

In dieser Prinzipienmetaphysik wurde alles Seiende und Denkbare auf zwei letzte und allumfassende Prinzipien zurückgeführt, nämlich das Eine und die «unbestimmte Zweiheit» (*ahoristos dyas*); diese Prinzipien wirken in der Begründung des Seins so zusammen, daß das absolute Eine allem Einheit, Sein und Bestimmtheit verleiht, während die unbestimmte Zweiheit die Entfaltungsbasis bildet, die das überseiende Eine in die Vielheit des Seienden entfaltet. Diese Prinzipientheorie hatte Platon unter dem Titel *Über das Gute* vorgetragen; denn als der Urgrund allen Seins ist das Eine für Platon zugleich das Gute (*agathon*), worin ihm Plotin folgt (vgl. II 9, 1, 1–8). Plotin interpretiert die Zwei-Prinzipien-Lehre zugleich im Sinne eines Ursprungsmonismus: er lehrt, daß die unbestimmte Zweiheit selber auf eine unbegreifliche, für alles begreifende Denken unvordenkliche Weise aus der Überfülle des absoluten Einen hervorgegangen ist (V 1, 5, 6 ff). Ansätze zu einer solchen monistischen Deutung gibt es schon bei Platons Schülern, speziell bei Speusipp (dazu Halfwassen 1997). Die Zeugnisse über Platons ungeschriebene Lehren berichten ferner von einer Dreistufung der Wirklichkeit in die Seinsbereiche der Ideen, des Seelisch-Mathematischen und der sinnlich erscheinenden Einzeldinge, die den drei neuplatonischen Hypostasen des Geistes, der Seele und der materiellen Natur entsprechen; ferner berichten sie von der hierarchischen Strukturierung aller Seinsbereiche mit Hilfe einer Zahlenphilosophie, welche die Zahl metaphysisch als Vermittlung von Einheit und Vielheit zu einer in sich unterschiedenen Einheit versteht; sowohl dieses metaphysische Zahlenverständnis als auch seine strukturierende Funktion innerhalb der Seinshierarchie spielen im Neuplatonismus von Plotin an eine wichtige Rolle (vgl. Krämer 1964, 292 ff; Horn 1995 a, 149 ff).

Die Neuplatoniker verbinden in ihrer Platonauslegung die ungeschriebene Prinzipientheorie mit den Angaben der Dialoge, um dadurch zu einem möglichst vollständigen und in sich folgerichtigen System des Platonischen Denkens zu kommen. Der wichtigste Dialog ist dabei seit Plotin der *Parmenides*, dessen Thema das Eine und sein Verhältnis zur Vielheit ist; von ähnlicher Bedeutung sind die drei großen Gleichnisse in den mittleren Büchern der *Politeia* (Sonnengleichnis, Liniengleichnis, Höhlengleichnis), in denen Platon die Begründung des Seins und des Erkennens sowie den Aufstieg des Menschen zur höchsten Erkenntnis gleichnishaft darstellt. In dieser Art, Platon zu interpretieren, trifft sich der Neuplatonismus mit Tendenzen in der modernen Platonforschung, die seit Léon Robin die Bedeutung der ungeschriebenen Prinzipienlehre wiederentdeckt hat (vgl. Robin 1908, Wilpert 1949, Merlan 1953). Ganz besonders gilt das für die Platondeutung der «Tübinger Schule» (Krämer, Gaiser, Szlezák, Reale, Halfwassen), welche die Prinzipienphilosophie nicht als die späteste Phase von Platons Denken ansieht, sondern als dessen Grundlage, die für sein gesamtes Denken in allen Phasen seiner Entwicklung gültig ist.

3. Weitere Einflüsse

Nächst Platon ist Aristoteles für Plotin bei weitem der wichtigste Autor. Schon Porphyrios betont, Plotin verwende sehr häufig die *Metaphysik* des Aristoteles (VP 14, 5–7). Während aber Porphyrios Aristoteles mit Platon harmonisieren wollte, betont Plotin sehr deutlich die Differenz zwischen beiden Denkern in Grundlegungsfragen. Er kritisiert insbesondere den Prinzipienpluralismus des Aristoteles und dessen Ansetzung des göttlichen Geistes als höchstes und erstes Prinzip und betont dagegen, man müsse mit Platon auch über den Geist hinausgehen zu dem überseienden und übergeistigen Einen als dem einzigen absoluten Ursprung, und man dürfe diesem Absoluten nicht zuschreiben, daß es denkt, und zwar auch nicht sich selbst (V 1, 9; VI 7, 36–42; dazu Szlezák 1979, 42 ff; Halfwassen 1992 a, 212 ff). Plotins Benutzung des Aristoteles ist also erklärtermaßen kritisch. Man kann in seiner Aristotelesrezeption drei Ebenen unterscheiden. *Erstens*: Aristoteles ist für Plotin die wichtigste Quelle für die ungeschriebene Prinzipienphilosophie Platons; insofern entnimmt Plotin den systematischen Gesamtrahmen seiner Philosophie den Schriften des Aristoteles, aber nicht dessen eigener Philosophie, sondern dessen Berichten über Platon. *Zweitens*: Plotin übernimmt von Aristoteles außerdem eine Reihe von Lehren, die dieser selbst vertreten hat, die aber ebenso für die Ältere Akademie, also für Platon und seine Schüler insgesamt repräsentativ sind. Dazu gehören namentlich die Stufung des Seienden und die Beziehung der Seinsstufen aufeinander durch ein ontologisch verstandenes Konzept von Homonymie, das alle abgeleiteten Stufen auf die höchste als die ursprüngliche Form zurückbezieht, ferner die tragende Rolle, welche die Unterscheidung von Wirklichkeit (*energeia*) und Vermögen (*dynamis*) spielt (dazu Krämer 1964, bes. 346 ff, 351 ff; Horn 1995 a, bes. 49 ff). *Drittens*: Plotin übernimmt sodann auch solche Lehren, die für Aristoteles spezifisch sind: vor allem dessen Analysen der Struktur des Sehens und des geistigen Erkennens aus der Schrift *Über die Seele* sowie die Lehre vom göttlichen Geist und seinem Denken seiner selbst (*noêsis noêseôs*) aus dem 12. Buch der *Metaphysik*. Ob Aristoteles' Theorie des sich selbst denkenden göttlichen Geistes für die Geistmetaphysik der Älteren Akademie insgesamt repräsentativ ist und wie sie im einzelnen zu deuten ist, speziell, ob bei Aristoteles der Geist sich selbst als Inbegriff von Ideen denkt, ist bis heute umstritten (dafür Krämer 1964, 1967, 1969 b, 1984; dagegen Oehler 1962, 1974, 1984, 1997). Dagegen steht fest, daß Plotins Rezeption der Geisttheorie des Aristoteles durch den um 200 nach Christus lebenden Aristoteleskommentator Alexander von Aphrodisias beeinflußt wurde; Alexander verbindet in seiner Deutung die Lehre vom sich selbst denkenden göttlichen Geist aus dem 12. Buch der *Metaphysik* mit der Analyse des geistigen Erkennens aus dem 3. Buch der Schrift *Über die Seele*, und genau diese Verbindung finden wir auch bei Plotin (dazu Armstrong 1960). Für Alexander steht ebenso wie für Plotin fest, daß der Geist sich selbst als Inbegriff der Ideen erkennt, und zwar in der Weise, daß er als erkennender mit den erkannten Ideen identisch ist. Plotin verbindet die Geisttheorie des Aristoteles also mit der Ideenlehre Platons, die er ihrerseits so interpretiert, daß der Ideenkosmos als holistische Ganzheit selber Geist ist; für eine solche geistphilosophische Deutung der Ideenlehre sprechen zentrale Stellen in Platons Dialogen (vor allem *Soph.* 248 E ff; *Tim.* 30 Cff; vgl. *Test. Plat.* 25 A; dazu Krämer 1964, 193 ff). Die von Plotin vertretene Immanenz der Ideen im göttlichen Geist hat ferner schon der Platonschüler Xenokrates gelehrt (Fr. 15, 16 Heinze).

Aus der stoischen Philosophie übernimmt Plotin vor allem die Lehre vom Logos als dem immanenten Strukturprinzip der Welt und aller einzelnen Dinge in ihr sowie die Lehre von der Selbstwahrnehmung (*synaisthêsis*) und der Selbstaneignung (*oikeiôsis*) aller lebendigen Wesen (dazu Graeser 1972). Während diese Lehren aber bei den Stoikern im Kontext einer materialistischen Weltauffassung und einer sensualistischen Deutung des Erkennens stehen, löst Plotin sie aus diesem Kontext gerade heraus; den Materialismus der stoischen Physik kritisiert er ebenso wie die stoische Abbildtheorie des Erkennens als unhaltbar. Plotin deutet den Logos als reine Form (*eidos, morphê*); er versteht ihn als eine immaterielle seelische Aktivität, welche die an sich unbestimmte Materie nach dem Vorbild der Ideen formt und bestimmt. Die Selbstwahrnehmung und Selbstaneignung des Lebendigen deutet Plotin geistphilosophisch als unvollkommenere Vorformen der absoluten denkenden Selbstbeziehung des Geistes; alles Leben ist für Plotin wesentlich und ursprünglich ein Sich-Verhalten zu sich selbst und darum von der Art des Geistes (III 8, 1–8). Plotins Übernahme stoischer Lehren ist so mit ihrer tiefgreifenden Umformung verbunden, durch die sie mit seiner platonischen Gesamtkonzeption vereinbar und in deren Rahmen zur genaueren Analyse der ideenhaften Begründung der Welt und der Geistorientierung alles Lebendigen einsetzbar werden.

Eine Verbindung von Platonischer Prinzipienmetaphysik und Ideenlehre mit ontologischen und geistphilosophischen Theoremen des Aristoteles sowie mit stoischer Logoslehre kennzeichnet bereits die den Neuplatonismus vorbereitende platonische Schultradition mindestens seit Antiochos von Askalon (um 80 v. Chr.). Die bedeutenden Vertreter dieses sogenannten «Mittelplatonismus» von Eudoros im ersten vorchristlichen Jahrhundert über Philon von Alexandria und Plutarch von Chaironeia im ersten bis zu Alkinoos und Numenios im zweiten Jahrhundert nach Christus verbinden diese Elemente in jeweils ganz unterschiedlicher Gewichtung und Akzentuierung. Ihre philosophischen Entwürfe sind Versuche, zu einer möglichst alle Aspekte der Wirklichkeit einbeziehenden Gesamtinterpretation der Philosophie Platons zu gelangen. Aber diese Versuche vermitteln im einzelnen noch einen stark experimentellen Eindruck. Keiner von ihnen gelangt zu einer ähnlich geschlossenen Synthese wie Plotin, und keiner hebt die entscheidenden Grundeinsichten Platons mit solcher Schärfe heraus wie er; das hat schon sein Zeitgenosse, der Mittelplatoniker Longin anerkannt (VP 20, 70 ff). Proklos nennt Plotin darum den eigentlichen Wiederhersteller der Metaphysik (*epopteia*) Platons (*Theol. Plat.* I 1, 6, 16 ff).

II. Plotin: Person und Werk

1. Plotins Leben

Uber Plotins Leben sind wir für antike Verhältnisse ausgezeichnet informiert durch eine Biographie, die Porphyrios im Jahre 301, 31 Jahre nach Plotins Tod, verfaßt hat. Er schickte diese Biographie seiner Ausgabe der Schriften Plotins voraus, wie das in der Antike üblich war. Seine Angaben dürfen als zuverlässig gelten, was bei antiken Biographien keineswegs immer der Fall ist. Gleichwohl verfolgt seine Plotin-Biographie eine bestimmte Absicht: sie präsentiert uns Plotin als den vollkommenen Philosophen, als das Ideal eines Weisen. Gemäß der antiken Vorstellung vom vollkommenen Menschen gehört dazu auch, daß Plotin nicht nur intellektuelle und moralische Vollkommenheit zugeschrieben wird, sondern auch gewisse übermenschliche, paranormale Fähigkeiten. Darum enthält die Biographie eine Reihe von Wundergeschichten. Ihr Zweck ist es wohl, die Macht des Geistes über die Materie in konkret anschaulicher Form vorzuführen.

Der vollkommene, das normale Menschenmaß überragende Mensch ist nach antiker Vorstellung ein «göttlicher Mensch» (*theios anêr*). Das entspricht der Auffassung Platons, daß das Ziel des menschlichen Lebens darin besteht, sich Gott anzugleichen (*Theait.* 176 B; vgl. *Rep.* 500 C). Diese «Angleichung an Gott» (*homoiôsis theô*) besteht für Platon in der Geistwerdung des Menschen durch intellektuelle und moralische Vervollkommnung, d.h. durch umfassende Ausbildung der Tugend (*aretê*). Da der Geist als Inbegriff der Ideen und der Seinsfülle Gott ist, bedeutet ein solches Geistwerden zugleich ein Göttlichwerden. Noch am Ende der Antike betont Boethius, durch Erreichen der Glückseligkeit, der vollkommenen Lebenserfüllung, erhalte der Mensch Anteil an Gott; zwar gebe es von Natur aus nur einen Gott, durch Teilhabe aber viele (*Trost der Philosophie* III pr. 10, 85 ff).

Die Geistwerdung erhebt den «göttlichen» Menschen über seine Bindung an einen Körper und ebenso über seine dadurch bedingte, historisch zufällige soziale und geographische Herkunft. Porphyrios berichtet denn auch, daß Plotin sich geweigert habe, etwas über seine Herkunft, seine Eltern oder seine Heimat zu erzählen (VP 1, 1–4); ferner habe er weder seinen Geburtstag noch den Monat seiner Geburt mitgeteilt (VP 2, 38 f). Diese klaren Angaben lassen alle Behauptungen späterer Autoren, Plotin sei Ägypter gewesen und stamme aus Lykopolis (heute Assiut) in Oberägypten, unglaubwürdig erscheinen. Auch über Plotins Jugend bis zu seiner Hinwendung zur Philosophie mit 28 Jahren erfahren wir nichts. Nur der Philosoph Plotin soll von Belang sein, die kontingenten Umstände seiner Individualität bleiben im Dunkel.

Gleichwohl sind gewisse Rückschlüsse möglich. Seine Schriften erweisen Plotin als einen Mann griechischer Muttersprache und Kultur, die damals freilich nicht nur den Osten des Römischen Reiches, sondern auch Süditalien, Sizilien und die Provence bestimmte; Grieche ist Plotin also im kulturellen, wohl kaum im ethnischen Sinne. Der Name Plotinos ist jedenfalls nicht griechisch, sondern römisch, abgleitet von Plautinus. Geboren wurde Plotin im 13. Regierungsjahr des Kaisers Septimius Severus (VP 2, 37), d.h. nach dem 9. April 204 und damit vor der Verleihung des römischen Bürgerrechts an alle freien Reichsbewohner im Jahre 212. Der römische Name ist darum ein sicheres Indiz dafür, daß Plotins Familie das Bürgerrecht bereits besaß und damit zur Oberschicht gehörte. Der Name verweist sogar auf das Senatorengeschlecht der Plautier, das zum ältesten und vornehmsten Adel gehörte und mit dem im zweiten Jahrhundert regierenden Kaiserhaus der Antonine, dem sich auch Septimius Severus durch Adoption zuzählte, verschwägert war; mit dieser Familie war wohl auch die Kaiserin Plotina verwandt, die Gemahlin des Kaisers Trajan. Ob Plotin mit den Plautiern verwandt war oder in welcher Beziehung sonst er zu ihnen stand, läßt sich nicht mehr ermitteln. Jedenfalls verfügte er in Rom über beste Beziehungen zum senatorischen Adel. Zu seinem Schüler- und Freundeskreis zählten führende Senatoren wie Sabinillus, der 266 Konsul war (VP 7, 29 ff). Plotin lebte in Rom im Hause seiner Schülerin Gemina (VP 9, 1 ff), die wahrscheinlich die Frau des Kaisers Trebonianus Gallus (regierte 251–253) war. Er wurde wiederholt von Angehörigen der Nobilität zum Vormund (Tutor) ihrer minderjährigen Kinder bestimmt, verwaltete deren Vermögen und beaufsichtigte ihre Bildung (VP 9, 5 ff). Da diese

Stellung in der spätantiken Ständegesellschaft Ebenbürtigkeit nahe legt, dürfte Plotin *vir clarissimus* gewesen sein, also Angehöriger des Senatorenstandes (nicht auch des Senats).

Mit 28 Jahren wandte Plotin sich der Philosophie zu. Er besuchte die Vorlesungen der berühmten Lehrer in Alexandria, immer noch der bedeutendsten Bildungsstätte der damaligen Welt, wurde aber enttäuscht. In Ammonios, einem damals offenbar noch nicht berühmten Philosophen, fand er schließlich den ihm gemäßen Lehrer, bei dem er volle elf Jahre blieb (VP 3, 7 ff). Da Ammonios Platoniker war, bedeutete Plotins Hinwendung zur Philosophie von Anfang an eine Bekehrung zum Platonismus. Obwohl Ammonios Plotin nach Porphyrios' Angaben nachhaltig beeinflußt haben soll (VP 3, 14 ff. 33 f; 14, 15 f), wissen wir von seiner Philosophie nichts Genaueres (vgl. Schwyzer 1983). Darum läßt sich auch Art und Umfang seines Einflusses auf Plotin kaum abschätzen. Dieser wird kaum lediglich darin bestanden haben, daß Ammonios Plotin die Grundlagen des Platonismus vermittelte; Porphyrios berichtet nämlich, Plotin habe den «Geist des Ammonios» in seinem philosophischen Unterricht zur Geltung gebracht und sich *dadurch* von den Platondeutungen seiner mittelplatonischen Vorgänger wie Severos, Numenios, Gaios oder Attikos unterschieden (VP 14, 11–16; vgl. 3, 33 f). Im gleichen Atemzug versichert Porphyrios Plotins Originalität; möglicherweise bestand der «Geist des Ammonios» also nicht so sehr in bestimmten Lehrinhalten, sondern eher in einer methodischen und hermeneutischen Haltung, vielleicht darin, daß Plotin in seiner Platondeutung die prinzipientheoretischen Grundlagen von dessen Philosophie in einer gegenüber den stärker experimentierenden Deutungen der Mittelplatoniker ganz neuartigen Präzision und Folgerichtigkeit zur Geltung bringt. Diese auf die Prinzipien ausgerichtete «ganz eigene Untersuchungsmethode» Plotins lobt schon sein Zeitgenosse Longinos, der ebenfalls Schüler des Ammonios war (VP 20, 68 ff). Dazu würde passen, daß Plotin seinen Lehrer in seinen Schriften nie erwähnt und keiner der späteren Neuplatoniker sich für die grundlegenden Lehren auf Ammonios beruft; Proklos nennt ausdrücklich Plotin und nicht Ammonios den Wiederhersteller der wahren Metaphysik Platons (*Theol. Plat.* I 1, 6, 16–20).

Wie Sokrates lehrte Ammonios nur mündlich. Wie Platon scheint er den Kern seiner Philosophie nur seinen engsten Schülern nach intensiver dialektischer Schulung mitgeteilt zu haben. Porphyrios berichtet von einer Verabredung der drei engsten Schüler, Plotin, Origenes und Herennios, diesen Kern nicht zu veröffentlichen, ihn also nicht ohne die notwendige intensive dialektische Vorbereitung mitzuteilen (VP 3, 25 ff; dazu Szlezák 1977). Inhaltlich kann es dabei eigentlich nur um die Prinzipientheorie Platons gegangen sein. Daß Ammonios diese so ähnlich gedeutet hat wie Plotin, folgt daraus aber nicht notwendig. Sein Schüler Origenes – der mit dem Christen Origenes nicht verwechselt werden darf (vgl. Weber 1962) – lehnte jedenfalls die Lehre von der Transzendenz des absoluten Einen über Sein und Geist, wie Plotin sie vertrat, ab und bestimmte das höchste Prinzip wie die meisten Mittelplatoniker als Geist (vgl. Proklos, *Theol. Plat.* II 4, 31, 4–22). Ungesichert und spekulativ bleibt aber auch der Versuch, von den noch faßbaren Lehren des Origenes aus die Philosophie des Ammonios zu rekonstruieren (Theiler 1966 b).

Im Jahr 243 verließ Plotin – möglicherweise nach dem Tod des Ammonios – Alexandria und schloß sich dem Perserfeldzug des Kaisers Gordian III. an, wie Porphyrios behauptet, um die Philosophie der Perser und der Inder kennenzulernen (VP 3, 16 ff). Aus diesem Interesse für die Weisheit des Orients ist früher manchmal auf eine Beeinflussung Plotins durch orientalisches oder speziell indisches Denken geschlossen worden (vor allem Bréhier 1928). Das ist aber ganz unberechtigt, denn die Bildungsreise in den Orient gehörte seit Pythagoras und Platon zum Standardrepertoire einer Philosophenbiographie (Dörrie-Baltes II Nr. 62–68). In Plotins Schriften lassen sich – anders als in denen des Porphyrios – keine spezifischen Kenntnisse orientalischer Philosophie und Religion nachweisen, dafür aber ein deutliches griechisches Überlegenheitsbewußtsein, das sich speziell in Plotins Kritik an der Gnosis ausspricht. Während der berühmte Platoniker Numenios die Übereinstimmung der Philosophie Platons nicht nur mit den Lehren des Pythagoras, sondern auch mit den Offenbarungen der indischen Brahmanen, der persischen Magier, der Juden und Ägypter behauptet hatte (Fr. 1 a des Places), findet man nichts Derartiges bei Plotin, sondern ganz im Gegenteil die Hervorhebung der einzigartigen Bedeutung Platons, dessen Theorie der Prinzipien Plotin zufolge auch Parmenides und Pythagoras übertrifft (V 1, 8–9). An keiner Stelle beruft sich Plotin auf die Weisheit des Orients, und nie stellt er Platon als Erben orientalischer Weisheit hin, was in der späteren Antike durchaus üblich war (vgl. Dörrie-Baltes II Nr. 62–70; dazu Baltes 1999). Als christliche Gnostiker in der Umgebung Plotins die Überlegenheit angeblich uralter orientalischer Offenbarungsweisheit über Platon behaupteten, verfaßte Plotin seine Schrift *Gegen die Gnostiker* (II 9), in der er umgekehrt deren Abhängigkeit von zentralen Einsichten Platons zeigte, und beauftragte seine Schüler Amelios und Porphyrios mit der Widerlegung jener Offenbarungsschriften, die sie als Fälschungen entlarvten (VP 16). Der von der Gnosis beeinflußte persische Prophet Mani, der Stifter der spätantiken Weltreligion des Manichäismus, verkehrte am persischen Hof und befand sich wahrscheinlich im Gefolge des Großkönigs Schahpur, als dieser Gordian entgegenzog. Daß Plotin von Mani wußte, ist eher unwahrscheinlich; Manis extremer Dualismus, seine Lehre von den zwei gleichursprünglichen und gleichmächtigen Prinzipien des Guten und des Bösen, des Lichtes und der Finsternis wurde von allen späteren Neuplatonikern mit besonderer Schärfe abgelehnt, denn er widerspricht fundamental der platonischen Grundüberzeugung von der im Einen gründenden Einheit der Wirklichkeit. Das alles spricht nicht gegen Plotins Interesse an orientalischer Weisheit; doch war dieses Interesse wohl sicher kein unkritisches.

An dem Feldzug gegen Persien nahm Plotin natürlich nicht als Soldat teil, sondern als Reisebegleiter im Gefolge des gebildeten und intellektuell aufgeschlossenen Kaisers. Den Kontakt zum Hof verdankte er offenbar seinen ererbten Beziehungen zur Aristokratie. Anfang 244 wurde der Kaiser im Feldlager von seinen eigenen Soldaten ermordet, wahrscheinlich auf Veranlassung des Prätorianerpräfekten Philippus, der sich selbst zum neuen Kaiser machte. Auf den Senatskaiser Gordian folgte damit wieder ein Soldatenkaiser. Plotin mußte nach dem Umsturz fliehen, wahrscheinlich war er politisch gefährdet; er ging zunächst nach Antiochia und ließ sich, nachdem sich die Lage beruhigt hatte, in Rom nieder (VP 3, 21 ff). Die turbulenten Umstände dieses Regierungswechsels sind bezeichnend für die politische Instabilität der Zeit. Von den 16 Kaisern, die zu Plotins Lebzeiten regierten, wurden 14 ermordet und nur drei regierten länger als 10 Jahre.

In Rom eröffnete Plotin eine eigene Philosophenschule, lehrte aber zunächst nur mündlich (VP 3, 32 ff). Erst nach zehnjähriger Lehrtätigkeit begann er mit der Abfassung seiner Schriften, als sich mit der Thronbesteigung des Kaisers Gallienus im Jahre 253 die politische Lage deutlich stabilisierte (VP 4, 10 ff). Was Plotin nach Rom zog, waren wohl ebenfalls seine alten Beziehungen zur römischen Nobilität, in deren Kreisen er ganz selbstverständlich verkehrte. In Rom bestand damals durchaus intensives Interesse an griechischer Philosophie; wahrscheinlich hatte schon im zweiten Jahrhundert Numenios dort gelehrt, so wie nach Plotin dann Porphyrios und im vierten Jahrhundert neben anderen Marius Victorinus, der Schriften Plotins ins Lateinische übersetzte.

Plotins Schule in Rom war nicht institutionell fixiert, er bekleidete keinen der öffentlich besoldeten Lehrstühle. Seine Vorlesungen waren zwar öffentlich zugänglich (VP 1, 11 ff), fanden aber wohl in Plotins Privathaus statt. Gegenstand des Unterrichts war die Exegese der Klassiker Platon und Aristoteles und die Erörterung der sich daraus ergebenden philosophischen Probleme; wie im damaligen Lehrbetrieb üblich, wurden in Seminaren im engeren Kreis die Kommentare zu beiden Klassikern ausgewertet, wobei Plotin aber niemals eine vorgegebene Lehrmeinung einfach übernahm, sondern in seinem Urteil stets originell war (VP 14, 10 ff). Sein Unterricht wird als außerordentlich dialogisch geschildert, er ermunterte seine Hörer zum Fragen und erörterte Probleme gerne im Frage-Antwort-Verfahren, z. B. diskutierte er mit Porphyrios drei Tage lang über die Verbindung der Seele mit dem Körper (VP 3, 36 ff; 13, 10 ff). Plotin war offensichtlich ein faszinierender Lehrer: «In seinen Vorlesungen war er klar und packend und hatte eine besondere Fähigkeit, die passenden Gedanken zu finden... Während er sprach, trat sein Geist sichtbar zutage und bestrahlte mit seinem Glanz selbst noch sein Antlitz; immer anziehend von Anblick, war er dann geradezu schön... seine milde Menschlichkeit leuchtete, und er zeigte eine Offenheit gegenüber Fragen und eine gespannte Aufmerksamkeit.» (VP 13, 1–10)

Plotin hatte in Rom zahlreiche Hörer, von denen sich ein engerer Kreis der uns namentlich bekannten Schüler abhebt; eine solche Unterscheidung der Hörer in einen engeren Kreis der ernsthaft Philosophierenden und ein weiteres Publikum gebildeter Hörer kennen wir schon aus Platons Akademie in Athen. Die engeren Schüler waren keine jugendlichen Studenten, sondern reife Männer und Frauen, die sich für die Platonische Philosophie und Lebensweise interessierten. Unter ihnen befanden sich Mediziner, Juristen,

Literaten, mehrere Senatoren sowie Damen der römischen Gesellschaft (VP 7; 9, 1 ff); die beiden engsten Schüler waren Amelios und Porphyrios, von denen der erste 24, der zweite 6 Jahre mit Plotin zusammenlebte und philosophierte; beide kamen als bereits ausgebildete Fachphilosophen zu Plotin (VP 3, 39 ff; 4, 1 ff mit 5, 1 ff; 21, 91 ff; 7, 50 ff).

Mit dem engsten Schülerkreis lebte Plotin auch zusammen, denn Philosophie war für die Antike gleichermaßen wissenschaftliche Disziplin und Lebensweise (vgl. Hadot 1999 a); das Vorbild einer solchen Lebensgemeinschaft war wiederum Platons Akademie. Plotin lebte vegetarisch und sexuell enthaltsam, er schlief möglichst wenig und mied die öffentlichen Bäder. Seine äußeren Lebensumstände waren die der römischen Oberschicht: er führte ein großes Haus mit zahlreicher Dienerschaft, in dem außer Schülern wie Porphyrios auch seine vornehmen Mündel lebten; wir hören von Aufenthalten auf den Landgütern wohlhabender Freunde (VP 2, 4 ff. 19 ff; 7, 22 ff; 9, 1 ff; 11, 3 ff). Plotins gesellschaftliches Ansehen war so groß, daß er während seiner 26 Jahre in Rom sogar in politischen Streitigkeiten als Schlichter angerufen wurde (VP 9, 20 ff).

Besonderer Wertschätzung erfreute er sich bei dem hochkultivierten Kaiser Gallienus und der Kaiserin Salonina. Gallienus war wie Hadrian ein besonderer Freund und Förderer der griechischen Kultur, der sich in Athen zum Archonten wählen und in die Mysterien von Eleusis einweihen ließ. Er beendete die von Decius eingeleitete und von seinem eigenen Vater Valerian erneuerte Verfolgung der Christen, sobald er nach der Gefangennahme Valerians durch die Perser im Jahre 260 Alleinherrscher wurde; die Kunst blühte unter seiner Regierung auf. Gallienus entfernte, obwohl selbst aus altadliger Senatorenfamilie, seine senatorischen Standesgenossen aus allen militärischen Kommandostellen; die politische Macht der alten Senatsaristokratie wurde dadurch entscheidend geschwächt. Gallienus' Militärreform und seine Förderung der Berufsoffiziere machten ihn bei der Aristokratie nicht beliebt, trugen aber zur Konsolidierung des Reiches gegen Ende des Jahrhunderts bei. Unter diesem Kaiser scheint Plotin auch politischen Einfluß gewonnen zu haben. Er plante, eine zerstörte Stadt in Kampanien, vielleicht Pompeji, wiederaufzubauen und nach den politischen Idealen Platons einzurichten (VP 12). Daß dieser Plan zur Gründung einer «Platonopolis» vom Hof verhindert wurde, beweist, daß es sich um mehr gehandelt haben muß als um das unpolitische Vorhaben, ein philosophisches Kloster zu gründen.

Im Sommer 268 fiel Gallienus einer Offiziersverschwörung zum Opfer; seine gesamte Familie kam bei dem Umsturz ums Leben. Der neue Kaiser Claudius II. war in den Mord verwickelt. Obwohl er Gallienus unter die Götter erheben ließ, war der Plotinkreis durch den Sturz seines Gönners offenbar politisch gefährdet. Der eng verbundene Freundes- und Philosophenkreis ging auseinander, die meisten verließen Rom, Plotin selber erkrankte schwer und zog sich nach Kampanien auf das Landgut seines verstorbenen Schülers Zethos bei Minturnae zurück, das er wohl geerbt hatte (VP 2, 10 ff). An welcher Krankheit Plotin litt, ist wegen der unspezifischen Angaben bei Porphyrios nicht mehr auszumachen; vermutet wurden Tuberkulose oder eine bestimmte Form von Lepra. Plotin lebte in jener Villa noch längere Zeit und verfaßte noch eine Reihe von Schriften, die letzten kurz vor seinem Tod (VP 6, 15 ff). Im Frühjahr oder Sommer 270 ist Plotin im Alter von 66 Jahren gestorben (VP 2, 29 ff), noch vor dem Kaiser, der im Mai oder September der Pest zum Opfer fiel. Der Arzt Eustochios, der als einziger Schüler anwesend war, überlieferte Plotins letzte Worte: er wolle versuchen, das Göttliche in uns (d. h. die Geistseele) hinaufzuheben zum Göttlichen im All (VP 2, 26 f).

Nach Plotins Tod holte Amelios in Delphi ein Orakel des Apollon über die Vergöttlichung Plotins ein, das Porphyrios im Wortlaut mitteilt (VP 22). Die Priesterschaft des Delphischen Apollonheiligtums stand den Platonikern schon seit Plutarch nahe; an der Echtheit des Orakels ist nicht zu zweifeln. Es stellt den «göttlichen» Plotin in eine Reihe mit Platon und Pythagoras (VP 22, 54 f) und beglaubigt ihn dadurch als deren legitimen Nachfolger und Erben. Dafür, daß Delphi, das angesehenste Orakel der antiken Welt, einen Philosophen sozusagen offiziell für göttlich erklärte, kennen wir sonst keinen Präzedenzfall. Doch galten der Antike Platon und Pythagoras allgemein als göttlich und Söhne Apollons; diese Vorstellung von den «Fürsten der Weisheit» als Gottessöhnen geht auf die Ältere Akademie zurück: Speusipp bezog sie auf Platon (Fr. 147–148 Isnardi Parente; Dörrie-Baltes II Nr. 58), Xenokrates auf Pythagoras (Fr. 22 Heinze). Das Orakel bezeichnet Plotin allerdings nicht als Sohn Apollons, sondern verkündet seine postume Aufnahme unter die Götter. Darin folgt es dem Vorbild der Vergöttlichung verstorbener römischer Kaiser, die vom Senat proklamiert wurde, paßt diese allgemein verbreitete Vorstellung aber den platonischen Überzeugungen von der jenseitigen Vollendung der Seele an. Die vom Leib, dem Sterblichen am Menschen, befreite Seele Plotins ist nun kein Mensch mehr, sondern ein seliger Geist, ein Daimon (VP 22, 23 ff). Da sie schon im irdischen Leben zur Schau des göttlichen Lichtes gelangt war, wird sie nicht in einem sterblichen Körper wiedergeboren, sondern steigt auf zum Reigen der Seligen, die Gott schauen (VP 23, 31–60). In Plotins eigene Begriffe übersetzt heißt das: sie steigt auf zur rein intellektuellen Anschauung des göttlichen Geistes und geht unter Bewahrung ihrer individuellen Identität in ihn ein. Porphyrios zitiert das Orakel als Bestätigung dafür, daß Plotin erreicht hat, was er sein Leben lang gewollt und noch in seinem letzten Wort ausgesprochen hatte: die Vereinigung des Göttlichen in uns mit dem Göttlichen im All, d. h. dem Geist als dem Inbegriff der Seinsfülle.

Interessanterweise berichtet Porphyrios von einem Portrait Plotins (VP 1). Zwar habe sich Plotin geweigert, sich von einem Maler oder Bildhauer porträtieren zu lassen, mit der Begründung, ein Portrait sei nur ein «Abbild eines Abbildes»– nämlich des Leibes, der für den Platoniker ein Abbild der Seele ist–, und noch dazu eines, das den abgebildeten Leib überdauere. Doch sei der Maler Carterius in Plotins Vorlesungen gekommen und habe dann aus dem Gedächtnis ein Portrait geschaffen, «das sehr ähnlich war». Ob dieses Gemälde die Vorlage war für einen in mehreren Exemplaren überlieferten Philosophenkopf, der angeblich Plotin darstellt (den sogenannten «Plotin von Ostia»), läßt sich nicht beweisen, wäre aber gut möglich. Er zeigt einen älteren Mann mit länglichem Kopf, gepflegtem Vollbart als Abzeichen des Philosophen, aristokratischen, vergeistigten Gesichtszügen und stark ausgeprägter, hoher Stirn.

2. Plotins Schriften

Alle erhaltenen Plotin-Handschriften gehen auf die Ausgabe zurück, die Porphyrios 31 Jahre nach Plotins Tod 301 veranstaltete. Dank der professionellen Sorgfalt des großen Philologen Porphyrios sind die Schriften Plotins vollständig erhalten; wir besitzen sogar eine Sammlung von neun ganz kurzen Notizen zu verschiedenen Themen (III 9). Damit ist die Überlieferungssituation von Plotins Schriften besser als bei irgend einem anderen antiken Autor (vgl. Dihle 1989, 378). Alles, was Plotin geschrieben hat, ist erhalten. Alle unter Plotins Namen überlieferten Schriften sind echt; in keiner lassen sich Einschübe oder Ergänzungen anderer Autoren vermuten, geschweige denn, daß wie im Falle Platons auch Schriften aus dem weiteren Umkreis der Schule unter dem Namen des Meisters überliefert worden wären. Wir kennen durch Porphyrios außerdem die genaue chronologische Reihenfolge, in der Plotin seine Schriften abgefaßt hat, und können die Zeit ihrer Abfassung genau datieren.

Plotin begann erst nach zehnjähiger mündlicher Lehrtätigkeit (also 253/54) mit der Abfassung seiner Schriften (VP 4, 9 ff). Er war damals schon 49 Jahre alt, seine philosophischen Ansichten standen in allen wesentlichen Punkten wohl schon fest. Denn seine philosophische Schriftstellerei beginnt mehr als 20 Jahre nach seiner Hinwendung zur Philosophie. Sämtliche Schriften Plotins entstanden in den 16 Jahren zwischen 253/54 und 269/70, die letzten kurz vor seinem Tod (VP 4–6). Angesichts dieser relativ kurzen Abfassungszeit und des reifen Alters, in dem Plotin zu schreiben anfing, empfiehlt es sich nicht, aus der Chronologie seiner Schriften die Entwicklung seines Denkens erschließen zu wollen. Dagegen wird man aber sehr wohl gewisse Akzentverlagerungen und vor allem die präzisere Fassung und konsequentere Ausformulierung einmal gefaßter Grundeinsichten bemerken, wenn man Schriften früheren und späteren Entstehungsdatums zu den gleichen Themen miteinander vergleicht. Die literarisch produktivste Zeit Plotins waren die sechs Jahre, in denen Porphyrios bei ihm war; in diesen wenigen Jahren entstand mehr als die Häfte seines Oeuvres, darunter die umfangreichen Schriften VI 4–5, IV 3–5, III 8 – V 8 – V 5 – II 9 (die ursprünglich eine einheitliche Schrift bilden), VI 6, VI 7 und VI 1–3 (VP 5). Doch auch in den Perioden davor und danach enstanden so bedeutende Schriften wie die Programmschrift VI 9 (*Über das Gute oder das Eine*), V 1 (*Über die drei ursprünglichen Hypostasen*) und V 3 (*Über die erkennenden Hypostasen und das absolut Transzendente*), weshalb das eitle Urteil des Porphyrios, Plotin habe in den Jahren des Zusammenseins mit ihm den Höhepunkt seiner Schaffenskraft erreicht, ganz unangebracht ist; noch die letzten vier Schriften, die Plotin kurz vor seinem Tod verfaßte, darunter die berühmte *Über das Woher des Bösen* (I 8), zeigen die unverminderte intellektuelle Kraft ihres Verfassers (vgl. VP 6).

Was für Platon gilt, gilt bis zu einem gewissen Grade auch für Plotin: das philosophische System liegt «hinter» den Schriften. Plotins Schriftstellerei ist gänzlich unsystematisch. Alle Schriften sind aus seinem mündlichen Unterricht hervorgegangen; sie behandeln ohne festliegende Ordnung Themen und Probleme, wie sie im Unterricht gerade zur Sprache kamen (VP 4, 11; 5, 60 f). Teilweise handelt es sich um Vorlesungs- oder Vortragsmanuskripte bis hin zu umfangreichen und sorgfältig ausgearbeiteten Vortragsreihen, teilweise um intensive Meditationen, in denen ein bestimmtes Problem facettenreich entfaltet und durchdacht wird, teils auch um ganz knappe, den Gedankengang eher andeutende als ausführende Notizen und Skizzen; manche Schriften lassen einen dialogischen Stil durchscheinen und sprechen den Leser direkt an. Keine seiner Schriften entwickelt Plotins Philosophie als ganze in ihrem systematischen Zusammenhang; aber alle verweisen auf ein zusammenhängendes Gedankensystem von bewundernswerter Konsequenz und Geschlossenheit, das der heutige Leser durch eine Zusammenschau der verschiedenen Schriften rekonstruieren muß, während es den Schülern Plotins aus seinen Vorlesungen vertraut war.

Anders als die Dialoge Platons, die überwiegend einen exoterischen und protreptischen Charakter haben, also ein breiteres Publikum ansprechen und zur Philosophie hinführen wollen, sind Plotins Schriften esoterische, d. h. ursprünglich nur für den internen Schulgebrauch bestimmte Schriften. Sie waren nicht jedermann zugänglich, sondern wurden nur an philosophisch ernsthaft Interessierte und Vorgebildete weitergegeben wie den engeren Schülerkreis oder Fachkollegen wie Longinos (VP 4, 14 ff; 19, 6 ff). Porphyrios kam 263 nach einer gründlichen philosophischen und philologischen Ausbildung bei dem hochangesehenen Longinos zu Plotin. Dessen Schriften erhielt er erst, nachdem er sich nach langen und intensiven Diskussionen von Plotins These von der Immanenz der Ideen im Geist, die Longinos nicht teilte, hatte überzeugen lassen (VP 18, 9–20).

Plotins Stil charakterisiert Porphyrios treffend: «Beim Schreiben war er wortkarg, gedankenschwer und knapp, reicher an Gedanken als an Worten.» (VP 14, 1–2) Dieser Stil hängt auch mit dem Adressatenkreis zusammen: bei seinen vertrauten Schülern kann Plotin vieles als bekannt voraussetzen, anderes, wie die dauernden Bezüge auf Platon und Aristoteles, ohne die seine Argumentation in der Regel nicht verstehbar ist, braucht er nur anzudeuten, ohne es genauer auszuführen. Plotin liebt es, Probleme dialektisch zu erörtern; seine eigene Lösung ist dabei nicht immer leicht erkennbar. Dazu kommt sein eigentümlicher, der Konzentration auf die Sache entspringender Schreibstil: «Er machte die Untersuchung für sich selbst vom Anfang bis zum Ende fertig, dann übergab er den Inhalt seiner Untersuchung der Schrift und schrieb, was er in seiner Seele aufbewahrte, so fließend nieder, daß man glauben könnte, er entnehme es einem Buch.» (VP 8, 8–11)

Spätestens in den 260er Jahren plante Plotin eine Gesamtausgabe seiner Schriften und beauftragte den versierten Pophyrios mit der Sammlung und Korrektur seiner Texte (VP 7, 51; 24, 2–5). Porphyrios ordnete die ohne festen Plan entstandenen Schriften Plotins nach dem Vorbild der Aristoteles-Ausgabe des Andronikos von Rhodos (erstes Jahrhundert v. Chr.) unter systematischen Gesichtspunkten in Gruppen thematisch zusammengehöriger Schriften und gab sie schließlich 301 heraus. Diese Gesamtausgabe trägt den merkwürdigen Titel *Enneaden* («Neuner»), weil Porphyrios die Schriften in sechs Gruppen zu je neun Abhandlungen gliederte. Die «vollkommene» Zahl von 54 (sechs mal neun) Schriften stellte Porphyrios künstlich her, indem er längere Schriften in mehrere Bücher unterteilte und dabei in einem Fall eine zusammenhängende Abhandlung an vier verschiedenen Stellen seiner Enneadenordnung unterbrachte (III 8, V 8, V 5, II 9). Auch die Titel der einzelnen Schriften stammen von Porphyrios, nicht von Plotin (VP 4, 17 ff; 26, 33 ff).

Obwohl die gesamte handschriftliche Überlieferung auf die Ausgabe des Porphyrios zurückgeht, war diese nicht die einzige und auch nicht die erste. Plotins Schüler und Arzt Eustochios veranstaltete noch vor Porphyrios eine eigene Ausgabe der Schriften Plotins, die nicht der Enneadenandordnung folgte und aus der sich längere Zitate in der *Praeparatio evangelica* des Kirchenvaters Eusebios von Caesarea erhalten haben (vgl. Schwyzer 1951, 488 f). Noch zu Plotins Lebzeiten verfaßte Amelios kommentierende «*Anmerkungen*» (*scholia*) zu Plotins Vorlesungen in nicht weniger als 100 Büchern, die für ihren weitschweifigen Stil berüchtigt waren (VP 3, 46 ff; vgl. 20, 76–80); diese «*Anmerkungen*» sind möglicherweise in die arabische Plotin-Überlieferung eingegangen (vgl. Schwyzer 1951, 505–507). Porphyrios verfaßte zu allen Schriften resümierende Inhaltsangeben und zu einigen Kommentare (VP 26, 29–37), die nicht erhalten sind.

Neben der griechischen Überlieferung sind Teile von Plotins Werken auch in umfangreichen arabischen Paraphrasen überliefert. Am wichtigsten ist die von Al-Kindi um 840 bearbeitete sogenannte *Theologie des Aristoteles*, die unter dem Namen des Aristoteles eine ausführliche Paraphrase von Teilen der vierten, fünften und sechsten *Enneade* enthält (deutsche Übersetzung Dieterici 1883). Der wortreiche, oft weitschweifige Stil der *Theologie* steht in deutlichem Kontrast zum knappen Stil der *Enneaden*; man kann vermuten, daß außer der *Enneaden*ausgabe des Porphyrios, die auch der *Theologie* zugrunde liegt, in diese auch die ausführlichen «*Anmerkungen*» des Amelios oder die Kommentare des Porphyrios oder beide eingegangen sind (vgl. Schwyzer 1951, 499–507). Plotin ist auch noch in zwei weiteren arabischen Texten überliefert: in dem angeblich auf Al-Farabi (10. Jahrhundert) zurückgehenden *Brief über die göttliche Weisheit*, der Teile der *Enneaden* V 3, V 4, V 5 und V 9 paraphrasiert und in den wohl ebenfalls aus dem 10. Jahrhundert stammenden *Weisheitssprüchen des griechischen Lehrers*, die Teile der drei letzten *Enneaden* (IV–VI) enthalten. Weil Teile der *Weisheitssprüche* mit der *Theologie des Aristoteles* wörtlich übereinstimmen, wird vermutet, daß die gesamte arabische Plotinüberlieferung auf eine gemeinsame arabische Quelle zurückgeht, die fast alle Bücher der letzten drei *Enneaden* umfaßt hat (Schwyzer 1951, 508; Zimmermann 1986).

III. Metaphysik des Einen

1. Das Eine als Grund von Sein und Denken

«Alles Seiende ist durch das Eine seiend, sowohl das, was ein ursprünglich und eigentlich Seiendes ist, als auch dasjenige, was nur in einem beliebigen Sinne als vorhanden seiend bezeichnet wird. Denn was könnte es sein, wenn es nicht Eines wäre? Da ja, wenn man ihm die Einheit, die von ihm ausgesagt wird, nimmt, es nicht mehr das ist, was man es nennt.» (VI 9, 1, 1–4) Mit diesen Worten beginnt Plotins Programmschrift *Über das Gute oder das Eine*. Sie fassen die Grundlage seiner «Philosophie des Einen» (VI 9, 3, 14), wie Plotin sein eigenes Denken ganz grundsätzlich charakterisiert, in der kürzesten Weise zusammen. Analysieren wir diese Grundlage darum etwas genauer.

Zunächst: Einheit ist die grundlegendste Bedingung für das Sein und die Denkbarkeit von allem. Diese Einsicht läßt sich vernünftigerweise nicht bestreiten. Was auch immer wir als seiend denken, wir denken es eben damit auch schon als eine Einheit. Wir können nämlich überhaupt nur solches *denken*, was in irgendeiner Weise Einheit ist; was in keiner Weise Eines ist, ist für das Denken nichts. Das hatte schon Parmenides ausgesprochen und Platon hatte es zur Grundlage seiner Philosophie gemacht. Er hatte das griechische Wort für Nichts (*ouden*) etymologisierend gedeutet als «das, was nicht einmal Eines ist» (*oude hen*, *Rep.* 478 B; vgl. *Parm.* 166 C), was Plotin übernimmt (V 2, 1, 1). Was nicht Eines ist, ist nichts. Also ist alles, was ist, notwendig auch Eines, und zwar in der Weise, daß es eben darum *ist*, weil es *Eines* ist.

Daß etwas ist, gründet darin, daß es Eines ist: Einheit ist also der *Grund* des Seins, der Existenz für alles Seiende. Aber nicht nur das. Auch *was* etwas ist, verdankt es seinem Charakter als Einheit. Denn wäre es nicht Eines, so wäre es nicht mehr das, was es jeweils ist. Was immer etwas auch ist, es ist dies nur, weil und insofern es Einheit ist. Es besitzt seine Bestimmtheit immer als *einheitliche* Bestimmtheit. Ohne Einheitscharakter wäre es unbestimmt; und das ganz und gar Unbestimmte ist weder etwas, noch ist es überhaupt, noch kann es gedacht werden. Einheit ist darum der Grund des Seins nicht nur im Sinne der Existenz, sondern zugleich auch im Sinne des Wasseins, des Wesens oder der Bestimmtheit für jedes bestimmte Seiende. Und das gilt für *alle* denkbaren Bestimmungen schlechthin. Denn Bestimmtheit ist überhaupt nur als Einheit denkbar. Darum ist Einheit drittens auch der Grund der *Denkbarkeit* aller Bestimmungen und des kraft seiner Bestimmtheit denkbaren Seienden.

Weil Einheit der Grund alles überhaupt Denkbaren ist, darum ist auch das scheinbare Gegenteil des Einen, das Viele, sofern es gedacht werden kann, selber noch durch das Eine bedingt: «Denn wenn es nicht zur Einheit geworden ist, auch wenn es aus Vielem besteht, kann man auf keine Weise von ihm sagen, daß es ist.» (V 3, 15, 12–14) In der Tat denken wir das Viele immer schon und notwendig als Einheit, nämlich als eine *geeinte* Vielheit, und das bedeutet, als ein einheitliches Ganzes, das aus vielen elementaren Einheiten aufgebaut ist, so daß der Gedanke des Vielen in doppelter Weise Einheit *voraussetzt*, nämlich sowohl die Einheit des Ganzen einer Vielheit als auch die Einheit jedes einzelnen ihrer Bestandteile. Platon hatte am Schluß seines *Parmenides* gezeigt, daß eine radikal einheitslose Vielheit nicht gedacht werden kann, daß sie schlechthin nichts ist und darum auch nicht Vieles (165 E-166 C). Dem Einen kann somit nichts entgegengesetzt werden, weil auch die Vielheit selber nur als Einheit denkbar ist, das Eine also immer schon voraussetzt. Als Grund der Denkbarkeit und Bestimmtheit von allem, auch der Vielheit, ist das Eine also gegensatzlos oder übergegensätzlich. Als das aus jedem Gegensatz Herausgenommene ist es das Absolute (*apolyton*, VI 8, 20, 6).

Daß alles, was gedacht werden kann, nur als Einheit gedacht werden kann, weil alles Denkbare bestimmt sein muß und Bestimmtheit nur als Einheit möglich ist, kann niemand bestreiten. Diese Einsicht kann aber verschieden interpretiert werden. Daß Einheit darum, weil sie die Bedingung allen Denkens ist, zugleich auch der Grund des Seins, also der Existenz und des Wesens alles Seienden sein muß, wie Plotin annimmt, ergibt sich nur dann, wenn man voraussetzt, daß die Strukturen des Seins mit den Strukturen unseres Denkens fundamental übereinstimmen. Diese Einheit von Denken und Sein hatte Parmenides zum ersten Mal ausgesprochen (Fr. 3). Platon hatte sich auf sie berufen mit dem Satz: «Das vollkommen

Seiende ist vollkommen erkennbar, das schlechthin Nichtseiende dagegen schlechterdings unerkennbar.» (*Rep.* 477 A) Doch genau hier liegt vielleicht ein Einwand nahe. Man könnte, etwa von Kant her, argumentieren, Einheit sei zwar das oberste Prinzip unseres Verstandesgebrauchs, durch das wir die Wirklichkeit nach einheitlichen Gesichtspunkten ordnen, weil wir sie anders nicht erfassen können. Aus diesem subjektiven Einheitsbedürfnis unseres Denkens folge aber noch nicht zwingend, daß die Wirklichkeit auch an sich, unabhängig von unserem Denken, eine Einheit und nach Einheitshinsichten geordnet sein müsse. Für Kant ist der letzte Einheitsgrund unserer Denkbestimmungen die Einheit des denkenden Ich selber, die Einheit der Subjektivität; das Selbstbewußtsein *setzt* in seinem Denken die Einheitshinsichten erst, durch die es die Mannigfaltigkeit der Welt, wie sie in der Anschauung gegeben ist, ordnet und begreift, es produziert also selbst die Einheitlichkeit seiner Bestimmungen und des in ihnen Gedachten durch subjektive Synthesis, so Kant. Einheit ist darum für Kant ein nur subjektives Prinzip, nicht der Urgrund des Seins.

Interessanterweise stellt aber auch Plotin sich selber die Frage, ob nicht das Denken die Einheit, ohne die nichts gedacht werden kann, selbst erst hervorbringt: Wenn das Denken das uns in der Anschauung Gegebene, «obgleich es Vielheit ist, doch nicht Vielheit sein läßt, so macht es irgendwie auch hier die Einheit offenbar, entweder indem es selbst die Einheit verleiht, welche die Vielheit nicht hat, oder es führt, indem es mit seinem Scharfblick die in der Ordnung liegende Einheit erkennt, die Wirklichkeit des Vielen zur Einheit zusammen.» (VI 6, 13, 19–23) Plotin formuliert also klar die Alternative, die Einheitsvoraussetzung unseres Denkens entweder subjektiv zu interpretieren, als eine Setzung des Denkens selber, oder realistisch und ontologisch als das Erfassen des Einheitscharakters des Seienden an sich, der sich in seiner Geordnetheit zeigt. Auch im zweiten Fall ist es aber noch das Denken, das den Einheitssinn der Ordnung heraushebt, so daß Plotin die Unüberspringbarkeit der Subjektivität, den Anteil des Denkens selber an unserer Einheitsvoraussetzung in keinem Fall bestreitet.

Wie ist die Alternative zu entscheiden? Plotin gibt eine quasitranszendentale Analyse der Bedingungen der Möglichkeit unseres Denkens. Diese sichert die ontologische Bedeutung unseres denkenden Einheitsvorgriffs und damit zugleich die Realitätshaltigkeit unserer grundlegenden Denkbestimmungen. Plotins Argumentation lautet folgendermaßen: Wenn wir nur denken können, indem wir Einheit schon voraussetzen, wobei sowohl das jeweils Gedachte als auch der es erfassende Denkakt (*noêsis*) selber Einheitscharakter besitzen müssen, dann kann das, was jeder beliebige Denkakt als einheitlicher immer schon *voraussetzt*, nicht selbst das *Produkt* des es voraussetzenden Denkaktes sein. Ein Einheit ursprünglich setzender Denkakt wäre vor seiner Einheitssetzung nicht einheitlich und damit gar nichts, also auch kein Denken. Das in jedem Denkakt als Bedingung seiner Möglichkeit vorausgesetzte Eine beruht darum nicht auf subjektiver Setzung des Denkens selber, sondern geht allem subjektiven Einheitsvollzug des Denkens notwendig voraus: «Wenn es also nicht möglich ist, irgendetwas zu denken ohne das Eine…, wie könnte dann dasjenige nicht sein, ohne welches es unmöglich ist, etwas zu denken oder anzusprechen? Denn es ist unmöglich, von demjenigen zu sagen, daß es nicht sei, bei dessen Nichtsein man gar nichts mehr zu denken oder zu sagen vermag; sondern das, was in allen Fällen nötig ist für das Zustandekommen eines jeden Denkaktes (*noêsis*) und eines jeden Gedankeninhalts (*logos*), muß sowohl dem Gedankeninhalt als auch dem Denkakt vorausgehen (*prohyparchein*); denn nur so kann es für ihr Zustandekommen herangezogen werden.» (VI 6, 13, 43–49) Das Einheitsbedürfnis unseres Denkens selbst erweist also das Eine als die Bedingung all unseres Denkens und Setzens, mit deren Aufhebung das Denken selbst aufgehoben wäre; das Eine ist keine *Setzung* unseres Denkens, weil jeder Denkakt selber nur unter *Voraus*setzung des Einen möglich ist. Das Eine ist darum ursprünglicher als das Denken, also dessen Prinzip; durch sein Einheitsbedürfnis findet das Denken in sich selbst die Notwendigkeit, sich sein Prinzip immer schon vorauszusetzen. Die logische Priorität des Einen vor dem Einheit immer schon voraussetzenden Vollzug des Denkens sichert für Plotin die ontologische Gültigkeit unseres denkenden Einheitsvorgriffs. Weil das Eine auch von jedem denkbaren Seinsgehalt immer schon vorausgesetzt wird, ergibt sich damit zugleich die ontologische Prioriät des Einen vor dem Sein, die das Eine als das Prinzip des Seins erweist: «Wenn es aber auch nötig ist für das Zustandekommen eines jeden Seins (denn nichts ist seiend, was nicht Eines ist), so muß es auch vor dem Sein vorhergehen und erzeugt erst das Sein.» (VI 6, 13, 50f)

Plotins Argumentation beweist, daß das Eine als Prinzip des Denkens allem subjektiven Denkvollzug ermöglichend vorausgeht und darum selbst keine Setzung unseres Denkens mehr sein kann. Beweist sie aber auch, daß die Wirklichkeit an sich durch Einheit begründet und einheitlich strukturiert ist? Hier liegt der skeptische Einwand nahe, daß Plotin die so verstandene Einheit von Denken und Sein nicht beweist, sondern immer schon voraussetzt. Doch eine Skepsis, die die Affinität der grundlegenden Strukturen unseres Denkens mit den grundlegenden Strukturen des Seins in Frage stellt, verwickelt sich in einen Selbstwiderspruch. Denn wenn der alles Denken erst ermöglichende, ihm also vorausgehende Einheitsvorgriff nicht ausreichen soll, um die letzte Einheitlichkeit der Wirklichkeit zu sichern, dann muß man die Möglichkeit einräumen, daß die Wirklichkeit an sich, unabhängig von unserem Denken, auch aus einer einheitslosen Vielheit unverbundener Einzeldinge bestehen könnte. Genau diese Annahme nimmt aber bereits einheitliche Denkbestimmungen wie Wirklichkeit, Vielheit oder Einzelnes als realitätshaltig in Anspruch. Damit setzt sie die Realitätshaltigkeit unserer Denkbestimmungen, also auch des sie ermöglichenden Einheitsvorgriffs schon voraus. Sie setzt also voraus, was sie bestreiten will. Eine Voraussetzung aber, die noch bei ihrer eigenen Bestreitung vorausgesetzt wird, ist unbestreitbar. Also ist das Eine nicht nur der Grund des Denkens, sondern aufgrund der unbestreitbaren Realitätshaltigkeit unseres Denkens in einem notwendig auch der Grund des Seins.

Als *Grund* des Seins und des Denkens geht das Eine beiden voraus. Diese absolute Priorität des Einen zeigt sich auch daran, daß wir zwar alles Seiende und auch das Sein selbst nur als Einheit denken können, daß wir aber keineswegs das Eine immer schon mit dem Sein verbunden denken müssen. Wir können nämlich durchaus auch Nichtseiendes denken. So denken wir zum Beispiel das Nichtsein als das vom Sein Verschiedene, das Werden als die Mitte zwischen Sein und Nichts und sogar das Nichts selber als den vollständigen Mangel an Sein; und dabei denken wir Nichtsein, Werden und Nichts jeweils als einheitliche Bestimmungen. Dagegen können wir nichts denken, ohne es zugleich als Einheit zu denken. Das Eine ist also ursprünglicher als das Sein, wie es auch ursprünglicher als das Denken ist. Das Eine ist das in und vor allem Sein wie in und vor allem Denken vorausgesetzte Unbedingte, das Absolute, das sich nicht wegdenken läßt.

Die Absolutheit unserer Einheitsvoraussetzung hat eine Reihe von metaphysisch folgenreichen Implikationen, die Strukturprinzipien der neuplatonischen Philosophie formulieren.

1. Einheit ist das Kriterium der Unterscheidung von Sein und Nichtsein. Zwar denken wir «Sein» und «Nichtsein» gleichermaßen als einheitliche Bestimmungen, aber im Gedanken des Nichtseins denken wir keinen positiven Inhalt, kein eigenes Was oder Etwas, sondern nur die *Negation* des Seins. Jeder positive Inhalt, jedes Was oder Etwas, dem Sein zugesprochen werden kann, muß positiven Einheitscharakter haben: «Sein hat etwas folglich, wenn es auf irgendeine Weise Eines ist.» (VI 6, 1, 20) Sein bedeutet für Plotin dabei vor allem Bestimmtheit, die etwas erst zu etwas macht, nicht bloß faktisches Vorhandensein. Dagegen ist das Nichtseiende ein Unbestimmtes, das eben aufgrund seines Mangels an Bestimmtheit nichtseiend ist. Als Grund aller Bestimmtheit ist das Eine das Prinzip des Seins, das allem seine Bestimmtheit verleiht und es eben dadurch seiend macht und im Sein erhält: «Alles Nicht-Eine wird nämlich durch das Eine erhalten und ist das, was es ist, durch das Eine.» (V 3, 15, 11 f)

2. Einheit ist ferner der Maßstab, der die Unterscheidung verschiedener Grade von Sein ermöglicht. Wenn die Einheit von etwas der Grund seines Seins ist, dann ist jedes Etwas auch in dem Maße seiend, in dem es Eines ist. Ein höherer Grad an Einheit bedeutet dann zugleich einen höheren Grad an Sein; je einheitlicher etwas ist, desto «seiender» (*mallon on*) ist es auch (VI 9, 1, 26-28). Z. B. ist die Seele, das Einheitsprinzip des von ihr belebten Organismus, nicht nur einheitlicher, sondern eben damit auch seiender als der von ihr zur Einheit gebrachte körperliche Organismus; im Unterschied zum Organismus, der entsteht, wenn sie ihm Einheit verleiht, und vergeht, wenn er seine Einheit verliert, existiert sie immer und unvergänglich (vgl. IV 7). Erst der henologische Ansatz seiner Philosophie erlaubt Plotin (wie schon Platon) die Graduierung von Sein, also die Unterscheidung verschiedener Seinsgrade und -stufen. Einheit als Grund des Seins generiert den «ontologischen Komparativ» und bildet damit auch die Grundlage der Ideenlehre, gemäß der das einheitliche Wesen von etwas seiender ist als seine individuellen Realisierungen; weil die einheitliche Bestimmung «Gerechtigkeit» oder die einheitliche Bestimmung «Tapferkeit» einen höheren Einheitsgrad besitzt als die vielen verschiedenen Fälle gerechten oder

tapferen Verhaltens, besitzt sie als Idee auch ein höheres, wesentlicheres oder «seienderes» Sein als diese; sie ist die Einheit, die die Vielheit ihrer Erscheinungen erst zu dem macht, was sie sind.

3. Wenn Vielheit der Gegenbegriff zum Einen ist, dann bildet das Verhältnis von Einheit und Vielheit das Fundament unseres Denkens und aller seiner Bestimmungen, also auch das Fundament des Seins; es ist ursprünglicher auch als der Gegensatz von Sein und Nichtsein. Platon hatte in dem Einen und der Vielheit die letzten und ursprünglichsten Prinzipien gesehen. Weil aber Vielheit selber nur als Einheit möglich und denkbar ist, setzt sie das Eine immer schon voraus, dieses umgekehrt aber nicht das Viele. Das Verhältnis von Einheit und Vielheit ist also fundamental asymmetrisch, und aus dieser grundlegenden Asymmetrie gewinnt Plotin das Motiv des Aufstiegs und den Gedanken der Transzendenz des absoluten Einen, die seine gesamte Philosophie bestimmen.

2. Aufstieg zum Absoluten

Das Verhältnis von Einheit und Vielheit bestimmt die ontologische Struktur, die für alles Seiende grundlegend ist, gleichgültig, ob es sich um intelligibles und ewiges Seiendes handelt oder um sinnenfällig erscheinendes und veränderliches. Alles Seiende ist nur, weil und insofern es Einheit ist. Aber schon dadurch, daß es zugleich seiend *und* Eines ist, ist es eine Zweiheit, also Vielheit (vgl. Platon, *Parm.* 142 B ff). Da Vielheit aber selber nur als geeinte Vielheit möglich ist, das Einheit-verleihende Eine also immer schon voraussetzt, darum sind das Eine und die Vielheit als die Prinzipien des Seienden nicht gleichursprünglich und gleichmächtig, sondern das Eine ist als Grund aller Vielheit das einzige absolute Prinzip, der Urgrund von allem (*archê pantôn*, VI 9, 5, 24). Plotin kommt so zu seiner monistischen Deutung der Prinzipienlehre Platons mit ihrer alles Seiende bestimmenden Bipolarität von Einheit und Vielheit (vgl. V 1, 5, 6 ff).

Als Grund aller Vielheit *transzendiert* das Eine notwendig die Vielheit. Dieser Gedanke ist für Plotin zentral. Er begründet ihn ausführlich. Wenn das Eine alle Vielheit begründet, kann es nicht als Es selbst, als das Eine, in der Vielheit anwesend sein und in dieser Anwesenheit aufgehen. Es erhält zwar durch seine Gegenwart das Viele im Sein, kann aber in dieser Gegenwart bei dem Vielen nicht aufgehen, sondern muß darüber hinaus als Einheit für sich bleiben, *jenseits* der Vielheit. Denn sonst wäre es durch seine Immanenz im Vielen auch selber Vielheit; es wäre in die Vielheit zerteilt, wäre also nicht mehr das Eine und Einende, das die Vielheit zur Einheit zusammenhält und dadurch erst ermöglicht: «Denn nach dem Gesagten ist es nicht richtig, Jenes Eine in die vielen Dinge zu zerteilen, sondern man muß vielmehr die Vielheit der zerteilten Dinge auf das Eine zurückführen, und Jenes (das Eine) ist nicht herabgekommen zu diesen, sondern weil diese Dinge verstreut sind, erwecken sie in uns die Vorstellung, daß in derselben Weise wie diese Dinge auch Jenes Eine zerteilt sei, so als wollte man das Bewältigende und Zusammenhaltende in gleiche Teile zerlegen wie das Bewältigte.» (VI 4, 7, 3–9)

Die Frage, wie das Eine die Vielheit begründen kann, ohne dabei sich selbst als Einheit aufzuheben, hatte schon Platon beschäftigt. Sie ist das Grundproblem seiner Ideenlehre: Wie kann die *eine* Idee die Vielheit ihrer Erscheinungen begründen und dabei selber Einheit bleiben (*Parm.* 131 B ff; vgl. *Phileb.* 15 B)? Plotin beantwortet diese Grundfrage des Platonismus genau so, wie Platon sie beantwortet hatte: «*Vor* dem Vielen muß das Eine sein, von dem her auch das Viele ist.» (V 3, 12, 9 f) Der Grund kann also selber nicht mehr die Charaktere des Begründeten haben. Als Ursprung der Vielheit ist das Eine selber keine Vielheit mehr, sondern es begründet die Vielheit gerade dadurch, daß es als Einheit selber jenseits der Vielheit Es selbst bleibt. Der Grund bleibt also dem Begründeten immer transzendent, und er begründet es gerade kraft seiner Transzendenz: «So ist es denn gar kein Wunder – oder ist es gerade ein Wunder? –, wie die Vielheit des Lebens aus der Nicht-Vielheit stammt, und wie die Vielheit nicht dasein konnte, wenn es nicht das vor der Vielheit gäbe, das Nicht-Vielheit ist. Denn der Urgrund zerteilt sich nicht auf das Ganze; denn zerteilte er sich, so würde er damit das Ganze vernichten, und dieses würde auch nicht von neuem entstehen können, wenn der Urgrund nicht in seiner Andersheit für sich selbst bliebe.» (III 8, 10, 14–19) Platon hatte als erster die Transzendenz des Grundes über das Begründete, kraft deren er allererst Grund ist, ausgesprochen (*Symp.* 211 B; *Rep.* 509 B; *Test. Plat.* 50 und 52; vgl. auch *Phaidr.* 245 D; *Tim.* 37 D, 42 E), und sein Neffe Speusipp hatte in aller Grundsätzlichkeit formuliert: «Der Urgrund ist niemals von derselben Art wie das, dessen Urgrund er ist.» (Fr. 72; vgl. auch *Test. Plat.* 55 B)

Aus der Transzendenz des Einen über das Viele, kraft der es Grund des Vielen ist, ergibt sich die Plotins Philosophie im ganzen bestimmende Aufstiegsbewegung. Sie vollzieht sich als *henologische Reduktion* (vgl. Halfwassen 1992 a, 57 ff), d.h. als Zurückführung (*anagôgê*) der Vielheit in jeder ihrer Gestalten auf die sie jeweils begründende Einheit, bei der die Vielheit auf das Eine hin überstiegen wird: «Deshalb führt denn auch die Zurückführung (des Begründeten auf den Grund) überall auf ein Eines. Und bei jedem einzelnen gibt es ein Eines, auf das man es zurückführen kann, auch dieses All auf das vor ihm liegende Eine, das aber noch nicht einfachhin Eines (*haplôs hen*) ist, bis man bei dem einfachhin Einen ankommt; dieses aber läßt sich nicht mehr auf ein anderes zurückführen. Wenn man nun dieses Eine – das heißt eben den in sich bleibenden Urgrund – bei der Pflanze und das Eine beim Lebewesen, das Eine bei der Seele und das Eine beim All ins Auge faßt, so hat man jedesmal das Machtvollste und das eigentlich Wertvolle.» (III 8, 10, 20–26)

Die henologische Reduktion vollzieht sich also in drei Stufen: 1. Von den Einzelerscheinungen zu den Ideen. 2. Von der Welt als Einheit aller Erscheinungen zum seienden Einen als der Einheit aller Ideen. 3. Vom seienden Einen zum absoluten Einen, das absolut vielheitslos und darum keiner weiteren Rückführung mehr fähig ist. Diese Aufstiegsbewegung, ihre Stationen und ihre Methode folgen Platons Prinzipienphilosophie.

1. Von der erscheinenden Vielheit der einzelnen Dinge führt der erste Schritt zu der sie begründenden Einheit ihrer jeweiligen Idee, z.B. von den vielen Pflanzen zu der Idee der Pflanze, dem «Einen der Pflanze». Schon für Platon war die allgemeinste und grundlegendste Bestimmung der Ideen, daß sie Einheitsgründe für die Vielheit ihrer Erscheinungen sind (*Rep.* 476 A, 479 A, 507 B, 596 A; *Parm.* 131 BC, 132 A ff, 133 B, 135 B ff; *Phileb.* 15 AB); Aristoteles bestimmt die Idee im Sinne Platons als ein «Eines über der Vielheit» (*hen epi pollôn*), weil sie als Einheit die Vielheit ihrer Erscheinungen transzendiert (*Met.* 990 b 7. 13, 1079 a 3. 9; *Anal. post.* 77 a 5). Immer dann, wenn das Denken *in* einer Vielheit die Einheit einer gemeinsamen Bestimmung erkennt, muß es eine Idee *über* dieser Vielheit als transzendenten Grund der Einheit in der Vielheit ansetzen (vgl. auch *Über die Ideen*, Fr. 3).

2. Einheit in der Vielheit ist aber nicht nur die grundlegende Verfassung jedes einzelnen Seienden. Schon dadurch, daß diese Verfas-

sung allem Seienden gemeinsam ist, schließt sie die Gesamtheit alles besonderen Seienden zu einer Einheit zusammen, die wiederum eine Einheit in der Vielheit ist, nämlich die Einheit der Welt oder des Alls (*pan*), des Weltganzen. Die Einheit des Weltganzen setzt als Einheit in der Vielheit ebenfalls einen transzendenten Einheitsgrund voraus, der alles einzelne Seiende zur Einheit des Weltganzen zusammenschließt. Dieser Einheitsgrund des Weltganzen ist keine besondere Idee mehr, sondern das alle einzelnen Ideen umfassende Ganze aller Ideen, der Ideenkosmos, den Platon im *Parmenides* (142 B ff) das «seiende Eine» (*hen on*) genannt hatte; es ist die Totalität aller Ideen so wie die Welt die Totalität der Erscheinungen ist (*Tim.* 30 C ff; vgl. 92 C). Als die Einheit aller Ideen übersteigt das seiende Eine alle einzelnen Ideen, die es als seine Momente in sich enthält.

3. Der Charakter als Einheit in der Vielheit, der den Rückgang auf einen transzendenten Grund der Einheit fordert, bestimmt aber nicht nur alle Einzelerscheinungen und die Welt als ganze, sondern ebenso auch die Ideen und das seiende Eine als Ideentotalität. Zwar ist jede Idee eine Einheit, aber sie ist keine absolut einfache, schlechthin vielheitslose Einheit, die sich nicht weiter analysieren ließe, sondern jede Idee enthält als definierbare Wesenheit eine Mehrheit von Wesensmomenten in sich, die in ihrer Definition angegeben werden, die Idee des Menschen z. B. die Ideen «Leben», «Vernunft» und «Gemeinschaftlichkeit», die Wesensbestimmungen des Menschen sind; als Einheit der Vielheit ihrer Wesensmomente ist jede Idee Zahl (vgl. VI 6). In diesem Sinne ist auch jede Idee eine «Einheit aus Vielem» (*hen ek pollôn*): nämlich die Einheit des vollständigen Ganzen ihrer Momente, wie Platon sie im *Parmenides* bestimmt hatte (157 C-E). Erst recht gilt das für das seiende Eine als Totalität aller Ideen. Es ist zwar als allumfassende Einheit des Seinsganzen eine höhere Einheit als jede besondere Idee. Aber es enthält alle besonderen Ideen als seine Momente in sich und ist darum wie jede Idee eine Einheit, die Vielheit in sich hat. Als Einheit mit immanenter Vielheit oder «Viel-Einheit» (*hen polla*, Platon, *Parm.* 144 E 5; von Plotin oft zitiert, z. B. V 1, 8, 26) setzt darum auch das seiende Eine noch einen transzendenten Grund seiner eigenen Einheit voraus. Als Ideentotalität ist das seiende Eine aber keine Einheit neben anderen Einheiten mehr, sondern die Einheit des Ganzen schlechthin, außer dem nichts seiend ist, die All-Einheit (*hen panta*, III 6, 6,

23; V 3, 15, 23). Der Grund seiner Einheit ist darum das absolut oder einfachhin Eine, das Eine selbst, das als *reine Einheit* absolut vielheitslos ist und damit weiterer Begründung weder bedarf noch fähig ist. Das einfachhin Eine ist somit das Absolute, bei dem der Aufstieg vom Prinzipiierten zum Prinzip endet; es ist das Ziel der aufsteigenden Begründungsbewegung, über das nicht mehr hinausgegangen werden kann.

Grundsätzlich wichtig ist ferner, daß sich dieser Aufstieg als Abstraktionsbewegung (*aphairesis*) vollzieht, dabei aber nicht zu einer Entleerung des Denkens führt, sondern von Stufe zu Stufe zu immer höherer Wesensfülle. Die Abstraktion ist als Befreiung von Vielheit und der durch Vielheit bedingten Endlichkeit und Veränderlichkeit der vielen Dinge zu verstehen; sie ist die Freilegung der die Vielheit begründenden, von ihr aber verdeckten Einheit. Der Rückgang zum Einen vollzieht sich darum als sukzessive Wegnahme aller Vielheit, und gelangt zugleich in dem Maße, in dem er die Vielheit wegnimmt, zu immer höherer, intensiverer, konzentrierterer Fülle; die Fülle steigert sich mit der Einfachheit. Denn weil das Eine der Grund des Seins ist, darum liegt in der Einheit alle Fülle, die durch die Vielheit nur getrübt wird. Die Idee der Pflanze z. B. wird zwar durch Absehen von allen einzelnen Pflanzen und ihren besonderen Eigenschaften erkannt, sie ist aber kein leeres Abstraktionsprodukt wie unser Allgemeinbegriff «Pflanze», sondern sie ist das, *wodurch* alle einzelnen Pflanzen überhaupt Pflanzen sind, indem sie an ihr teilhaben, also ihr einheitliches Wesen. Entsprechend ist das seiende Eine auch nicht der leerste und allgemeinste Begriff, den wir bilden können, sondern der Inbegriff der Seinsfülle schlechthin (vgl. auch Kap. IV 2 b–d).

Wenn freilich auch über diesen Inbegriff der Seinsfülle noch hinausgegangen werden muß zu dem absolut Einen, das keinerlei Vielheit und damit auch keinerlei positiv denkbaren Inhalt mehr enthält, dann ergibt sich die Paradoxie, daß das Absolute, das Alles begründet, selber nur noch als das Nichts gedacht werden kann (III 8, 10, 26 ff). Plotin verhüllt diese Paradoxie keineswegs. Sie enthält den höchsten Gedanken des Platonismus in sich: die reine Transzendenz des Absoluten und ihre Auslegung durch eine konsequent negative Dialektik oder *negative Theologie*. Von «negativer Theologie» kann man hier sprechen, insofern «Theologie» im antiken Sinne seit Aristoteles Prinzipientheorie bedeutet; «negative Theologie» meint dann die Ausgrenzung des Absoluten als des Prinzips und Ursprungs schlechthin durch Verneinung aller positiven Bestimmungen. Damit ist nicht impliziert, daß das transzendente Absolute, das Eine selbst, als Gott oder gar als ein irgendwie personaler Gott gedacht wird; das Eine selbst ist vielmehr auch «mehr als Gott» (VI 9, 6, 12 f). Der Gottesgedanke gehört selbst zu dem, was in einer konsequenten negativen Theologie transzendiert wird. «Was man von Gott gesagt, das genüget mir noch nicht: Die Über-Gottheit ist mein Leben und mein Licht», sagt noch Angelus Silesius ganz im Sinne der neuplatonischen negativen Theologie (*Cherubinischer Wandersmann* I 15). In genau diesem Sinne hat Ps.-Dionysius Areopagita, ein Schüler des Proklos, den Terminus «negative Theologie» (*apophatikê theologia*) um 500 n. Chr. geprägt.

3. Absolute Transzendenz und Negative Theologie

Negative Theologie ist der Versuch, das Absolute als absolute Transzendenz zu denken. Ihr Ausgangsgedanke ist: Das Absolute muß als *reine Einheit* gedacht werden. Wird reine Einheit aber konsequent gedacht, dann weist sie *jedwede* Bestimmung strikt von sich ab, weil jede überhaupt denkbare Bestimmung sie in die Vielheit hineinziehen würde. Als das aus aller Vielheit und aller Bestimmtheit Herausgenommene ist das Eine selbst darum *reine Transzendenz*: *jenseits von Allem* schlechthin (*epekeina pantôn*, V 1, 6, 13; V 3, 13, 2; V 4, 2, 39 f). Plotin betont dies immer wieder. Besonders aufschlußreich ist seine erste ausführlichere Explikation der absoluten Transzendenz des Einen in der frühen *Enneade* V 4 (chronologisch Schrift 7): «Das absolut Erste nämlich muß ein schlechthin Einfaches sein, das vor und über allem ist, verschieden von allem, was nach Ihm ist, das rein für sich selbst ist, nicht vermischt mit dem, was von Ihm stammt, und dabei doch in anderer Weise wieder fähig, allem anderen beizuwohnen, das wahrhaft und absolut Eines ist und nicht zunächst etwas anderes und dann erst Eines, von dem schon die Aussage falsch ist, daß Es Eines ist, von dem es ‹keine Aussage und keine Erkenntnis› [Platon, *Parm.* 142 A] gibt und von dem deshalb auch gesagt wird, daß Es ‹jenseits des Seins› [Platon, *Rep.* 509 B] ist. Denn wenn Es nicht absolut einfach wäre, jenseits aller Bestimmtheit und aller Zusammengesetztheit, und wahrhaft und absolut Eines, wäre Es nicht der Urgrund (*archê*); erst dadurch, daß Es absolut einfach ist, ist Es das von Allem absolut Unabhängige (*autarkestaton hapantôn*) und so das absolut Erste.» (V 4, 1, 5–13)

Das Absolute ist das absolut Einfache (*pantê haploun*, V 3, 11, 27). Denn alles nicht schlechthin Einfache, also jede Einheit, die in irgendeiner Weise noch Vielheit in sich enthält, setzt das absolut Einfache als seinen Urgrund voraus, von dem es abhängig ist, weil jede in Vielheit eingeschränkte Einheit nur kraft der absoluten reinen Einheit selbst überhaupt Einheit ist. Die reine Einheit, die als absolute Einfachheit jede Form von Vielheit strikt von sich ausschließt, ist das reine Wesen des Absoluten. Absolute Einfachheit bedeutet das Herausgenommensein aus jeder Vielheit, auch aus jeder nur begrifflichen Vielheit, und damit den Ausschluß jedweder wie auch immer gearteten ontologischen Struktur, die immer eine begriffliche Zusammensetzung impliziert. Sie bedeutet damit zugleich das Herausgenommensein aus jedweder Bestimmtheit. Denn Bestimmtheit impliziert einerseits etwas, *dem* sie zukommt und *dessen* Bestimmung sie ist, und sie ist andererseits eben dadurch von diesem Etwas als dessen Bestimmung oder Wassein begrifflich unterscheidbar. Jedes bestimmte Etwas läßt sich darum auseinanderlegen in das Bestimmte und seine Bestimmtheit und weist damit bereits eine Zusammensetzung auf, eine ontologische Struktur als den Zusammenhang einer Mehrheit zumindest begrifflich unterscheidbarer Momente. Die absolute Einfachheit des Einen selbst schließt darum jede Bestimmtheit und jede Struktur von ihm aus. Damit ist zugleich jede Bezüglichkeit des Absoluten in sich selbst oder zu anderem ausgeschlossen; denn jede Beziehung zu sich selbst oder zu anderem setzt einen mindestens begrifflichen Unterschied der Relata voraus. Weil jede Bestimmung das Bestimmte zu sich selbst oder zu anderem in Beziehung setzt, ist das absolut Einfache auch absolut bestimmungslos, also nicht nur für uns unbestimmbar, sondern *an und für sich selbst jenseits aller Bestimmung*. Die reine Einfachheit selbst ist darum auch nicht die Bestimmung des Absoluten, sondern richtig verstanden die absolute *Negation* aller Bestimmtheit; die *so* verstandene absolute Einfachheit ist der reine Begriff des Absoluten, das sich somit überhaupt nur negativ denken läßt. In der als Negation aller Bestimmtheit richtig verstandenen absoluten Einfachheit aber liegt die reine Transzendenz des Absoluten: Durch seine reine Einfacheit ist das Absolute herausgenommen aus Allem schlechthin, also «jenseits von Allem» (*epekeina pantôn*, V 1, 6, 13) und damit auch «vor Allem» (*pro pantôn*, V 4, 1, 5), «über Allem» (*hyper panta*, V 5, 13, 33.) und «verschieden von Allem» (*pantôn heteron*, V 4, 1, 6).

Dies zum Ausdruck zu bringen, ist der Sinn der negativen Theologie Plotins. Plotin rekurriert auch damit auf Platon, und zwar auf die negative Dialektik der ersten Hypothesis seines *Parmenides* (137 C-142 A; dazu Halfwassen 1992 a, 298–405; Dodds 1928; Horn 1995 b). Platon versucht dort, das Eine als Es selbst in seiner Absolutheit zu denken. Betrachtet man das Eine nur in sich selbst, dann ist es nichts als das Eine selbst. Weil es absolut frei von jeder Vielheit ist, weist es jede denkbare Bestimmung strikt von sich ab: Es selbst ist darum weder ein Ganzes, noch hat es unterschiedene Momente, ist also ohne Anfang, Mitte und Ende und damit ohne bestimmende Grenzen und insofern unendlich (*apeiron*), darum auch weder in sich selbst noch in einem anderen, also auch jenseits von Bewegung und Ruhe, jenseits von Identität und Verschiedenheit im Verhältnis zu anderem wie im Verhältnis zu sich selbst, jenseits von Ähnlichkeit und Unähnlichkeit, Gleichheit und Ungleichheit und damit herausgenommen aus allen ontologischen Verhältnissen von Priorität und Posteriorität, die den Seinszusammenhang strukturieren, und so zuletzt jenseits des Seins schlechthin. Weil das Absolute in seiner reinen Transzendenz somit nicht *ist*, kann man von ihm nicht einmal sagen, daß es *Eines* ist, weil es als Eines-seiend eben auch seiend wäre, und damit schon Vielheit, nämlich die Zweiheit von Sein und Einheit (141 E). Es ist also sowohl jenseits des Seins als auch jenseits des Einsseins.

Auch die Benennung des Absoluten als «das Eine» ist darum nur uneigentlich und metaphorisch, weil das Absolute nicht in der Weise Einheit ist, in der Seiendes positiven Einheitscharakter besitzt, nämlich als Bestimmung eines von der Einheit selbst begrifflich Unterschiedenen. *Reine* Einheit bedeutet vielmehr als Negation aller Bestimmtheit und allen Seins auch die Verneinung jeder positiven Denkbarkeit *als Einheit*. Plotin betont das nachdrücklich: «Es ist auch nicht Seiendes, sonst würde auch hier das Eine nur von einem anderen ausgesagt, in Wahrheit kommt Ihm kein Name zu, wenn man's denn aber benennen muß, so wird man Es passend gemeinhin ‹das Eine› nennen, freilich nicht, als sei Es sonst etwas und dann erst das Eine.» (VI 9, 5, 30–33)

Die Benennung als «das Eine» soll *uns* anleiten, alle Vielheit und alle Bestimmtheit denkend zu transzendieren; sie zielt in Wahrheit auf das «Über-Eine», auf das hindenkend das Denken sich selbst und seinen eigenen Einheitsgedanken übersteigen muß (VI 9, 6, 1–15). Das Absolute ist das Eine nicht in irgendeinem positiv bestimmbaren Sinne von Einheit, sondern nur in dem negativen Sinne, daß es jenseits aller Vielheit ist (V 5, 6, 24–34). So führt der Name des Einen, der dem Absoluten in seinem negativen Gehalt noch am ehesten angemessen ist, zu der Einsicht, daß das Absolute in Wahrheit unsagbar (*arrhêton*) ist (V 3, 13, 1; vgl. Platon, *7. Brief* 341 C). Es gibt darum keine Bezeichnung, die dem Absoluten angemessen wäre; man kann überhaupt nichts von ihm aussagen, weil die duale Struktur der Prädikation, die immer etwas über etwas aussagt, die reine Einfachheit des Absoluten prinzipiell verfehlt. Wir können vom Absoluten nicht sagen, was es ist, sondern nur, was es nicht ist (V 3, 14, 6–8; VI 8, 8, 4–8), weil das Absolute kein Was oder Etwas (*ti*) ist, sondern vor aller Washeit (V 3, 12, 51 f: *pro tou ti*). Wir haben vom Absoluten darum auch weder Erkenntnis noch Einsicht (V 3, 14, 2 f; VI 9, 4, 1 f); denn alle Erkenntnis (*epistême, gnôsis*) zielt immer auf das Was oder das Wesen von etwas, und Einsicht (*noêsis*) – die höchste Form der Erkenntnis – erfaßt dieses Wesen intuitiv in einem einfachen Hinblick des Geistes. Platon hatte dem Absoluten darum mit Bestimmtheit, Sein und Einheitscharakter zugleich Erkennbarkeit, Sagbarkeit und Benennbarkeit abgesprochen (*Parm.* 142 A).

Die absolute Transzendenz des Absoluten hatte Platon in der Formel zusammengefaßt, es sei «jenseits des Seins, an Ursprünglichkeit und Mächtigkeit über das Seins hinaus» (*epekeina tês ousias presbeia kai dynamei hyperechontos*, *Rep.* 509 B; vgl. auch *Test. Plat.* 50). Nach Platon hatte vor allem sein Neffe und erster Nachfolger Speusipp die absolute Transzendenz des Einen betont: Es ist über das Sein hinaus, aber ebenso über das Gute und über das Schöne hinaus (Fr. 72 Isnardi Parente). Damit ist es zugleich «jenseits des Geistes» (*epekeina nou*), wie Aristoteles mit Blick auf Platon und Speusipp formuliert hatte (*Über das Gebet*, fr. 1; vgl. Platon, *Rep.* 508 E f; Speusipp, Fr. 89 Isnardi Parente). Die Transzendenz über das Sein, das «jenseits des Seins», ist aber der präziseste und zugleich umfassendste Ausdruck für die reine Transzendenz des Absoluten, weil «Sein» nicht einfach eine Bestimmung neben anderen Bestimmungen ist, die dem Absoluten abgesprochen werden müssen, sondern zum einen die *Grundlage* aller weiteren Bestimmungen bildet und zum anderen den *Inbegriff* aller Bestimmtheit überhaupt darstellt; «jenseits des Seins» bedeutet darum so viel wie «jenseits von Allem». Denn was immer etwas auch ist, es kann dies nur sein, wenn es überhaupt *ist*; insofern ist das Sein die Grundlage jeder weiteren Bestimmung. Darüber hinaus bedeutet «Sein» (*ousia*) im prägnanten Sinne nicht bloß, daß etwas ist und existiert, sondern meint die Fülle des Wesens, in der etwas ganz und gar das ist, was es eigentlich ist; die letzte und eigentliche Erfüllung des Seins ist darum auch nicht eine besondere Wesenheit, sondern das seiende Eine als der Inbegriff der Seinsfülle schlechthin. In diesem Sinne ist das Sein die Totalität aller Bestimmtheit, der nichts – keine denkbare Bestimmung und kein denkbarer Seinsgrad – fehlt und über die hinaus nichts Erfüllteres gedacht werden kann (III 6, 6; dazu Halfwassen 2002 a, 504 ff). Die Fülle des Seins, der Inbegriff aller Bestimmtheit, ist aber *nicht* das Absolute; das seiende Eine ist nicht das Erste, sondern das Zweite nach dem Einen selbst. Dessen Transzendenz über das Sein bedeutet darum seine Transzendenz über die Totalität: «das Zweite ist schon Alles; und ist dieses Alles, so ist Jenes (das Absolute) jenseits von Allem: also jenseits des Seins.» (V 4, 2, 39 f) Wegen dieser Bedeutung der Seinstranszendenz als Transzendenz über die Totalität zitiert Plotin das Platonische «*epekeina tês ousias*» immer wieder (an wenigstens 31 Stellen, das am häufigsten wiederholte Zitat in Plotins Oeuvre überhaupt).

Daß das Sein nicht nur Fundament, sondern auch Inbegriff aller Bestimmtheit ist, hängt mit seiner Bestimmung als *Eidos* zusammen, die Platon entwickelt und seine wichtigsten Schüler Speusipp, Xenokrates und Aristoteles in unterschiedlichen Richtungen weiterentwickelt hatten (dazu Krämer 1973). Eidos – was wörtlich «Anblick, Aussehen, Gestalt, Form» bedeutet – meint die *Bestimmtheit* des Seins. Was keine Bestimmtheit des Wesens besitzt, ist darum auch kein Sein. Als Urgrund aller Bestimmtheit kann das Eine selbst aber kein Bestimmtes mehr sein und besitzt darum überhaupt keinen Seinscharakter. Gerade durch seine Transzendenz über alle Seinsbestimmtheit ermöglicht es Bestimmtheit und damit das Sein als das Ganze aller Bestimmtheit: «Da aber das... Sein (*ousia*) Form (*eidos*) ist ... und zwar nicht eine bestimmte Form, sondern die Totalität aller Formbestimmtheit, so daß keine weitere Form mehr übrigbleibt, so muß Jenes (das Absolute) notwendig formlos (*aneideon*) sein. Als Formloses aber ist Es kein Sein; denn das Sein muß ein Dieses sein, und das bedeutet ein Bestimmtes. Jenes aber ist nicht mehr als ein Dieses zu fassen; denn dann wäre Es nicht mehr der Urgrund, sondern nur dasjenige, was man eben als ein Dieses angesprochen hat. Wenn nun alle Seinsgehalte in dem aus Jenem Entstandenen sind, als was von diesen willst du Jenes dann ansprechen? Wenn Es aber nichts von diesen ist, dann kann man Es nur als das Jenseits von diesen ansprechen. Diese aber sind das Seiende (*ta onta*) und das Sein (*to on*): Es ist also jenseits des Seins (*epekeina ontos*). Denn das ‹Jenseits des Seins› meint nicht ein Dieses – denn es enthält keine Setzung (*thesis*) – und es ‹gibt Ihm keinen Namen› [Platon, *Parm.* 142 A], sondern es besagt nur: nicht dieses. Und indem es das tut, wird Jenes dadurch in keiner Weise umfaßt.» (V 5, 6, 1–14)

Plotin macht hier deutlich, was absolute Transzendenz eigentlich meint: Sie bedeutet nicht, daß das Sein die eine Seite und das Eine als dessen jenseitiger Urgrund die andere Seite wäre, die zusammen erst das Ganze ergeben, sondern sie meint das, «was aus *jeder* Ganzheit herausgenommen ist und sie transzendiert», wie Proklos später formuliert (*In Parm.* 1107, 32 f). Das Absolute läßt sich nicht mehr mit dem Sein in die gemeinsame Sphäre einer beide, das Sein und das Absolute, umfassenden Totalität zusammenfassen, sondern es transzendiert prinzipiell jeden solchen Totalitätshorizont (vgl. Huber 1955, 58 ff). Das Sein ist schon die Totalität dessen, was als bestimmt gedacht werden kann. Die Transzendenz des Absoluten über das Sein ist darum keine Bestimmung dessen, was das Absolute ist oder nicht ist, sondern gerade die Verneinung aller Bestimmtheit. Die Transzendenz enthält darum keine Setzung, d. h. sie ist nicht mehr positive Behauptung von etwas, sondern die Verneinung aller Gehalte; sie hat keinen über die Negation hinausgehenden *begrifflichen* Gehalt. Sie vollzieht die Verneinung aller denkbaren Gehalte aber so, daß sie dabei zugleich die *Richtung* angibt, in der diese Verneinung zu verstehen ist: nämlich so, daß dem Absoluten das, was von ihm verneint wird, nicht etwa fehlt, sondern daß es darüber erhaben ist. Die Transzendenz ist also die Behauptung von etwas, das über alles, was sich denken und behaupten läßt, hinausgeht und darum auch kein Etwas mehr ist. Sie ist eine Behauptung, die sich als Behauptung selbst zurücknimmt, um damit *hinzuweisen* auf das, was über jede positive Behauptung hinausgeht, auf das in Wahrheit schlechthin Unsagbare (V 3, 13, 1–6). Der *semantische* Gehalt der Transzendenzbehauptung, ihr Hinweischarakter auf das, was über alles hinaus ist, geht darum sehr wohl über die bloße Negation hinaus. Die Besonderheit der Transzendenzbehauptung besteht gerade darin, daß sich in ihr absoluter semantischer Überschuß und absolute begriffliche Negativität wechselseitig bedingen: die Verneinung von allem zielt auf das, was über alles hinaus und jenseits von allem ist, und was sich genau darum gar nicht anders ausdrücken läßt als durch die Verneinung alles dessen, worüber es hinaus ist. In genau diesem Sinne ist das Absolute das Nichts: «Es ist das Nichts alles dessen, dessen Urgrund Es ist, in dem Sinne jedoch, daß Es – da nichts von Ihm ausgesagt werden kann, nicht Sein (*on*), nicht Wesenheit (*ousia*), nicht Leben – das all diesem Transzendente ist.» (III 8, 10, 28–31)

Das Absolute ist «Nichts von Allem, sondern vor Allem» (III 8, 9, 53 f), so daß von ihm gesagt werden muß: «Es ist auch nicht das Ist (*to estin*)» (VI 7, 38, 1), «Es ist nicht (*ouk esti*)» (VI 7, 38, 11), «wir nehmen selbst das Ist von Ihm weg» (VI 8, 8, 14), darum «existiert Es auch nicht (*oude hypestê*)», sondern ist «vor aller Existenz (*pro hypostaseôs*)» (VI 8, 10, 35 f) und «über das Sein hinaus (*hyperontôs*)» (VI 8, 14, 42). «Und faßt du Es ins Auge, nachdem du das Sein (*to einai*) weggenommen hast, so wirst du staunen vor dem Wunder.» (III 8, 10, 31 f) Dieses Transzendieren des Seins aber kann nur vollzogen werden, indem das Denken mit dem Sein auch sich selbst transzendiert. Das Ziel des transzendierenden Denkens ist so zuletzt die *Ekstasis*, das Heraustreten des Denkens aus sich selbst (VI 9, 11, 23).

4. Plotins Mystik: Ekstasis als Selbstüberstieg des Denkens

Aus der absoluten Transzendenz des Einen ergibt sich Plotins Mystik der Ekstasis. Dieser Zusammenhang ist wichtig. Man mißversteht Plotin vollständig, wenn man annimmt, seine Philosophie sei der Versuch, eine mystische Einheitserfahrung nachträglich zu begreifen, die Mystik stehe bei ihm also am Anfang der Theorie. Das, was man Plotins Mystik nennen kann, ist vielmehr gerade umgekehrt die *Konsequenz* seiner Theorie des Absoluten, und zwar genauer seiner Konzeption des Absoluten als reiner Transzendenz, wie sie eben entwickelt wurde. Plotin betont das selbst immer wieder (z. B. VI 9, 4).

Schon der Terminus «Mystik» ist äußerst vieldeutig und kann Mißverständnisse provozieren. Abgeleitet ist er von dem Verb «*myein*»; es bedeutet das Schließen der Augen, etwa bei der Einweihung in die Mysterien. Wendet man den Ausdruck «Mystik» auf Plotin an, so muß man zunächst jede Assoziation an Irrationalität und schwärmerische Gefühserlebnisse fernhalten. Es geht bei Plotin nicht um Trancezustände und rauschhafte Erlebnisse. Plotin spricht ein einziges Mal von «*myein*» (I 6, 8, 25) und meint damit die vollkommene Abkehr des Bewußtseins von jedem äußeren Weltbezug, wobei sich das Bewußtsein ganz in sich selbst konzentriert. Ziel dieser Sammlung und Konzentration auf das eigene Innere ist die ungetrübte Klarheit und Helle des Geistes. Sie ist kein gefühltes Erlebnis, sondern rein intellektuell; Gefühle – auch rauschhaft-ekstatischer Art – gehören zum äußeren Weltbezug, den das Bewußtsein ablegen soll. Die Konzentration des Bewußtseins in sich selbst ist ferner auch keine Einswerdung mit dem Absoluten, sondern nur die erste Vorstufe dazu, die freilich unerläßlich ist.

Durch diese «mystische» Einkehr ins eigene Innere wird ein «anderes Sehen» in uns aktiviert, eine rein geistige Sehkraft, über die nach Plotin jeder Mensch verfügt, die aber nur den wenigsten bewußt wird (I 6, 8, 25 ff). Gemeint ist damit eine nicht-diskursive und darum auch nicht sprachlich verfaßte Form des Denkens und Erkennens, die das Erkannte in einem einfachen Hinblick des Geistes mit einem einzigen Schlag erfaßt, also eine intuitive Schau des Ganzen auf einmal, die zugleich von absoluter und unbezweifelbarer Evidenz ist und in deren Vollzug das denkende oder schauende Bewußtsein dem Geschauten nicht mehr als von seinem «Objekt» verschiedenes «Subjekt» gegenübersteht, sondern mit ihm verschmilzt und zur Einheit wird. Fichte, Hölderlin und Schelling haben später von «intellektueller Anschauung» gesprochen, weil in ihr das Erfaßte wie beim Sehen als Ganzes auf einmal gegenwärtig ist, dies aber nicht sinnlich, sondern rein geistig. Plotin spricht von «Schau» (*thea*) oder «Betrachtung» (*theôria*), meist aber von «Einsicht» (*noêsis*); diesen Terminus hatten Platon und Aristoteles gebraucht, um das intuitive vom diskursiven Erkennen zu unterscheiden. Diese intuitive höchste Erkenntnisform ist die Weise, in der der absolute Geist sich als die Fülle des Seins selbst erkennt und denkt. Wer sie aktualisiert, wird darum Eins mit dem absoluten Geist, dem Grund unserer Seele und unseres denkenden Bewußtseins, in den das Bewußtsein zurückkehrt, wenn es sich vollkommen auf sich selbst konzentriert. Der Vollzug der intellektuellen Anschauung ist darum die Transformation des Bewußtseins in den Geist als unser wahres oder eigentliches Selbst: unsere «Geistwerdung» (*noôthênai*, VI 7, 35, 4; VI 8, 5, 35; dazu Beierwaltes 2001, 97 ff). Sie ist die höchste Steigerung unseres Selbstbewußtseins und zugleich dessen vollständige Entgrenzung, so daß es sich nicht mehr als begrenztes von anderem unterscheidet, was es selbst nicht ist. Denn was es schaut und womit es schauend zur Einheit wird, ist nicht ein Einzelnes, sondern die Fülle des Seins, die der schauende Geist selbst ist. «Ein-Sicht» ist so das In-Eins-Sehen des Seins, in dem sich der Sehende selbst mit dem Gesehenen ineins sieht. Plotin beschreibt die Erhebung in den Geist darum als ein Erwachen zu sich selbst: «Immer wieder, wenn ich aus dem Leib aufwache zu mir selbst, lasse ich das Andere hinter mir und werde mir selbst innerlich, schaue eine wunderbar gewaltige Schönheit und vertraue, in solchem Augenblick ganz eigentlich zum höheren Bereich zu gehören, verwirkliche höchstes Leben, bin in Identität mit dem Göttlichen und auf seinem Fundament gegründet, denn ich bin zur transzendenten Wirklichkeit (*energeia ekeinê*) gelangt und habe meinen Stand errrichtet hoch über allem, was sonst geistig ist; nach diesem Stillstehen (*stasis*) im Göttlichen, wenn ich da aus dem Geist herabsteige in das diskursive Denken (*logismos*), dann muß ich mich immer wieder fragen: wie ist dies mein jetziges Herabsteigen denn möglich?» (IV 8, 1, 1–9)

Die intellektuelle Anschauung ist eine genuin philosophische Form mystischer Erfahrung. Sie ist eine Erfahrung allumfassender Einheit, in der sich das Selbst mit der All-Einheit des Geistes identisch weiß. Ihr haftet nichts Irrationales an, denn ihre Struktur und ihre Notwendigkeit lassen sich argumentativ ausweisen, auch wenn sie selbst sich nicht mehr argumentierend und schlußfolgernd vollzieht, sondern als Heraustreten aus der Diskursivität und damit auch aus der Zeitlichkeit und der Sprachlichkeit unseres gewöhnlichen Bewußtseins und bewußten Denkens. Sie ist der Grund unseres Selbstbewußtseins, denn nur in ihr weiß das Selbst sich wahrhaft und unmittelbar als Einheit (vgl. V 3, 3–5); darin stimmt Plotin mit dem Deutschen Idealismus nach Kant überein. Die Einheitserfahrung der intellektuellen Anschauung, das Erwachen zu sich selbst, ist ein «Stillstehen im Göttlichen» (IV 8, 1, 7), nämlich im absoluten Geist, denn sie ist keine Bewegung des Suchens mehr, sondern das aus der Zeit herausgetretene, also ewige Gefundenhaben der Fülle des Seins und das ewige Sicheinswissen mit ihr. Sie ist für Plotin aber keine Erfahrung des Absoluten. Plotin verlangt vom Denken oder Sehen des Absoluten, daß es auch über die intellektuelle Anschauung des Geistes, die Erfüllung der Suche des Denkens nach dem Sein, noch hinausgeht. So wie das Denken, um zu seiner Erfüllung im Geist zu gelangen, aus seinem äußeren Weltbezug, der durch die Sinnlichkeit vermittelt ist, heraustreten muß, so muß es, um zum Absoluten in seiner reinen Transzendenz zu gelangen, auch über den Geist hinausgehen, also alle Denkbarkeit transzendieren: «So wie der, welcher die intelligible Wirklichkeit (*noêtê physis*) schauen will, keine Vorstellung von etwas Sinnlichem in sich haben darf, um das zu erschauen, was jenseits des Sinnlichen ist, so wird auch der, welcher das schauen will, was jenseits des Intelligiblen ist, Es nur schauen, wenn er alle Denkbarkeit wegnimmt.» (V 5, 6, 17–20)

Die absolute Transzendenz des Einen fordert vom Denken die Aufhebung aller Denkbarkeit, wie sie in der negativen Theologie vollzogen wird. Darin liegt aber eine fundamentale Paradoxie. Denn wie kann das Denken alle Denkbarkeit aufheben, ohne damit zugleich auch sich selbst als Denken aufzuheben? Und wenn die Aufhebung der Denkbarkeit sich nur als Selbstaufhebung des Denkens selber vollziehen kann, wie ist dann eine Selbstaufhebung möglich, die keine Selbstvernichtung, keine Selbstdestruktion der Vernunft ist? Plotins Theorie der Ekstasis entspringt genau dieser Paradoxie: Sie ist die Antwort auf sie. Als reine Transzendenz bleibt das Absolute dem Denken unerreichbar entzogen. Das Denken erreicht das absolut Transzendente also nur dadurch, daß es sich selbst verläßt, durch einen Überstieg über sich selbst, in dem das Denken sich – sich selbst überbietend – vollendet und nicht zerstört, in dem es nicht mehr Denken ist, sondern über das Denken hinaus: «Über-Denken» (*hypernoêsis*, VI 8, 16, 32). «Ekstasis» meint diesen Selbstüberstieg des Denkens. Plotins Ekstasis ist so die Konsequenz aus der reinen Transzendenz des Absoluten.

Plotin betont immer wieder, daß die absolute Transzendenz des Einen nicht nur Seinstranszendenz, sondern in einem damit auch Geisttranszendenz und Erkenntnistranszendenz ist: «Denn weil Es jenseits des Seins (*epekeina ousias*) ist, ist Es auch jenseits aller Tätigkeit (*epekeina energeias*) und jenseits des Geistes und des Denkens (*epekeina nou kai noêseôs*).» (I 7, 1, 19 f) Daraus folgt zugleich: Das Eine selbst «denkt nicht» (V 6, 2, 2); darum «erfaßt Es auch nicht sich selbst» (III 9, 9, 12 f), «Es erkennt und denkt sich selbst nicht» (VI 9, 6, 46), «Es weiß sich selbst nicht» (V 6, 6, 31), sondern ist «erhaben auch über das Selbstbewußtsein (*synaisthêsis*) und jeden Denkakt» (V 6, 5, 4 f). Aus der Transzendenz des Einen über den Geist und damit über jede Form des Denkens, des Erkennens und des Bewußtseins ergibt sich das Problem, wie wir das Absolute, das Ziel des gesamten Aufstiegs, dann noch erreichen können? Sicherlich können wir aus dem Einheitsbedürfnis des Denkens zurückschließen auf einen absoluten Grund reiner Einheit jenseits allen Denkens und jenseits allen Seins. Ein solcher Rückschluß auf den Urgrund aller Einheit ist aber noch kein Erreichen des Absoluten, sondern nur ein Übersichhinausweisen des Denkens selber. Dieses Übersichhinausweisen des Denkens ist aber noch keine Erfüllung der Suche nach dem Absoluten. Das Absolute scheint in seiner reinen Transzendenz unerreichbar zu sein: «Da nämlich die Erkenntnis alles anderen sich vermöge des Geistes vollzieht, und da man durch den Geist nur Geist erkennen kann, durch welche plötzliche Intuition (*epibolê athroa*) sollen wir da dessen habhaft werden, was das Wesen des Geistes eben transzendiert?» (III 8, 9, 19–22) Plotins Antwort lautet: «Diese Schwierigkeit ergibt sich hauptsächlich daraus, daß man des Einen weder in der Weise des Wissens (*epistêmê*) noch in der Weise der geistigen Einsicht (*noêsis*) inne werden kann wie aller anderen Denkgegenstände, sondern nur vermöge einer Gegenwärtigkeit (*parousia*), welche höher ist als Wissen. Die Seele ... muß also über das Wissen hinausgehen, darf in keiner Weise aus dem Einssein heraustreten, sondern muß ablassen vom Wissen und vom Wißbaren, ja von jedem anderen Gegenstand der Schau.» (VI 9, 4, 1–10)

Die Schau des Einen selbst ist die Erfüllung des Einheitsvorgriffs, der alles Denken und Wissen erst ermöglicht. Erreichbar ist diese

Erfüllung aber nur dadurch, daß man jene Form von Einheit transzendiert, die das Wissen durchgängig, auch in seiner höchsten Form als intellektuelle Anschauung, auszeichnet. Das Denken konstituiert sich durch seinen Vorgriff auf Einheit. Zugleich ist es durch Intentionalität bestimmt: es ist immer gerichtet auf etwas, das es thematisch erfassen will. Diese Intentionalität des Denkens wird durch seinen Einheitsvorgriff erst ermöglicht, der seiner Intentionalität darum vorausgeht; zugleich verleiht sie dem Denken die Struktur einer Einheit in der Entzweiung, die für unser gesamtes gegenständliches Bewußtsein grundlegend ist. Denn um etwas thematisch erfassen zu können, müssen wir das Erfaßte als die Einheit eines Bestimmten denken; als Bestimmtes aber ist es nicht nur Eines, sondern zugleich von dem es erfassenden Denken und von anderem Bestimmten unterschieden. Thematische Erfassung von etwas ist immer die Erfassung eines vom Erfassenden selbst Unterschiedenen in einem Horizont von Bestimmtheit, in dem das Erfaßte als *ein* Bestimmtes von anderem Bestimmten abgegrenzt und dadurch überhaupt erst bestimmt ist. Ich erfasse etwas stets als dieses und nicht jenes; darum erfasse ich es zugleich als von mir selbst Verschiedenes. Die Intentionalität des Denkens führt darum zur Selbstentzweiung des Geistes in Denkendes und Gedachtes, Wissendes und Gewußtes, Subjekt und Objekt. Diese Entzweiung ist aber keine absolute. Denn erfassen kann ich etwas nur dann, wenn es in meinem Horizont steht und so in einer Einheit mit mir bleibt. Thematische Erfassung von etwas bedeutet also immer beides: die Unterscheidung und Entzweiung von Erfassendem und Erfaßtem sowie das gemeinsame Umfaßtsein beider in einer Einheit, der Einheit eines gemeinsamen Horizonts. Dieser Einheitshorizont ermöglicht alles thematische Erfassen, er ermöglicht es aber genau dadurch, daß er als bloß horizonthafte Einheit Unterschiede – vor allem den Unterschied von Erfassendem und Erfaßtem – in sich enthält. Der Einheitshorizont selbst ist darum in allem thematischen Erfassen immer nur mitgegenwärtig, aber niemals als solcher thematisch.

Die durch Intentionalität bestimmte Struktur unseres Gegenstandsbewußtseins erfüllt sich im Wissen. In ihm ist das Gewußte in seiner Bestimmtheit vollständig so erfaßt, daß es zugleich mit dem Wissenden eine in sich unterschiedene Einheit bildet. Diese Struktur bestimmt in veränderter Akzentuierung auch die intellektuelle

Anschauung, die Noêsis als höchste Form des Wissens. Die Akzentverschiebung der intellektuellen Anschauung gegenüber dem gewöhnlichen gegenständlichen Wissen besteht darin, daß in der Noêsis nicht mehr nur das gewußte Etwas in seiner Unterschiedenheit von anderem Wißbaren und vom Wissenden selber thematisch ist, sondern die alles Wißbare und das wissende Selbst gemeinsam umfassende Einheit des Geistes als solche thematisch gewußt und angeschaut wird. Nicht mehr nur das Gewußte, sondern die Einheit des Wissens selbst wird in der intellektuellen Anschauung gewußt; sie ist das ausdrückliche, aber selbst ungegenständliche oder übergegenständliche Erfassen jenes Einheitshorizonts, der alles gegenständliche Wissen erst ermöglicht. Gleichwohl bleibt sie eine Einheit der Unterschiede; die Artikuliertheit des Angeschauten, die ein erfülltes Sehen erst ermöglicht, bleibt in ihr erhalten, sie ist sogar zu höchster Intensität gesteigert (vgl. V 8, 4).

Reine Einheit jenseits allen Unterschieds und jenseits aller Vielheit ist darum in keiner Weise thematisch wißbar, weil sie die Einheitsform des Wissens, die Einheit mit sich im Unterschied, die auch noch die Noêsis bestimmt, prinzipiell transzendiert. Sie weiß darum auch selber nicht von sich selbst, sie weiß und denkt sich selbst nicht, weil dies bereits eine Entzweiung der Einheit in sich selbst und damit eine Aufhebung der absoluten oder reinen Einheit des Einen selbst wäre (VI 9, 6, 42–52; VI 7, 38–39). Das bedeutet für Plotin aber nicht, daß sie für uns unerreichbar wäre. Als der absolute Grund aller Einheit, der jede Einheit im Unterschied allererst ermöglicht, ist das Eine uns vielmehr immer schon gegenwärtig (VI 9, 8, 33 ff), in einer Gegenwart freilich, die höher und d. h. ursprünglicher ist als alles Wissen. Ursprünglicher als das Wissen ist der alles Wissen und Bewußtsein erst ermöglichende Einheitsvorgriff des Denkens; in diesem ursprünglichen Einheitsvorgriff ist das Eine in uns wirksam. Um der in uns wirkenden Gegenwart des Einen inne zu werden, müssen wir darum die Intentionalität unseres Bewußtseins, in der sich die Einheit des Geistes entzweit, zurücknehmen in den ursprünglichen Einheitsvorgriff, der alles Denken ermöglicht, ohne selbst schon erfülltes Denken, thematische Erfassung von irgendetwas zu sein. Diese ursprüngliche Einheit in unserem Denken, die aller Selbstunterscheidung vorausgeht, «das Erste des Geistes» (VI 9, 3, 27), ist dasjenige in uns, worin und wodurch das Absolute uns gegenwärtig ist; Proklos nennt sie «das Eine in uns» (*to en hêmin hen*, *In Parm.* 1072, 8; dazu Beierwaltes 1979, 367ff).

Wir werden der Gegenwart des Absoluten inne, wenn wir in die ununterschiedene Einheit, die der Grund unseres Denkens ist, so zurückkehren, daß wir in keiner Weise aus der Einheit heraustreten, wie dies schon dann geschieht, wenn wir sie *als* Einheit denkend zu thematisieren versuchen: «Entschließt sich aber die Seele, sich rein für sich allein auf die Schau des Einen zu richten, dann schaut sie Es, indem sie mit Ihm zusammen und Eines ist, und eben weil sie dann mit Ihm Eines ist, glaubt sie noch gar nicht zu haben, was sie sucht, weil sie von dem, was sie denkt, selber nicht unterschieden ist.» (VI 9, 3, 10–13) Die Erfahrung der Einheit mit dem Absoluten ist also kein bewußter Akt, in dem uns das Absolute thematisch bewußt würde, sondern bleibt als die Rücknahme der alles thematische Bewußtsein bestimmenden Intentionalität in die jedem Unterschied vorgängige Einheit vorbewußt. Als intensivste Erfahrung von Einheit ist sie aber auch nicht unbewußt, nicht weniger, sondern *mehr* als alles Bewußtsein: Plotin nennt sie «gleichsam ein Erwachen (*hoion egrêgorsis*), von dem das Erwachte nicht verschieden ist, das ewig Erwachen ist und über das Denken hinaus (*hypernoêsis*)... und dieses Erwachen ist jenseits des Seins und des Geistes und des vernünftigen Lebens.» (VI 8, 16, 31–34) Erwachen, das ewig *Er*wachen ist und nie Wach*sein*, ist ein reines Übergehen, das nicht mehr von etwas zu etwas übergeht wie vom Schlaf zum Wachsein, sondern ein bloßes Aufgehen, in dem nicht mehr etwas aufgeht, das dann thematisch bewußt wird, so daß der Erwachende auch nicht zum Bewußtsein seiner selbst kommt, sondern im Erwachen selbst aufgehend über sich hinausgeht. Als reines Übergehen schießt es sozusagen über den Zustand des selbstbewußten Wachseins hinaus.

Die Selbsterfassung der Einheit des Denkens in der intellektuellen Anschauung schließt das Wissen ein, daß es der Vorgriff auf die differenzlose reine Einheit, auf das absolut Eine ist, der das Denken als Einheit erst ermöglicht: «Wer sich selbst kennt, weiß auch sein Woher» (VI 9, 7, 33), «denn indem er sich seinem Selbst zuwendet, wendet er sich zu seinem Urgrund hin» (VI 9, 2, 35f). Die Voraussetzung, um die Gegenwart des Einen zu erfahren, ist die Rücknahme der Intentionalität des Denkens und Sehens in jene ursprünglichste Einheit im Denken, die alles Denken erst ermöglicht, selbst aber kein Denken mehr ist, sondern dessen Grund. Der

Geist, der sich selbst zurücknimmt in seine ursprünglich einfache Einheit, ist nicht mehr selbstbewußter Geist, sondern nur noch reiner, vor- und überbewußter Vollzug von Einheit: «so tritt er, das Wissen von allem auslöschend, vorher schon in seiner eigenen Haltung, jetzt aber auch in den Gestalten des Denkens, dabei auch das Wissen von sich selbst auslöschend, in die Schau des Einen ein.» (VI 9, 7, 18–21) Plotin spricht auch vom «liebenden Geist» (*nous erôn*), den er von dem «denkenden» oder «vernünftigen Geist» (*nous emphronos*) unterscheidet (VI 7, 35). Liebe, Erôs ist ein Verlangen nach Einheit, das ursprünglicher ist als alles thematische Bewußthaben von etwas; sie ist das Verlangen nach *unterschiedsloser* Einheit, denn sie erfüllt sich als Verschmelzung mit dem Geliebten in differenzloser Einheit, die alle Unterschiede auslöscht. Zugleich ist Liebe als freies Hinausgehen über sich selbst der Zug in die Transzendenz bis zur Selbsttranszendenz. Der «liebende Geist» ist der alle Andersheit und damit alle Intentionalität des Denkens transzendierende Geist, der sich selbst zurücknimmt in die differenzlos einfache Einheit, die der Grund allen Denkens ist.

Der in seine ursprüngliche Einheit zurückgekehrte Geist ist nicht mehr Geist, sondern nur noch einfache, reine Einheit. Da reine Einheit aber jede Andersheit in sich selbst oder von anderem ausschließt, ist sie von dem Absoluten nicht mehr unterschieden: «Wenn keine Andersheit da ist, so ist das Nicht-Andere miteinander beisammen. Jenes (das Absolute) nun, da Es keine Andersheit kennt, ist immer bei uns, wir aber sind bei Ihm nur, wenn wir keine Andersheit in uns haben. Jenes verlangt nicht nach uns, daß Es etwa um uns wäre, aber wir nach Jenem, auf daß wir um Jenes sind. Um Es sind wir immer, wir blicken aber nicht immer auf Es hin.» (VI 9, 8, 32–35) Dieses Hinblicken auf das Absolute, dessen Gegenwart uns erst ermöglicht, weshalb sie uns unverlierbar ist, ist nun kein intentionales Sehen, bei dem der Sehende von dem Gesehenen unterschieden wäre, sondern eine den Unterschied beider auslöschende, differenzlose Einung mit dem Absoluten, «so daß es eigentlich nicht Geschautes, sondern Geeintes ist» (VI 9, 11, 5 f). «Das Geschaute aber ... sieht der Schauende in jenem Augenblick (der Einung) nicht – die Rede ist freilich kühn – unterscheidet es nicht, stellt es nicht als zweierlei vor, sondern er ist gleichsam ein anderer geworden, nicht mehr er selbst und nicht sein eigen, ist einbezogen Dort (in die absolute Transzendenz) und Jenem (dem Absoluten) zugehörig, und so ist er Eines, indem er gleichsam Mittelpunkt mit Mittelpunkt berührt.» (VI 9, 10, 12–17) Darum ist die Einung auch unaussprechlich (*dysphraston*, VI 9, 10, 19), weil die Sprache in ihrer Differenzstruktur die Erfahrung differenzloser, absoluter Einheit prinzipiell verfehlt. Alles über sie Gesagte ist darum, wie Plotin betont, bloß dunkle Andeutung, bloßer Hinweis auf das eigentlich Unsagbare (VI 9, 11, 27).

Die Einung mit dem Absoluten ist zugleich die äußerste Erfahrung von Transzendenz: sie erreicht «durch das Transzendieren von Allem (*tô hyperbanti panta*) das absolut Transzendente» (VI 9, 11, 35). Dies schließt die Transzendierung des Selbst ein: «überhaupt ist sein Selbst nicht mehr da…, sondern gleichsam hinaufgerissen, oder vielmehr in ruhiger Gotterfülltheit (*enthousiasmos*) ist er in die Abgeschiedenheit (*erêmos*) eingetreten.» (VI 9, 11, 11–13) Die Einung ist darum keine Schau mehr, sondern ein Heraustreten aus sich selbst (*ekstasis*), ein radikales Einfachwerden (*haplôsis*) zur absoluten Einfachheit und ein totales Sich-Selbst-Hingeben (*epidosis hautou*) an das absolut Transzendente (VI 9, 11, 23). Dieses Überschreiten des Selbst ist aber keine Selbstvernichtung, sondern die überbietende Erfüllung der Selbstsuche: transzendierend kommt die Seele «nicht zu einem Anderen, sondern zu sich selbst, und so ist sie, da sie nicht in einem Anderen ist, nicht im Nichts, sondern in sich selbst. Und wenn sie allein in sich selbst und nicht einmal im Sein ist, so ist sie in Jenem: denn dadurch, daß man mit Jenem umgeht, ist man selbst nicht mehr Sein, sondern jenseits des Seins.» (VI 9, 11, 38–42) Die ursprüngliche, differenzlos-einfache Einheit im Grund unseres Denkens, in der uns das jenseitige Absolute gegenwärtig ist, ist als solche selber kein Sein, sondern Transzendenz über das Sein. Sie ist der Grund unseres Selbst, weshalb das Überschreiten des Selbst nicht dessen Vernichtung, sondern seine Erfüllung ist. Das Selbst, das alle Bestimmtheit des Denkens und damit auch das Sein transzendiert hat, tritt aus sich selbst heraus, weil es als differenzlose reine Einheit auch nicht mehr Selbst ist, sondern nichts als reine Einheit und genau darum Eins mit dem Einen selbst. In dieser Erfahrung von absoluter Transzendenz gelangt das Transzendieren in sein Ziel, als «Flucht des allein Einen zum allein Einen (*phygê monou pros monon*)» (VI 9, 11, 51), wie die berühmte Schlußformel lautet, mit der Plotins Programmschrift *Über das Gute* endet.

IV. Metaphysik des Geistes

1. Der Geist als Identität von Denken und Sein

Plotin denkt den absoluten Geist (*nous*) als die Identität von Denken und Sein. Dafür beruft er sich auf Parmenides, der gesagt hatte: «Dasselbe nämlich ist Denken und Sein.» (Fr. 3) Immer wieder zitiert Plotin diesen Grund-Satz (z.B. V 9, 5, 29f). Der Geist erkennt denkend das Sein. Und indem er das Sein denkt und erkennt, weiß er zugleich sich selbst. In seinem Denken weiß der Geist sich selbst als die Identität von Denken und Sein. Diese Identität ist keine punktuelle Identität, in der der Geist nur seine eigene Existenz erkennt, sondern die vollständige Selbsterkenntnis seines Wesens. Der Geist weiß sich darin auch nicht als ein Seiendes unter anderem Seienden, sondern er weiß sich selbst als die gesamte Fülle des Seins, außer der nichts seiend im eigentlichen Sinne ist. Es gibt darum auch nichts, das der Geist nicht wüßte, wenn er sich selbst weiß. Sein Sich-Wissen ist das vollkommene Sich-selbst-Durchsichtigsein des Seins als der Totalität aller Ideen.

Plotins Geistmetaphysik ist der Teil seiner Philosophie, der der neuzeitlichen Philosophie mit ihrer Problematik der Subjektivität und des Selbstbewußtseins am nächsten steht. Mit dem Deutschen Idealismus nach Kant, der eine Metaphysik der Subjektivität entwickelt, also mit Fichte, Hegel und Schelling, weist sie Übereinstimmungen in zentralen Einsichten auf. Sie hat darum seit der Plotindeutung Hegels auch am stärksten die Aufmerksamkeit auf sich gezogen. Um sich ihr zu nähern, empfiehlt es sich darum, einen Ausgangspunkt zu wählen, der ihre Anschließbarkeit an die neuzeitliche Subjektivitätsphilosophie von Anfang an zeigt. Diese setzt an bei dem Problem der Erkenntnis, genauer bei der Frage nach der Gewißheit unserer Erkenntnisse und der Suche nach einem Grund dieser Gewißheit, der unerschütterlich sein soll, einem «fundamentum inconcussum». Dies ist das Thema von Descartes' berühmter Zweifelsbetrachtung, mit der etwa Hegel die moderne Philosophie beginnen läßt. Doch ist das Thema als solches sehr viel älter als

Descartes. In der Tat fragt schon Plotin, wie wir unserer Erkenntnisse gewiß sein können und führt diese Frage in einer Zweifelsbetrachtung aus. Solche Zweifelsbetrachtungen hat auch Plotin nicht erfunden; sie hatte vor ihm die antike Skepsis entwickelt, z. B. Sextus Empiricus, dem Descartes entscheidende Anregungen für seinen methodischen Zweifel verdankt und auf den auch Plotin rekurriert (vgl. Wallis 1987). Während aber die Skeptiker durch solche Zweifelsbetrachtungen alle Gewißheit unserer Erkenntnis zerstören wollten, gewinnt Plotin durch sie eine unerschütterliche Gewißheit, die dem Zweifel standhält; das verbindet ihn mit Descartes und mit Augustinus, der die Unbezweifelbarkeit des «Ich denke, also bin ich» als erster ausdrücklich formuliert hatte (vgl. Horn 1997). Wie Descartes und Augustinus findet auch Plotin die unerschütterliche Gewißheit, die allem Zweifel standhält, im Selbstbewußtsein. Plotin geht aber über Descartes und Augustinus hinaus, wenn er zeigt, daß dieses Selbstbewußtsein ein absolutes Wissen sein muß, das sich selbst als die Identität von Denken und Sein weiß, also das Sich-Wissen des absoluten Geistes; darin trifft sich Plotin mit Hegel (vgl. Flasch 1973, 111 ff; Halfwassen 2002 b, 246 ff). Plotins Zweifelsbetrachtung zum Aufweis eines absoluten Wissens in der Identität von Denken und Sein soll darum hier der Ausgangspunkt sein, um seine Geistmetaphysik darzustellen.

Plotins Ausgangsfrage lautet, ob man von dem Geist, der im Vollsinne Geist ist, denken könne, daß er sich täusche und Nichtseiendes glaube. Plotin verneint das, weil ein Nous, der sich täuschte, eben ohne Einsicht (*anoêtainôn*), also ohne Nous wäre; ein einsichtsloser Nous wäre ein Widerspruch in sich (V 5, 1, 1–3). Der Geist ist somit der Ort des zweifelsfrei gewissen Wissens: «Er muß also immer wissen, darf nichts je vergessen, und sein Wissen darf nicht auf Vermuten beruhen, noch zweifelhaft sein, noch auch von einem anderem stammen, von dem er es gleichsam gehört hätte.» (V 5, 1, 3–6) Das Wissen (*eidenai*) ist das *Wesen* des Geistes, keine Eigenschaft, die er besitzen kann oder auch nicht. Also besitzt der Geist sein Wissen immer und unverlierbar, mit unbezweifelbarer Gewißheit und aus eigenem Ursprung. Er verdankt sein täuschungsfreies Wissen sich selbst, ist also in diesem Sinne spontan und autonom. Aus der Selbstursprünglichkeit seines Wissens folgt zugleich, daß es nicht auf Beweis beruhen kann, sondern intuitiv, in unmittelbarer, sich selbst gebender Evidenz (*enargês*) gewußt wird

(V 5, 1, 6–9; vgl. 2, 14 f). Denn bewiesenes Wissen ist immer vermitteltes Wissen, das abhängt von der Gültigkeit der Beweisprämissen und von der Richtigkeit des Beweisverfahrens, z. B. der korrekten Anwendung der logischen Schlußregeln, – und genau durch diese Abhängigkeit ist auf Beweis beruhendes Wissen immer irrtumsanfällig.

Plotin fragt nach dem Grund der Evidenz des täuschungsfreien Wissens: warum ist seine Gewißheit unbezweifelbar? Dazu grenzt er die Evidenz des Geistes zunächst von der Evidenz der Wahrnehmung (*aisthêsis*) ab. Die Wahrnehmung ist ja wie das Wissen des Geistes intuitiv und mit einem Bewußtsein von Evidenz verbunden. Trotz dieses Evidenzerlebnisses schließt sie aber den Zweifel nicht aus, sondern ein, ob das Wahrgenommene selbständig und unabhängig vom Wahrnehmenden existiert oder ob es – wie bei Träumen und Halluzinationen – lediglich eine Hervorbringung des wahrnehmenden Subjekts selber ist. Diesen Zweifel kann die Wahrnehmung niemals ausräumen (V 5, 1, 9–15). Das Gewißheitsdefizit der Wahrnehmung reicht aber noch weiter. Auch wenn man annimmt, daß das Wahrgenommene wirklich existiert, so erfaßt die Wahrnehmung von ihm doch immer nur ein Abbild (*eidôlon*) und niemals die Sache selbst; die Wahrnehmung bleibt der Sache, auf die sie sich bezieht, also immer äußerlich (V 5, 1, 15–19). Der Wahrnehmung mangelt es darum trotz ihrer intuitiven Evidenz in doppelter Weise an Gewißheit, weil sie der Existenz ihrer Gegenstände nie sicher sein kann und niemals diese selbst, sondern immer nur deren Abbilder erfaßt. Der Grund für dieses doppelte Gewißheitsdefizit der Wahrnehmung liegt für Plotin in ihrer nach außen gerichteten Intention: Sie bezieht sich stets auf etwas von dem Wahrnehmenden selbst Verschiedenes. Daraus ergibt sich ex negativo zugleich, daß ein zweifelsfrei gewisses Wissen nur ein Wissen von sich selbst sein kann, also das Selbstbewußtsein.

Plotin zeigt im nächsten Schritt seiner Argumentation, daß das Wissen des Geistes ein Wissen von sich selbst ist, und daß genau dies der Grund seiner zweifelsfreien Gewißheit ist. Wäre nämlich auch das Wissen des Geistes kein Wissen von sich, sondern Erkenntnis extramentaler Gegenstände, so müßte sich sofort dasselbe doppelte Gewißheitsdefizit einstellen wie bei der Wahrnehmung. Dann aber besäße der Geist sein Wissen nicht immer und notwendig (V 5, 1, 19–23). Das Wissen des Geistes darf also nicht – wie im stoischen und epikureischen Realismus – nach dem Modell der Sinneswahrnehmung konzipiert werden, das ein erkennendes Subjekt auf ein ihm gegenüberstehendes, ihm äußerliches Objekt bezieht. Dieses Modell faßt Gedanken als «Abdrücke» (*typoi*) extramentaler Gegenstände auf, «als wären sie uns von außen zugefügt und als wären sie körperliche Stöße» (V 5, 1, 24 f). Es bezieht das Denken auf ein Draußen, wie es nur der Wahrnehmung zukommt. Wie soll das Denken dann erkennen, daß es seine Gegenstände wirklich erfaßt hat? (V 5, 1, 25–30) Eine realistische Erkenntnistheorie scheitert daran, daß die «Grundlagen der Beurteilung» (*archai tês kriseôs*), auf die sich das Denken beim Urteilen über seine Inhalte stützen muß, nicht in ihm selbst liegen sollen, sondern in einem extramentalen Draußen, «und damit läge auch die Wahrheit (*alêtheia*) dort» (V 5, 1, 30–32). Plotin zeigt, daß eine solche Konzeption den Begriff der Wahrheit zerstört und sich damit selbst widerlegt.

Das Denken erfaßt seine Inhalte, indem es über sie urteilt, ihnen also z. B. Existenz zuspricht oder abspricht; wenn nun das Kriterium für die Wahrheit eines solchen Urteils nicht im Denken selbst liegen soll, sondern in einem Äußeren, dann kann sich das Denken der Wahrheit seines Urteils nicht sicher sein, erfaßt die Wahrheit also nicht. Betrachtet also der Geist extramentale Gegenstände, so erfaßt er deren Wahrheit nicht und täuscht sich notwendig in allem, was er denkt, so Plotin. Denn das Wahre wären die extramentalen Objekte, und bei deren Betrachtung erfaßte der Geist immer nur ihre Abbilder (V 5, 1, 50–58). Wüßte der Geist hierbei, daß er das Falsche erfaßt, so wüßte er damit sich selbst als außerhalb der Wahrheit stehend, was widersinnig ist, weil es außerhalb der Wahrheit kein Wissen geben kann. Wüßte der Geist dagegen nicht, daß er nur Falsches erfaßt, so wäre er doppelt im Irrtum befangen. In dieser Lage befindet sich für Plotin unser Wahrnehmungsbewußtsein, dem genau darum keine Wahrheit innewohnt, sondern nur Meinung (*doxa*), ein «Annehmen» (*paradechesthai*) der Abbilder der extramentalen Wahrnehmungsobjekte (V 5, 1, 58–65). Wenn aber auch im Geist keine Wahrheit ist, dann ist wahre Erkenntnis unmöglich und dann sind die Begriffe «Geist» und «Wahrheit» sinnlos. Spricht man dem Geist die Wahrheit ab, so macht man damit das Seiende unerkennbar und darüber hinaus sogar inexistent, so Plotin (V 5, 1, 65–2, 4). Denn da die Wahrnehmung über die Existenz ihrer Gegenstände keine Gewißheit hat, bleibt allein die

Übereinstimmung mit den Maßstäben des Denkens als einziges mögliches Kriterium zur Unterscheidung von Sein und Nichtsein übrig. Von Extramentalem kann das Denken aber gar nicht wissen, ob es mit seinen Maßstäben übereinstimmt, weil es davon immer nur Abbilder erfaßt.

Will man daran festhalten, daß es Wissen, Wahrheit und Seiendes gibt – und anders kann man nicht einen einzigen sinnvollen Gedanken denken –, so bleibt gar keine andere Möglichkeit, als sie mit dem denkenden Geist selbst zu identifizieren (V 5, 2, 4–9; vgl. V 3, 5, 21–25). Das unfehlbar gewisse Wissen des Geistes kann sich unmöglich auf etwas vom Geist selbst Verschiedenes beziehen; der sich selbst mit zweifelsfreier Gewißheit wissende Geist ist darum selbst die Wahrheit und das Fundament (*hedra*) sowie der Inbegriff des Seins (V 5, 2, 9 ff). Außerhalb des sich selbst erkennenden Geistes gibt es nichts, das wirklich oder wahrhaft seiend wäre, denn seiend ist das, was gedacht und erkannt werden kann, weil es den Maßstäben den Denkens gemäß ist: also die Ideen, die apriorischen Inhalte des Denkens selbst. Der Geist ist somit die Identität von Denken und Sein, und zwar in dem schon angedeuteten Sinne, daß er selbst die Totalität des intelligiblen Seins, das Ganze aller Ideen ist. Wenn sich das Wissen des Geistes nur auf sich selbst bezieht, dann kann ferner auch die Wahrheit nicht die Übereinstimmung mit einem vom Wissenden selbst verschiedenen Gegenstand bedeuten, sondern sie bedeutet für Plotin genau wie später für Hegel die Übereinstimmung des absoluten Wissens mit sich selbst: «Die wahrhafte Wahrheit stimmt nicht mit Anderem überein, sondern mit sich selbst, und nichts ist außerhalb von ihr, sondern was sie aussagt, das ist sie auch, und was sie selbst ist, das sagt sie aus.» (V 5, 2, 18–20)

Plotin knüpft damit an die klassische Adaequationstheorie der Wahrheit an, der gemäß Wahrheit die Übereinstimmung von Aussage und ausgesagtem Sachverhalt ist; schon Platon (*Soph.* 240 B ff, 263 B ff) und Aristoteles (*Cat.* 4 b 8–10, 14 b 17 ff; *Met.* 1011 b 27 ff, 1051 b 3–5) hatten sie formuliert. Plotin versteht dies nicht im Sinne einer Korrespondenz von Denken und extramentaler Seinsordnung, weil gar nicht absehbar ist, wie das Denken von seiner Übereinstimmung mit einem Außerhalb überhaupt wissen könnte. Er deutet die *Übereinstimmung* von Denken und Sachverhalt vielmehr als die *Identität* beider, als Identität von Denken und Sein, in welcher der wissende Geist *mit sich selbst* übereinstimmt, was den Intentionen von Platon und Aristoteles durchaus entspricht (vgl. Platon, *Soph.* 248 E; Aristoteles, *De an.* 430 a 2–5; *Met.* 1075 a 1–5). Plotin unterläuft damit den Unterschied von «Urteilswahrheit» und «ontologischer Wahrheit». Mit «Urteilswahrheit» ist die Übereinstimmung von urteilendem Denken und gedachtem Sachverhalt gemeint; die «ontologische Wahrheit» ist die Erkennbarkeit oder «Unverborgenheit» (so die ursprüngliche Bedeutung von *alêtheia*) des Seins selber – Plotin führt diese beiden Arten der Wahrheit in eine Einheit zusammen (vgl. Beierwaltes 1991, 195 ff; ders. 2001, 30–44). Denn wie könnte es mehr als *eine* Wahrheit geben? Und wie könnte die «Unverborgenheit» des Seins eingesehen werden, wenn nicht dadurch, daß das Sein *sich selbst* durchsichtig ist und sich in seiner Durchsichtigkeit selbst anschaut und weiß? Wahrheit ist für Plotin also die absolute Erkanntheit des Seienden in der Identität von Denken und Sein, das totale Sich-Selbst-Offenbarsein und von sich selbst Durchdrungen- und Durchlichtetsein des Seins selbst; die Selbsterkenntnis des absoluten Geistes ist so der Vollzug der Wahrheit. Plotins Zweifelsbetrachtung kommt damit zu dem Ergebnis: «*Eine* Wesenheit (*mia physis*) also ist uns der Geist, alles Seiende und die Wahrheit.» (V 5, 3, 1 f) Dieses Ergebnis formuliert die Grundlage, auf der sich Plotins Geistmetaphysik entfaltet.

2. Der Geist als Fülle der Ideen

In der Sache kommt Plotin zu demselben Ergebnis wie Hegels *Phänomenologie des Geistes*: der sich selbst wissende Geist ist der Inbegriff der Wahrheit und des Seins, sein Wissen ist absolutes, alle wahre Realität umfassendes und dabei zweifelsfrei gewisses Wissen. Daraus ergibt sich Plotins These von der Immanenz der Ideen im Geist. Wenn die ewigen und unveränderlichen Ideen das sind, worauf sich alles Denken und Wissen bezieht, und wenn zweifelsfrei gewisses Wissen nur ein Wissen von sich selbst sein kann, dann können die Ideen nicht außerhalb des wissenden Geistes sein und dann muß der Geist sich selbst erkennen, wenn er die Ideen erkennt.

Diese These von der Immanenz der Ideen im Geist ist geschichtlich vorbereitet durch die im Mittelplatonismus weitverbreitete Lehre von den Ideen als «Gedanken Gottes». So bestimmt z. B.

Alkinoos im zweiten nachchristlichen Jahrhundert die Ideen als die ewigen Gedanken (*noêseis, noêmata*) Gottes (*Didaskalikos* IX 1), wobei er Gott als höchsten und vollkommensten Geist konzipiert, der in seinem Denken ewig sich selbst und seine eigenen Gedanken denkt, und diese Tätigkeit sei die Idee (*Didaskalikos* X 3). Dieselbe Lehre referieren bereits Cicero (*Orator* 9–10) und Varro (bei Augustinus, *De civ. dei* VII 28) im ersten vorchristlichen Jahrhundert; sie geht zuletzt – moglicherweise vermittelt durch Ciceros und Varros gemeinsamen Lehrer Antiochos von Askalon (vgl. Theiler 1930, 37ff) – auf den Platonschüler Xenokrates zurück, der die Ideen und ihr Prinzip, das Eine bzw. die Einheit (*monas*), mit dem göttlichen Geist identifizierte (Fr. 15, 16 Heinze; vgl. Krämer 1964, 21–45; ders. 1969b, 481ff; Dillon 1977, 24ff; ders. 1993, 94ff). Plotin nimmt außerdem Aristoteles' Lehre vom «Denken des Denkens» (*noêsis noêseôs*) auf, nach welcher der göttliche Geist ausschließlich sich selbst und sein eigenes Denken denkt und erkennt (*Met.* XII 7 und 9). Wie Aristoteles ausführt, ist der göttliche Geist das Höchste und Vollkommenste und kann darum auch ausschließlich das Höchste und Vollkommenste denken, also denkt er sich selbst; es wäre eine Minderung seiner Vollkommenheit, wenn er weniger Vollkommenes dächte, und alles andere ist weniger vollkommen als der Geist selbst. Plotin interpretiert dieses Sich-Selbst-Denken des Geistes mit dem ein halbes Jahrhundert älteren Aristoteles-Kommentator Alexander von Aphrodisias so, daß der göttliche Geist im Denken seiner selbst Ideen denkt, also keinen bloß formalen und inhaltsleeren Reflexionsakt vollzieht (vgl. Armstrong 1960). Trotz dieser geschichtlichen Vorläufer wurde Plotins Lehre von der Identität der Ideen mit dem Geist von seinen Zeitgenossen als so ungewöhnlich empfunden, daß der gelehrte Porphyrios erst in langen und ausführlichen Diskussionen von ihr überzeugt werden mußte, als er Plotins Schüler wurde (VP 18, 8–23).

Die Identität der Ideen mit dem Geist wirft eine ganze Reihe von Fragen auf. Ihre Beantwortung durch Plotin unterscheidet seine Geistmetaphysik charakteristisch von ihren Vorgängertheorien, was auch erklären dürfte, warum die Zeitgenossen Plotins Lehre als so neu und ungewohnt empfanden. Die Frage ist nämlich, wie Plotin das Verhältnis des wissenden Geistes zu den Ideen im einzelnen genauer bestimmt: Wenn der Geist mit den Ideen identisch ist, findet er sie dann einfach vor, oder bringt er sie auch ins Sein? Ist das

Sein, das der Geist denkt, ihm vorgegeben, oder setzt bzw. produziert der Geist im Denken das Sein allererst? Ist das Denken des Geistes also rezeptiv oder ist es spontan und produktiv? Und wieso denkt der Geist *sich selbst*, wenn er die Ideen denkt? Wie und warum also kommt durch das Wissen der Ideen sein Wissen von sich selbst zustande? Wie kann ferner der Geist sich in seinem Selbstbewußtsein als *Einheit* wissen, wenn er sich als Wissender von dem Gewußten unterscheidet und wenn das Gewußte seinerseits keine einfache Einheit, sondern die Vielheit der Ideen ist? Wie kann die Einheit des Geistes so gedacht werden, daß sie keine punktuelle Einheit einer einfachen Monade ist, sondern eine All-Einheit, welche Unterschiede in sich enthält, ohne dadurch ihre Einheit aufzuheben?– Beginnen wir mit Plotins Antwort auf die Frage nach der Produktivität des Geistes, aus der sich seine Lösungen der übrigen genannten Probleme folgerichtig entwickeln lassen.

a) Priorität des Seins vor dem Denken

Daß der göttliche Geist die Ideen *erschafft* als Modell seiner Weltschöpfung, hatte Philon von Alexandria, der jüdische Platoniker der Zeitenwende, gelehrt (*De opificio mundi*, bes. 16–20, 29 ff; vgl. Dillon 1977, 158 ff). Die Vorstellung, daß der göttliche Geist die Ideen produziert, indem er sie denkt, ganz ähnlich, wie unser Geist seine Gedanken beim Denken produktiv hervorbringt, war im Mittelplatonismus verbreitet; sie verband sich leicht mit der Lehre, daß der Geist das höchste Prinzip und darum auch der Grund der Ideen sei, so z. B. im *Didaskalikos* (IX 1; X 2–3) des Alkinoos, dem einzigen erhaltenen Handbuch der mittelplatonischen Schulphilosophie.

Plotin lehnt die Deutung der Ideen als Gedanken in diesem Sinne, daß sie im subjektiven Denkvollzug hervorgebracht werden, vehement ab: «... der Geist hat seine Inhalte nicht gedacht, um sie in die Existenz zu bringen. Denn es ist nicht, als er Gott dachte, Gott entstanden, und als er Bewegung dachte, die (Idee der) Bewegung entstanden. Darum ist auch die Auffassung der Ideen als Gedanken (*noêseis*), wenn sie so gemeint ist, daß erst, als der Geist sie dachte, die einzelne Idee entstand und nun existiert, nicht richtig. Denn das Gedachte muß ursprünglicher (*proteron*) sein als dieser bestimmte Denkakt (*noêsis*); denn wie könnte er sonst dazu kommen, es zu denken?» (V 9, 7, 12–18)

Platons Ideenontologie beruhte auf der Überzeugung, «daß der Inhalt der reinen Gedanken nicht von ihrem Gedachtsein abhängig ist» (Henrich 1960, 264). Diese Überzeugung wird in der von Plotin kritisierten Auffassung preisgegeben, die die Existenz der Ideen von ihrem Gedachtsein abhängig macht; die objektive Realität der Ideen, die für den Platonismus doch das einzige wirklich Seiende sind, wird damit aufgegeben. Platon selbst hatte die Deutung der Ideen als Gedanken kritisiert (*Parm.* 132 B). Außerdem faßt die Vorstellung des Hervorbringens der Ideen das Verhältnis von Geist und Ideen zu äußerlich auf und entleert dadurch den Geist. Dagegen führt Plotin die Intentionalität des Denkens ins Feld, das nur Denken ist, wenn es sich auf etwas richtet, das es denkt. Dieses Gedachte wird darum im Denkvollzug immer schon vorausgesetzt; ohne die Beziehung auf ein Gedachtes käme der Akt des Denkens gar nicht zustande, denn Denken ist nichts anderes als das Haben des Gedachten; darum kann das Gedachte nicht durch den subjektiven Denkakt allererst produziert werden, der sich ohne Gedachtes gar nicht vollziehen könnte. In diesem Sinne geht das Sein dem Denken notwendig voraus, weil Denken oder Einsicht (*noêsis*) immer ein Erfassen des Seins ist und ohne das Sein keinen Inhalt hätte.

Aber diese Priorität des Seins bedeutet für Plotin nicht, daß es vom Denken einfach vorgefunden würde als ein Unvordenkliches und unbegreiflich Vorgegebenes. Die Priorität des Seins vor dem Denken muß vielmehr *innerhalb* der Identität beider gedacht werden; sie hebt die Identität von Sein und Geist nicht auf, wie Plotin deutlich macht: «Wenn der Geist als dem Sein (*on*) vorausliegend zu denken wäre, so müßte man annehmen, daß der Geist, indem er tätig ist und denkt, das Seiende (*ta onta*) allererst vollendet und erzeugt; da aber notwendig das Sein vor dem Geist zu denken ist, so muß man ansetzen, daß das Seiende dem Denkenden innewohnt und daß sich die Tätigkeit (*energeia*) des Denkens so am Seienden vollzieht, wie die Tätigkeit des Feuers am bereits vorhandenen Feuer, damit das Seiende den Geist, der Einheit ist, als seine Tätigkeit an sich hat. Es ist aber auch das Sein Tätigkeit; die Tätigkeit beider ist also Eines, oder besser: sie sind beide Eines. *Eine* Wesenheit (*mia physis*) sind also das Sein und der Geist; und darum auch das Seiende und die Tätigkeit des Seins und der so verstandene Geist.» (V 9, 8, 8–18)

In gedrängter Knappheit formuliert Plotin hier, wie die Priorität des Seins vor dem Denken innerhalb der Identität beider zu verstehen ist: sie bedeutet, daß die Identität von Sein und Geist sinnvoll nur vom Sein aus zu explizieren ist und nicht vom Phantasiegebilde eines als leer vorgestellten Denkaktes aus. Der Vorrang des Seins vor dem Denken ist also noematischer Art. Ihre Identität ist keine tautologische Identität; Denken und Sein sind nicht einfach unterschiedslos Einerlei. Ihre Identität enthält vielmehr ihren Unterschied in sich und schließt darum eine Folgeordnung der in ihr unterschiedenen Momente ein. Der Schlüsselbegriff, durch den Plotin sowohl diese Folgeordnung als auch die Einheit der in ihr unterschiedenen Momente expliziert, ist der Aristotelische Begriff der *Energeia*, der Tätigkeit. Er charakterisiert das Denken als Vollzug. Die Tätigkeit des Denkens setzt aber aufgrund ihrer Intentionalität das Sein, auf das sie sich bezieht und an dem sie sich erfüllt, immer schon voraus. Doch Tätigkeit charakterisiert ebenso das Sein selber. Durch den Tätigkeitscharakter des Seins expliziert Plotin dessen Identität mit dem Denken und damit die Bestimmung des Seins als Geist; Geist ist die Tätigkeit des Seins selbst. Das kann aber nur aus dem Wesen des Seins eingesehen werden. Darin besteht der noematische Vorrang des Seins: Das Sein ist das Erste in der Folgeordnung der Momente des mit sich identischen Geistes.

b) Sein als Selbstentfaltung und Selbstvermittlung

In welchem Sinne also sagt Plotin vom Sein, es sei Energeia? Gemeint ist damit nicht einfach, daß das Sein Wirklichkeit, Aktualität im Unterschied zu bloßer, nicht aktualisierter Möglichkeit ist. Das ist für Plotin zwar der Fall, es reicht aber nicht aus, um die Identität des Seins mit dem Geist zu begründen. Plotin denkt das Sein vielmehr selbst als reine oder absolute Tätigkeit, die sich selbst setzt, indem sie sich zu sich selbst vermittelt. Kraft seiner tätigen Selbstvermittlung ist das Sein selber Geist und Denken. Das Sein ist also nicht bloß das Gedachte des Geistes, sondern es ist *in sich selbst* Geist. Denken (*noêsis*) ist nicht bloß die subjektive Erfassung eines Seins, das ihm als Objekt gegenübersteht, sondern eigentlicher der tätige Selbstvollzug des Seins selber, dessen *eigene* Tätigkeit. Das erinnert nicht zufällig an Hegels Konzeption der Selbstbewegung der Idee; Plotin zieht damit die Konsequenz aus der Ideendialektik

Platons, die auch Hegel zu seiner Konzeption angeregt hat. Plotins These von der Identität des Geistes mit den Ideen, die er durch den Aristotelischen Begriff der Energeia expliziert, ist in der Sache die Entfaltung einer zentralen Einsicht Platons (vgl. Volkmann-Schluck 1966, 93 ff, 112 ff; Szlezák 1979, 120 ff, bes. 124 ff).

Platon hatte im *Sophistes* den Seinscharakter der Bewegung (*kinêsis*) rehabilitiert, gegen Parmenides, nach dessen Lehre das Sein nur unveränderlich in sich ruht und Bewegung ein bloßes Wort und täuschender Schein (*doxa*) ist (Fr. 8, 29 f; 37–41). Mit Bewegung meint Platon in diesem Zusammenhang aber nicht wie Parmenides Veränderung, sondern jede Art von *Tätigkeit*, und damit auch jede Beziehung, vor allem die Beziehungen der Ideen untereinander sowie die Beziehung von Ideen und erkennendem Denken. Wenn Erkennen eine Tätigkeit und damit eine Bewegung ist, dann ist Erkanntwerden auch ein Bewegtwerden, so Platons Argument; daraus folgt, daß das Sein, indem es erkannt wird, auch bewegt wird (*Soph.* 248 CD). Platon geht aber noch einen entscheidenden Schritt weiter: dem Sein kommt Bewegung nicht nur gleichsam von außen zu, weil es von der denkenden Seele erkannt wird, sondern das vollkommene Sein (*pantelôs on*) muß aufgrund seiner Vollkommenheit *in sich selbst* Bewegung und Leben (*zôê*), erkennendes Denken (*phronein*) und Geist (*nous*) enthalten; ohne diese Bestimmungen wäre es nicht vollkommen (*Soph.* 248 E f). Platon behauptet also nicht nur die Zusammengehörigkeit von Sein und Denken in dem Sinne, daß sich das Denken erkennend auf das Sein bezieht und das Sein als Erkennbares und Erkanntes auf das Denken, sondern er behauptet, daß das Sein *in sich selbst*, rein als solches, schon Denken und Geist enthält, und zwar aufgrund seiner Vollkommenheit. Das ist genau die These Plotins. In ähnlichem Sinne hatte schon Parmenides gesagt, daß das Denken im Sein selber ausgesprochen sei (Fr. 8, 35 f), so daß Platon in diesem Punkt zu recht beansprucht, seine Kritik an Parmenides sei nicht vatermörderisch.

Wie soll man aber verstehen, daß das Sein in sich selbst Geist und Denken ist? Dazu gibt Platons Ideendialektik den entscheidenden Hinweis. Platon zeigt im *Sophistes* (254 A ff) nämlich, daß wir die Idee des Seins (*idea tou ontos*) nur dadurch denken können, daß wir sie im Zusammenhang mit anderen grundlegenden Ideen, den «höchsten Gattungen» (*megista genê*) denken, in denen die Bedeutung, der Gehalt des Seins expliziert wird, ohne daß sie mit dem

Sein selbst identisch wären. Zu diesen grundlegenden Ideen gehören vor allem die Idee der Bewegung, sofern das Sein wesentlich auf das Erkennen bezogen ist, sowie die Idee der Ruhe (*stasis*), sofern das Sein sich unveränderlich gleichbleiben muß, wenn es erkennbar sein soll, ferner die Andersheit (*heteron*), weil die Ideen des Seins, der Ruhe und der Bewegung voneinander verschieden sind, und die Identität (*tauton*), weil jede der genannten Ideen mit sich selbst identisch ist. Platon zeigt, daß von jeder dieser fünf grundlegenden Ideen gilt, daß sie seiend, erkennbar, also bewegt, sich gleichbleibend, also ruhend, von den anderen verschieden und mit sich selbst identisch ist, so daß sich diese Ideen wechselseitig durcheinander bestimmen. Sie sind also miteinander untrennbar verbunden, in einer Einheit, die ihre Unterschiede nicht aufhebt, sondern in sich enthält; in ihrer dialektischen Zusammengehörigkeit entfalten sie den Gehalt der Idee des Seins, so daß ihre Einheit als die *Selbstentfaltung* des Seins begriffen werden kann.

Noch einen wichtigen Schritt weiter führt die zweite Hypothesis des *Parmenides* (142 B – 155 E). Platon zeigt dort, daß sich *alle* grundlegenden Ideen in einem einheitlichen Entfaltungszusammenhang ableiten lassen, und zwar allein aus der Betrachtung des seienden Einen (*hen on*), also der Einheit des Seins. Bei dieser Betrachtung kommt es wesentlich darauf an, daß die beiden Bestimmungsmomente des seienden Einen, das Sein (*ousia*) und das Eine (*hen*), einerseits in der Einheit des Ganzen untrennbar zusammengehören, andererseits aber sehr wohl voneinander unterschieden sind, wobei ihr Unterschied ihre Einheit und ihre Einheit ihren Unterschied nicht aufhebt (*Parm.* 142 B – 143 C). Schon damit aber ergeben sich das Ganze und die Momente sowie der Unterschied bzw. die Andersheit als weitere Bestimmungen des seienden Einen neben Einheit und Sein; aus dem Verhältnis dieser Bestimmungen zueinander, ihrer Einheit *im* Unterschied, lassen sich nun alle weiteren grundlegenden Ideen ableiten (*Parm.* 143 D ff). Jede dieser Ideen ist selber eine seiende Einheit; zugleich aber sind sie alle Momente des ursprünglichen seienden Einen, aus dessen Entfaltung sie hervorgehen und *dessen* Bestimmungen sie allesamt sind. Damit aber erweist sich letztlich der systematische Zusammenhang aller Ideen, also das umfassende Ganze der Ideen, der Ideenkosmos, als die Selbstentfaltung des seienden Einen, der ursprünglichen Einheit des Seins. In seiner Entfaltung in das Ganze der Ideen vermittelt sich darum das

Sein zu sich selbst; durch sie ist es das, was es ist, nämlich die Einheit aller Ideen. Das Sein ist vollkommen, weil es als allumfassende Einheit die Totalität der Ideen in ihrem systematischen Zusammenhang in sich umfaßt, so betont Platon auch im *Timaios* (30 C ff). Die Entfaltung dieses Zusammenhangs ist darum die Selbstentfaltung des Seins bzw. des seienden Einen, und zwar eine Selbstentfaltung, in der sich das Sein als Einheit der Ideen zu sich selbst vermittelt; und diese Selbstvermittlung des Seins wird nicht nur vom Denken erkennend nachvollzogen, sondern sie ist in sich selbst tätige Selbstbeziehung, und darum selber Denken und Geist. Genau darum enthält das vollkommene Sein Denken und Geist in sich, weil es ohne seine Selbstentfaltung zum Ganzen aller Ideen nicht vollkommen wäre, also nicht die allumfassende Einheit, die kein zweites neben sich hat, weil ihr kein Seinsgehalt fehlt. Weil es sich durch diese Selbstentfaltung zu sich selbst vermittelt, denkt es, und zwar sich selbst als die tätige Einheit dieser Entfaltungs- und Vermittlungsbewegung (vgl. Krämer 1964, 193 ff, 407 ff).

Plotin findet in Platons Ideendialektik das Modell, um den Geistcharakter des Seins durch die tätige Selbstvermittlung der Einheit des Seins zu explizieren. Das Sein ist Geist, weil es Tätigkeit ist, und zwar die Tätigkeit der Selbstentfaltung und Selbstvermittlung. Dabei legt Plotin den Akzent darauf, daß das Sein durch seine Selbstentfaltung in die Ideen zu sich selbst als Einheit *zurückkehrt*. Die Einheit des Seins, das seiende Eine, ist darum nicht bloß der Grund aller anderen Ideen, die es durch seine Entfaltung hervorbringt, sondern es enthält die anderen Ideen als seine eigenen Bestimmungsmomente in sich, die in ihm untrennbar zusammengehören: «Vielleicht darf man gar nicht sagen, das (seiende) Eine sei der Grund (*aition*) der anderen Ideen, sondern man muß diese gleichsam als seine Momente (*merê*) und gleichsam als seine Elemente (*stoicheia*) auffassen und das Ganze als eine einheitliche Wesenheit, die nur durch unser begriffliches Denken (*epinoia*) gleichsam zerteilt wird, während es selbst durch seine wunderbare Kraft Eines in Allem ist und als Vieles erscheint und zu Vielem wird, wenn es sich gleichsam bewegt, und diese Vielfältigkeit seiner Wesenheit bewirkt, daß das Eine nicht Eines ist. Wir heben gleichsam Teile von ihm heraus, setzen sie als je besondere Einheit und nennen sie Idee (*genos*), ohne zu wissen, daß wir nicht das Ganze in eins und zumal erblickt haben, sondern nur einen Teil herausheben und die Teile dann wieder verknüpfen, weil wir sie nicht lange Zeit festhalten können; denn sie streben zu sich selbst zurück. Darum entlassen wir sie wieder in das Ganze und lassen sie wieder Eines werden, oder vielmehr Eines sein.» (VI 2, 3, 20–32)

Die Ideen sind also für Plotin wie für Platon die artikulierenden Momente der Einheit des Seins. Aus der Selbstunterscheidung des Seinsganzen gehen die Ideen zeitlos hervor, so daß sich das Ganze in ihnen *zu sich selbst* verhält, so wie sich ein lebendiger Organismus in seinen Gliedern, die aus seiner Selbstdifferenzierung entstehen, zu sich selbst verhält. Die Selbstunterscheidung des Seins in die Vielheit der Ideen ist die ontologische Bewegtheit des Seins; und weil sich das Sein in seinen Unterschieden zu sich selbst verhält, ist seine Bewegung Leben (*zoê*), denn «Leben» bedeutet wesentlich Selbstverhältnis. In der untrennbaren Zusammengehörigkeit der verschiedenen Ideen, die aus der Selbstunterscheidung des Seinsganzen hervorgehen, kehrt das Ganze in die Einheit mit sich selbst zurück. Die Einheit des Ganzen ist kraft ihrer Selbstunterscheidung eine gegliederte, erfüllte Einheit, die den Unterschied in sich selbst enthält. Unser diskursives begriffliches Denken kann zwar eine besondere Idee aus der Einheit des Ganzen herausheben und für sich betrachten, indem es ihren Zusammenhang mit dem Ganzen abblendet. Damit kommen wir aber nicht sehr weit, weil sich die Bestimmtheit jeder einzelnen Idee vollkommen nur erfassen läßt, indem ihr Zusammenhang mit den anderen Ideen eingesehen wird; sie läßt sich nicht isoliert, sondern nur aus ihrer systematischen Stellung im Ganzen aller Ideen angemessen begreifen. Daß jede einzelne Idee in ihrer Besonderheit nur aus dem Ganzen aller Ideen bestimmt werden kann, hatte in diesem Sinne schon Speusipp betont (Fr. 38–44 Isnardi Parente). Der Einheitszusammenhang des Ganzen aller Ideen, dem jede einzelne Idee ihre besondere Bestimmtheit verdankt, ist darum die Selbstvermittlung des Seins, das dadurch zu sich als Einheit *zurückkehrt* und durch diese Rückkehr zu sich *sich selbst gegenwärtig* ist. Eben diese Selbstgegenwart eines in sich unterschiedenen Ganzen aber ist *Denken*, genauer: geistige Selbstanschauung, wie Plotin betont: «Es scheint nämlich ganz allgemein das Denken (*noein*) ein durch das Zusammentreten von Vielem zu einem mit sich Identischen sich vollziehendes Bewußthaben des Ganzen (*synaisthêsis tou holou*) zu sein, jedenfalls wenn etwas sich selbst denkt, was ja das Denken im eigentlichen Sinne (*kyriôs*) ist.» (V 3, 13, 12–14)

Denken ist somit die Tätigkeit des Sich-Einigens einer Vielheit zur Einheit eines mit sich selbst identischen Ganzen, das sich in diesem Einigen selbst gegenwärtig und bewußt ist. Der selbsttätige Vollzug der Einheit des Ganzen ist das Wesen des Denkens. Damit aber wird die Identität von Sein und Denken vom Sein aus einsichtig. Das Sein bzw. das seiende Eine ist als solches in sich selbst Denken und Geist, weil es durch seine Selbstentfaltung in die Vielheit der Ideen so zu sich selbst zurückkehrt, daß es dabei sich selbst als die Einheit des Ganzen aller Ideen bewußt gegenwärtig hat; Denken im Sinne von intellektueller Selbstanschauung ist der Selbstvollzug der Einheit des Seinsganzen, das sich darin selbst als gegenwärtig anschaut. Diesen Einheitsvollzug des Seinsganzen nennt Plotin darum ein «wesenhaftes» oder «seinshaftes (d. h. im Sein selbst ausgesprochenes) Denken» (*ousiôdês noêsis*, V 3, 5 37; vgl. Halfwassen 1994, 29 f, 44, f, 56). Das Sein ist in sich selbst Denken, weil es die sich tätig zu sich selbst vermittelnde Einheit der Ideen ist.

Darin liegt zugleich die Antwort auf die Frage nach der Produktivität des Denkens bei Plotin. Zwar ist das Denken nicht in dem Sinne produktiv und kreativ, daß ein als leer vorgestellter Denkakt die Ideen in einer *creatio ex nihilo* hervorbringen würde. Das Denken ist für Plotin vielmehr in der Weise produktiv, daß seine Inhalte, die Ideen, aus der Selbstentfaltung der Einheit des Seins hervorgehen; und eben diese Selbstentfaltung ist selber die Tätigkeit des Denkens, durch die es sich mit Inhalt und Bestimmtheit erfüllt. Die Produktivität des Denkens reicht aber noch weiter. Die Intentionalität des Denkens, mit der Plotin den noematischen Vorrang des Seins vor dem Denken begründet, ist zugleich das treibende Motiv, der wirkende Grund für die Selbstausfaltung des Seins zur Totalität der Ideen. Auf die selbstgestellte Frage: «Wie wird die Einheit des Seins zur Vielheit der Ideen und damit zum Geist?» antwortet Plotin nämlich: «Darum, weil sie nicht einfachhin Eines betrachtet. Denn auch wenn sie das einfachhin Eine betrachtet, tut sie dies ja nicht als einfache Einheit; denn sonst würde der Geist gar nicht entstehen. Vielmehr fängt er an als einfache Einheit, bleibt aber nicht wie er anfing, sondern von sich selbst unbemerkt wird er zur Vielheit, wie schlaftrunken, und entfaltet sein Selbst (*exeilixen hauton*), da er Alles in sich haben will … .» (III 8, 8, 30–34)

Denken ist die Selbstgegenwart eines in sich gegliederten Ganzen, es vollzieht sich selbst als die Einheit der Momente dieses Ganzen.

Darum ist es wesenhaft auf Einheit gerichtet, aber nicht auf einfache, vielheitslose Einheit, sondern auf die Einheit einer Vielheit, die es zum Ganzen vereinigt. Die Intentionalität des Denkens erfüllt sich nicht im bloßen Anschauen von einfacher, unentfalteter Einheit, sondern erst im artikulierten Sehen von entfalteter Einheit, also im Anschauen seiner selbst. Die Intentionalität des Denkens, das sich selbst als entfaltete Einheit anschauen will, ist der Grund für die Selbstentfaltung des Seins aus anfänglich einfacher, unentfalteter Einheit zur entfalteten Totalität der Ideen. Das Streben nach Selbstbesitz und Selbsterfüllung, das zum Denken gehört, weil es ohne Selbstbesitz kein Denken wäre, ist der Grund, warum es bei der ursprünglichen, unentfalteten Einheit, die am Anfang der Seinsentfaltung steht, nicht bleiben kann. Die Dynamik der Seinsentfaltung verdankt sich also der Intentionalität des Denkens. Die Entfaltung des Geistes aus unentfalteter Einheit ist kein anonymes Geschehen, kein bloßes «Ereignis», sondern gründet in der Spontaneität des Geistes selber, der durch seine *sua sponte* vollzogene Selbstentfaltung zu sich kommt wie ein aus dem Schlaf Erwachender. Zugleich macht Plotins Vergleich mit dem Erwachen auch klar, daß sich das Zu-sich-Kommen des Geistes zwar spontan, aber absichtslos und unwillkürlich vollzieht. Ihm geht kein Willensakt voraus; das Sich-selbst-Besitzen-Wollen des Geistes ist keine bewußte Absicht. Dieser ursprüngliche Akt einer spontanen Selbstentfaltung, durch den sich der Geist konstituiert, ist aber nicht unwißbar, sondern der Geist weiß sich selbst als die entfaltete und alle Vielheit der Ideen in sich enthaltende Einheit des Seins; zugleich weiß er diese Selbstentfaltung als seine Rückkehr zu sich selbst, durch die er alle entfaltete Vielheit in die Einheit des Ganzen einigt; und er weiß, daß er diese Selbstentfaltung und Selbstvermittlung aus eigener Spontaneität selbst vollzieht. Der Geist weiß sich damit als das Telos der Entfaltung des Seins in die Ideen und zugleich als der aktive Grund dieser Entfaltung, der sie initiiert und in allen ihren Stufen trägt und vollzieht.

c) Alles in Allem

Wenn Denken Selbstunterscheidung voraussetzt, dann ist klar, daß diese Selbstunterscheidung eine Selbstbeziehung ist. Damit ist aber noch nicht klar, wie der Geist in der Unterschiedenheit seiner Inhalte, der Ideen, sich selbst als mit sich identische Einheit anschaut.

Der Grund dafür, daß das Sein durch seine Entfaltung in die Ideen denkend zu sich zurückkehrt, ist die untrennbare Zusammengehörigkeit der Ideen mit dem Seinsganzen. Wie ist diese Zusammengehörigkeit aber genauer zu bestimmen?

Hier bringt Plotin einen Gedanken ins Spiel, den Hegel später *konkrete Totalität* nennen wird; Plotin selber nennt das «Alles in Allem» (*panta en pâsin*) oder «Alles in eins und zumal» (*homou panta*). Als «konkrete Totalität» bezeichnet Hegel eine Form von Ganzheit, in der jedes Moment des Ganzen in sich selbst alle anderen Momente enthält, so daß jedes Moment selbst das Ganze *ist* und das Ganze in allen seinen Momenten ungeteilte Einheit mit sich selbst bleibt; das Ganze ist dabei die *Tätigkeit*, in der sich die unterschiedenen Momente miteinander identifizieren, also der aktive Vollzug ihrer Einheit. Die konkrete Totalität ist darum für Hegel die Struktur des «absoluten Begriffs», das bedeutet in der Terminologie Hegels des reinen Denkens seiner selbst. Denn Denken («In-Eins-Sehen») ist die Tätigkeit des Einigens der Unterschiede zur Einheit des Ganzen, und Sich-selbst-Denken ist die Selbstgegenwart dieses Ganzen im Vollzug seines Sich-Einigens.

Plotin nimmt die von Hegel analysierte Struktur konkreter Totalität vorweg, wenn er betont, daß jede Idee im Geist zugleich das Ganze des Seins und darum selber Geist ist: «Richtet sich also das Denken auf ein dem Geist Innewohnendes, so ist eben dies Innewohnende Formbestimmtheit (*eidos*) und das ist die Idee (*idea*). Was ist nun diese Idee? Sie ist Geist, denkendes Sein (*noera ousia*), wobei die einzelne Idee nicht vom Geist verschieden ist, sondern jede einzelne ist der Geist. Und zwar ist der Geist als Ganzheit die Totalität aller Ideen, die einzelne Idee aber ist der Geist als einzelnes, so wie die ganze Wissenschaft die Totalität ihrer Lehrsätze (*theôrêmata*) ist, jeder einzelne Lehrsatz aber ein Teil (*meros*) der ganzen Wissenschaft, nicht als wäre er räumlich von ihr getrennt, sondern er hat als einzelner seine Kraft und Bedeutung erst in dem Ganzen.» (V 9, 8, 1–7)

Jede einzelne Idee enthält als Entfaltungsmoment der Einheit des Seins selber das Ganze des Seins und damit alle anderen Ideen in sich. Weil sie ihre eigene Bestimmtheit als besonderes Eidos ihrer Stellung im Seinsganzen verdankt, enthält sie das Ganze als ihren bestimmenden Grund und ihr bestimmtes Wesen in sich selbst. Darum enthält jede einzelne Idee auch die Tätigkeit des Denkens als den Vollzug der Einheit des Ganzen in sich und ist so selber Geist. Alle Ideen durchdringen sich somit wechselseitig, indem jede Idee alle anderen in sich enthält. In dieser Alldurchdringung aber verschwindet die Eigentümlichkeit, die je eigene Mächtigkeit (*dynamis idia*, V 9, 6, 9) jeder einzelnen Idee nicht in einem unterschieds- und konturlosen Einerlei, sondern sie ist in der Einheit des Ganzen «aufgehoben», und zwar durchaus in dem später von Hegel gemeinten Sinne, daß sie dabei zugleich bewahrt und gesteigert oder ent-grenzt ist (vgl. Beierwaltes 1967, 25 ff; ders. 1985, 56 ff). Als entgrenzte, die die anderen Ideen nicht ausschließt, sondern einschließt, ist sie in sich selbst zugleich das Ganze: «dort oben ist das Einzelne ewig aus dem Ganzen, es ist Einzelnes und Ganzes in eins.» (V 8, 4, 22 f) Die Einheit des Ganzen in der Alldurchdringung der Ideen ist darum ein denkendes «In-Eins-Sehen», in dem nicht nur der Geist als das Ganze aller Ideen seine Inhalte ineins sieht, sondern in dem sich auch die einzelnen Ideen wechselseitig ineins sehen, so daß jede einzelne Idee selber «In-Eins-Sehen», also Denken und Geist ist und den Geist als die Einheit des Ganzen denkend vollzieht: «... die Ideen sehen sich selbst in den anderen: denn Alles ist dort durchscheinend und nichts Dunkles und nichts Widerständiges ist dort, sondern Jeder und Alles ist Jedem durchsichtig bis ins Innere; denn Licht ist dem Licht durchsichtig. Denn Jeder hat Alles in sich selbst und sieht wiederum auch im Anderen Alles, so daß überall Alles ist und Alles ist Alles und Jedes ist Alles und unermeßlich der Glanz. Jedes einzelne von ihnen nämlich ist groß, denn auch das Kleine ist groß und die Sonne ist dort alle Sterne und jeder Stern ist die Sonne und alle Sterne. In jedem einzelnen ragt etwas anderes hervor, aber zugleich scheint Alles in ihm auf.» (V 8, 4, 4–11)

Die Selbstbeziehung des Denkens kommt also dadurch zustande, daß das Sein in jedem einzelnen seiner Momente, also in jeder einzelnen Idee, immer schon zu sich selbst als der Einheit des Ganzen zurückgekehrt ist. Der Akt der Selbstunterscheidung des Ganzen ist als solcher zugleich Rückkehr zu sich, weil jeder der Unterschiede selber schon das Ganze ist. Die Unterschiede spiegeln sich nicht nur ineinander, sondern sie sehen und denken sich wechselseitig, wobei jeder in den anderen zugleich sich selbst sieht, weil jeder in jedem Alles und das Ganze sieht. Dieses wechselseitige Sich-Sehen der Ideen im Anderen ihrer selbst ist der tätige Vollzug ihrer Einheit, ihr Sich-In-Eins-Sehen ins Ganze des Seins. Dieses In-

Eins-Sehen ist ein Sich-Selbst-Sehen, weil jedes sehende Selbst (jede Idee) selber das in Eins gesehene Ganze ist. Das Ganze des Seins ist somit die Tätigkeit, in der die verschiedenen Ideen sich wechselseitig in die Einheit des Ganzen zusammensehen und sich so miteinander identifizieren. Dieses Sehen der Ideen ist der Einheitsvollzug des Seinsganzen, und dieser Einheitsvollzug ist selber In-Eins-Sehen, also Denken, und zwar Denken seiner selbst, das *Sich*-In-Eins-Sehen des Ganzen. Darum ist das Sein als die Einheit des Ganzen der Ideen selber Denken und das Denken als das Sich-In-Eins-Sehen des Ganzen selber Sein; beide sind identisch, weil sie der Vollzug der Einheit des Ganzen sind. Und dieses Ganze ist in jedem seiner Momente mit sich identisch, so daß auch jedes Moment des Ganzen Identität von Sein und Denken ist.

d) Einheit der Gegensätze

Als konkrete Totalität der Ideen ist der Geist «All-Einheit» (*hen panta*, III 6, 6, 23; V 3, 15, 23; vgl. Platon, *Parm.* 160 B 2), in der die Gegensätze koinzidieren und eins sind: im Geist ist das Kleine zugleich groß (V 8, 4, 9), in ihm ist das Viele zugleich Einheit und das Eine zugleich Vielheit (VI 2, 3, 24–26; VI 4, 11, 15 f; VI 5, 6, 1–3), er ist einfach (*haploun*) und nicht-einfach zugleich (V 6, 1, 13), in sich ununterschieden und zugleich unterschieden (VI 9, 5, 16), in sich ruhende, stillstehende Bewegung (VI 9, 5, 14 f), er ist «gleichsam unentfaltet entfaltet» (VI 8, 18, 18), weil er in seiner Selbstentfaltung als ungeteilte Einheit bei sich bleibt. Plotin formuliert mit diesen und ähnlichen Wendungen zum ersten Mal in der Geschichte der Philosophie die Lehre von der Koinzidenz der Gegensätze als Struktur der All-Einheit; durch Ps.-Dionysius Areopagita und Johannes Eriugena gelangt diese Lehre zu Nikolaus von Kues, der Plotin nicht kannte, und von Cusanus gelangt sie über Giordano Bruno und Hamann zu Hegel, der Cusanus nicht kannte (vgl. Flasch 1973).

Nikolaus von Kues und Hegel geht es bei der Koinzidenz der Gegensätze zugleich um die systematische Außerkraftsetzung des Grundsatzes vom ausgeschlossenen Widerspruch als oberster Regel des Denkens. Wie steht Plotin zum Widerspruchsverbot? Ein klar formuliertes Programm zu seiner Überwindung hat er nicht, auch wenn er vom Geist nicht nur konträr, sondern auch kontradiktorisch Entgegengesetztes wie einfach und nicht-einfach, unterschieden und ununterschieden zugleich aussagt und damit das Widerspruchsverbot faktisch verletzt. In allen diesen Fällen läßt sich der Widerspruch freilich durch eine Unterscheidung der Hinsichten leicht auflösen.

Ein einziges Mal wendet sich Plotin implizit gegen das Widerspruchsverbot, indem er die ungeteilte Anwesenheit der Einheit in allem pointiert als «das sicherste Prinzip (*bebaiotatê archê*) von allem» bezeichnet (VI 5, 1, 8 f); so hatte Aristoteles den Satz vom ausgeschlossenen Widerspruch genannt (*Met.* 1005 b 11 f., 17 f). Plotins Aristoteles zitierende Formulierung ist also eine deutliche Absage an den Satz vom Widerspruch als oberstes Prinzip der Ontologie und Logik (vgl. Halfwassen 1995). Plotin setzt dabei nicht nur sein Einheitsprinzip an die Stelle des Widerspruchsverbots, sondern er begründet das im Satz vom Widerspruch verlangte Auseinanderhalten der Gegensätze mit der trennenden Natur des diskursiven Verstandes (*logos, dianoia*), der nach Hinsichten auseinanderlegt, was im Geist als dem Inbegriff des Seins Einheit ist. Das Widerspruchsverbot ist für Plotin ein Verstandesprinzip und primär zur Erfassung der getrennten Einzeldinge in der Welt des Werdens bestimmt; es ist nicht geeignet zur Erfassung der Struktur des intelligiblen Seins, an seine Stelle tritt hier das Prinzip der Einheit, die ungeteilt überall und in allem ist (VI 5, 2).

Damit schränkt Plotin die Gültigkeit des Satzes vom Widerspruch ein: er gilt nicht universal, nämlich nicht für das intuitiv-ganzheitliche Denken des Geistes, dem Entgegengesetztes zugleich zukommt, und auch nicht für das absolut Eine, dem die Gegensätze zugleich abgesprochen werden, weil es alle Gegensätze erst ermöglicht und darum selbst jenseits aller Gegensätze steht. Innerhalb der Sphäre des Verstandes und der von ihm erfaßten Einzelbestimmungen aber hat der Widerspruchssatz nicht nur logische Bedeutung als Denkregel, sondern auch ontologische Geltung als Seinsprinzip. Plotin anerkennt darum Widerspruchsfreiheit als negatives Kriterium der Wahrheit einer Argumentation. Im Falle des Geistes aber unterläßt er die an sich leicht mögliche Unterscheidung der Hinsichten und vermeidet den Widerspruch *nicht*; denn das Unterscheiden von Hinsichten ist gerade nicht das In-Eins-Sehen des Ganzen, das der Geist ist, sondern dessen Auseinanderlegen, also das Verlassen der Einheit des Geistes, der Abstieg ins diskursive

Denken des Verstandes. Dahinter steht Plotins Deutung der zweiten Hypothesis des *Parmenides*, in der Platon dem seienden Einen entgegengesetzte Bestimmungen wie Unterschiedenheit und Ununterschiedenheit (142 C-E), Einheit und unbegrenzte Vielheit (144 B-E), Grenze und Unbegrenztheit (145 A), Ruhe und Bewegung (146 A), Identität und Verschiedenheit (146 B), Ähnlichkeit und Unähnlichkeit (147 C), Gleichheit und Ungleichheit (149 D) sowie Größe und Kleinheit (151 A) zugleich zuspricht. Platon leitet diese entgegengesetzten Bestimmungen des seienden Einen jeweils aus unterschiedlichen Hinsichten ab, in denen das seiende Eine betrachtet werden muß; insofern verletzt er das Widerspruchsverbot nicht. Bei der zusammenfassenden Formulierung der Ergebnisse dieser Ableitungen aber läßt er die Hinsichtenunterscheidungen weg und formuliert bewußt widersprüchlich; Plotin interpretiert das so, daß gerade die Paradoxie die der allumfassenden Einheit des seienden Einen angemessene Aussageweise ist. Dieses Fallenlassen der unterschiedenen Hinsichten beim Zugriff auf die ungeteilte Einheit des Seins nimmt Plotin mit den kontradiktorischen Prädikaten des Geistes auf, die auch im einzelnen mit den Bestimmungen des seienden Einen bei Platon übereinstimmen.

Die einfachste und zugleich allgemeinste und umfassendste Charakterisierung der Struktur des Geistes bestimmt sie als die Einheit von Einheit und Vielheit. Der Gegensatz von Einheit und Vielheit ist seit Platon der prinzipiellste aller Gegensätze, weil das Eine und die Vielheit die Prinzipien von Allem sind, weshalb ihr Gegensatz der Ursprung aller Gegensätze ist. Die Einheit von Einheit und Vielheit ist darum zugleich der Inbegriff der Einheit aller Gegensätze überhaupt. Diese Einheit von Einheit und Vielheit als Struktur der konkreten Totalität des Geistes drückt Plotin pointiert aus durch die immer wiederkehrende Formel, der Geist sei «Eines-Vieles» (*hen polla*, z. B. V 1, 8, 26). Mit dieser Formel hatte schon Platon das Ineins von Einheit und Vielheit im seienden Einen charakterisiert (*Parm.* 144 E 5). Sie bringt zum Ausdruck, daß der Geist nicht bloß Einheit *und* Vielheit ist, sondern als konkrete Totalität deren wechselseitige Durchdringung, in der die Vielheit in der Einheit «aufgehoben» ist. «Eines-Vieles» ohne trennendes «und» bezeichnet eine Einheit, der kraft ihrer Selbstunterscheidung Vielheit immanent ist, wobei diese Vielheit als Selbstentfaltung der Einheit selber Einheit ist.

e) Selbstbewußtsein

Die «Viel-Einheit» des Geistes garantiert für Plotin zugleich die Einheit des Sich-Wissens, die Einheit des Selbstbewußtseins. Das scheinbar so moderne Problem des Selbstbewußtseins, mit dem bei Descartes die moderne Philosophie anfängt, und die Frage nach der Einheit des Sich-Wissens, die seit Kant ein zentrales Problem des Deutschen Idealismus bildet, beschäftigte die antike Philosophie schon seit Platon und Aristoteles (vgl. Beierwaltes 1991, 77ff).

«Erkenne dich selbst» (*gnôthi sauton*) stand auf dem Tempel des Apollon, des Gottes der Weisheit, in Delphi. Platon hatte im *Charmides* (166 E ff) die Frage gestellt, wie denn ein Wissen von sich selbst möglich sein kann, das dann ein «Wissen des Wissens» selber (*epistêmê epistêmês*) sein muß. Bedeutet ein solches Wissen des Wissens nicht, daß man nur weiß, *daß* man weiß, aber nicht, *was* man weiß? Und wäre das noch Wissen, wenn Wissen doch das Haben des Gewußten, also immer auf gewußte Inhalte bezogen ist? Ist ein bloßes Vollzugswissen (wissen, *daß* man weiß) überhaupt möglich und läßt es sich vom inhaltlichen Wissen (wissen, *was* man weiß) trennen? Platons Dialog beläßt es bei dieser Aporie. Doch sind die Aporien in Platons Dialogen generell keine Probleme, für die Platon selbst keine Lösung gewußt hätte, sondern ganz im Gegenteil bewußt konstruierte «Übungsstücke zur Anleitung im philosophischen Denken» (Erler 1987), die der mit Platons Philosophie vertraute Leser soll auflösen können. Wir müssen also annehmen, daß Platon für die Probleme des selbstbezüglichen Wissens eine Lösung hatte.

Diese Probleme tauchen in der Geistmetaphysik des Aristoteles wieder auf, und zwar in seiner Lehre von der Noêsis Noêseôs (*Met.* XII 9, 1074 b 34 ff). Welche Struktur hat dieses «Denken des Denkens», wenn alle uns bekannten Formen des Wissens sich primär auf gewußte Inhalte und nur sekundär auf sich selbst beziehen? Nur wenn ich etwas Bestimmtes weiß, weiß ich auch, *daß* ich weiß. Aber gilt das auch für das «Denken des Denkens»? Und wie verhalten sich Denkendes und Gedachtes, «Subjekt» und «Objekt» im göttlichen Geist zueinander? Sind sie identisch oder verschieden? Aristoteles lehrt, daß bei der Erkenntnis immaterieller Gegenstände der erkennende Geist mit dem Erkannten identisch ist (*De an.* 430 a

2–5; *Met.* 1075 a 1–5). Heißt das, daß der Geist sich selbst erkennt, wenn er materiefreie Wesensformen, also Ideen erkennt? Der Aristoteles-Kommentator Alexander von Aphrodisias, dessen Schriften Plotin kannte und in seinem Unterricht benutzte (VP 14, 13), interpretierte das göttliche «Denken des Denkens» in genau diesem Sinne. Die Erkenntnis der Ideen ist für Alexander eine Selbsterkenntnis des Geistes, weil die Idee als erkannte aufgrund ihrer Identität mit dem erkennenden Geist auch selber Geist ist und denkt; darum denkt in ihr das Denken sich selbst (Alexander, *De an.* 86, 14 ff, bes. 89, 16 ff).

Möglicherweise angeregt von Alexanders Aristotelesdeutung hatte der Mittelplatoniker Numenios eine komplexe Theorie über die Selbsterkenntnis des Geistes entwickelt, mit der sich Plotin wiederholt auseinandersetzt (III 9, 1; II 9, 1; dazu Halfwassen 1994, 36 ff, 49 ff). Numenios hatte zwischen drei Stufen des Geistes unterschieden: der erste Geist ist der Ideenkosmos, der Gegenstand des Denkens, der als solcher noch nicht denkt, der zweite Geist denkt in der Weise der intellektuellen Anschauung, während der dritte Geist diskursiv denkt (Fr. 22 des Places; vgl. Krämer 1964, 87–92). Dabei hatte Numenios angenommen, daß der erste Geist, also der Ideenkosmos, «mit Hilfe (*proschrêsis*)» des zweiten Geistes auch selber denkt, worin man einen Einfluß von Alexanders Lehre vermuten kann, daß das Eidos im Erkenntnisakt aufgrund seiner Identität mit dem erkennenden Geist auch selber denkt. Plotin berichtet nun, daß Numenios auch unterschieden habe zwischen einem Geist, der denkt, also Ideen intellektuell einsieht, und einem anderen Geist, der denkt, *daß* er denkt (*noei hoti noei*), sich seines Denkvollzugs also thematisch bewußt ist, und zwar durch eine Reflexion auf die Tätigkeit des Denkens als solche, die vom inhaltlichen Denken der Ideen verschieden ist und dieses schon voraussetzt (II 9, 1, 33 ff). Da das Denken, daß man denkt, durch einen Reflexionsakt, also diskursiv zustande kommt, ist der Geist, der denkt, daß er denkt, offenbar der diskursive dritte Geist des Numenios, der den intellektuell anschauenden zweiten Geist denkt, so wie dieser seinerseits die Ideen denkt. Numenios unterscheidet also innerhalb der Selbstbeziehung des Geistes drei Strukturmomente, die er zu drei Stufen des Geistes verselbständigt: erstens das Gedachte, auf das sich das Denken bezieht, zweitens das thematische Denken der gedachten Inhalte und drittens das thematische Denken des Denkvollzugs selber, das durch eine nachträgliche Reflexion auf das vorausgehende, also primäre Denken der Inhalte zustande kommt.

Sieht man von der Verselbständigung dieser drei Stufen des Denkens zu drei Geistern ab, formuliert Numenios eine Theorie des Denkens, die dem «Reflexionsmodell» des Selbstbewußtseins ähnelt, das in der neuzeitlichen Philosophie vielfach vertreten wird. Plotin erhebt gegen dieses Modell einen ähnlichen Einwand, wie ihn sehr viel später Fichte gegen das Reflexionsmodell geltend gemacht hat. Die reflexive Trennung zwischen einem bloßen Denken von Inhalten und einem Denken, daß man denkt, führt nämlich in eine unendliche Iteration: wenn das Denken erst in einem Denken, *daß* man denkt, bewußt wird, dann bedarf es auch noch eines weiteren Denkens, daß man denkt, daß man denkt (*noei hoti noei hoti noei*), damit man sich seines Denkens des Denkens bewußt werden kann; die Reflexion auf den jeweils vollzogenen Denkakt, in der dieser allererst bewußt werden soll, führt also in einen unendlichen Regreß (II 9, 1, 54 ff). Außerdem kommt durch die Trennung zwischen Gedachtem, Denkakt und dessen reflexiver Thematisierung ein Sich-Selbst-Denken im eigentlichen Sinne gar nicht zustande. Denn der Inhalte (Ideen) denkende Geist denkt nicht sich selbst und sein eigenes Denken, sondern nur seine Inhalte, und der Geist, der das Denken selber denkt, denkt ebenfalls nicht sich selbst, sondern er denkt nur das Denken der Inhalte, von dem er selbst als Denken des Denkvollzugs verschieden ist (II 9, 1, 38 ff).

Gegen die Aufspaltung des Geistes in verschiedene Reflexionsstufen betont Plotin die unmittelbare und untrennbare Einheit des sich wissenden Geistes: «Wenn der wahrhafte Geist in seinen Gedanken sich selbst denkt und somit sein Gedachtes (*noêton*) nicht außer ihm ist, sondern er selbst auch das Gedachte ist, dann erfaßt er notwendig in dem Vollzug seines Denkens sich selbst und sieht sich selbst; indem er aber sich selbst sieht, sieht er sich nicht als undenkend, sondern als denkend. Darum erfaßt er in dem ursprünglichen Akt des Denkens auch das Denken, daß er denkt, und zwar als Einheit.» (II 9, 1, 46–51) Der Geist weiß sich selbst, wenn er die Ideen erkennt, weil die konkrete Totalität der Ideen selber schon Geist ist, nämlich das Sich-In-Eins-Sehen des Ganzen; darum sieht der Geist im Einheitsvollzug der Ideen seine eigene Noêsis und erfaßt damit zugleich, in der Einheit desselben Aktes, sowohl *was* er denkt als auch *daß* er denkt. Sein Selbstbewußtsein kommt also nicht erst durch eine nachträgliche Reflexion auf sein eigenes Ideendenken zustande, sondern liegt in diesem selber, weil das Denken der Ideen als solches schon ein Denken des Denkens ist.

Auch für das *menschliche* Selbstbewußtsein bestreitet Plotin, daß es durch Reflexion zustande kommt; auch wenn aufgrund der Diskursivität unseres Bewußtseins zwischen unserem Denken von Gegenständen und dem Bewußtsein, daß wir denken, unterschieden werden kann, so ist unser Denken gleichwohl «ein einziger Schakt (*mia prosbolê*), der sich seiner eigenen Tätigkeiten bewußt ist» (II 9, 1, 34–36); unser denkendes Selbstbewußtsein ist also unmittelbar und intuitiv, es bedarf keiner reflexiven Selbstthematisierung, um seiner selbst inne zu sein. Das Zustandekommen unseres Selbstbewußtseins erklärt Plotin durch die Anwesenheit und Wirksamkeit des Geistes in unserer Seele; unser Selbstbewußtsein ist eine intellektuelle Anschauung, in der wir am Geist teilhaben (V 3, 4).

Die dualistische Unterscheidung des Geistes in die beiden Strukturmomente des Denkenden (*nooun*) und des Gedachten (*noêton, nooumenon*), wie Aristoteles sie vornimmt, präformiert die neuzeitliche Dualität von Subjekt und Objekt und führt zu Problemen bei der Erfassung der Selbstbeziehung des Denkens. Plotins Lösung dieser Probleme besteht darin, daß er über die dualistische Geiststruktur, wie sie durch Aristoteles vorgegeben war, hinausgeht und den Denkakt (*noêsis*) als solchen von dem denkenden Subjekt, das ihn vollzieht, und dem gedachten Objekt, das durch ihn gedacht wird, unterscheidet. Die Struktur des Geistes ist für Plotin also nicht dualistisch, sondern *triadisch*: der Denkakt ist das vermittelnde Dritte innerhalb der Zweiheit von Denkendem und Gedachtem, das ihre Einheit begründet. Das bedeutet aber nicht einfach die Vermehrung der beiden Strukturkomponenten des Geistes durch eine dritte, weil die Noêsis für Plotin kein selbständiges Drittes *neben* Denkendem und Gedachtem ist, sondern sie ist gerade die *Einheit* beider, und zwar in dem Sinne, daß sowohl der Geist als auch das Sein jeweils *in sich selbst* Noêsis ist. Der Geist steht darum dem Sein, das er denkt, nicht als ein von ihm verschiedenes «Subjekt» gegenüber, sondern er ist selber nichts anderes als der Einheitsvollzug des Seins selbst in der konkreten Totalität der Ideen. Im zeitlosen Vollzug seiner eigenen Einheit, die sich selbst in die Ideen entfaltet, dabei in jeder Idee zu sich zurückkehrt und so in ihren Unterschieden mit sich identisch bleibt, ist das Sein sich selbst als Einheit gegenwärtig; diese Selbstgegenwart ist Noêsis, In-Eins-Sehen des Ganzen, und sie selbst ist das in Eins gesehene Ganze, sie ist also Noêsis Noêseôs. Das und nichts anderes ist der Geist: «Eines ineins (*hen hama*) ist dann Alles: Geist (*nous*), Denken (*noêsis*) und das Gedachte (*noêton*).» (V 3, 5, 43 f)

Diese *triadische* Einheit des Geistes als Lösung der Frage nach der Struktur der Identität von Denken und Sein findet Plotin in Platons Trias von Sein, Leben und Geist (*Soph.* 248 E) schon angedeutet (vgl. Szlezák 1979, 133), wobei er das «Leben» als Selbstentfaltung des Seins versteht und insofern mit der Noêsis gleichsetzen kann (III 8, 8). Für Plotin liegt darin Platons Lösung für das Problem des selbstbezüglichen Wissens, das Platon selber im *Charmides* formuliert hatte. Die Geistmetaphysik des Aristoteles spitzt dieses Problem auf die metaphysisch entscheidende Frage nach der Struktur des göttlichen Denkens und seiner Selbstbeziehung zu. Darum bildet sie den Ausgangspunkt für Plotins Problementfaltung; seine Lösung aber entwickelt er aus Platons dialektischer Seinslehre und ihrer Fundierung in der Entfaltung des Einen.

3. Der Ursprung des Geistes

a) Selbstbeziehung und Einheitsvorgriff des Geistes

Der auffallendste und am schwersten wiegende Unterschied der Geistmetaphysik Plotins von derjenigen des Aristoteles besteht darin, daß Plotin den Grund der Einheit des Geistes nicht in diesem selbst findet, sondern in seiner Beziehung zu einem Absoluten, das selbst jenseits des Geistes ist, dem Einen selbst. Für Aristoteles ist dagegen der Geist selber das Höchste; darum ist er eines Urgrundes, der auch ihn selber noch begründet, weder bedürftig noch fähig. Warum ist das bei Plotin anders?

Plotin begründet die Notwendigkeit, über den Geist hinauszugehen, mit der Selbstbeziehung des Denkens und mit der daraus folgenden Einheitsform des Geistes. Die spezifische Form der Einheit, die dem Geist und nur ihm zukommt, ist die konkrete Totalität, die Einheit mit sich im Unterschied, also die Einheit von Identität und Andersheit. Diese Einheitsform eignet dem Geist notwendig aufgrund der Selbstbeziehung des Denkens. Denn Selbstbeziehung kann gar nicht anders gedacht werden als durch eine *Unterscheidung* des sich beziehenden Selbst von sich, die seine Identität mit sich nicht aufhebt, sondern gerade konstituiert: «Das Denkende (*nooun*) muß, wenn immer es denkt, in Zweiheit sein ... und immer muß das Denken (*noêsis*) in Andersheit sein und dabei zugleich notwendig in Identität; und das, was im eigentlichen Sinne gedacht wird, muß im Verhältnis zum Geist sowohl dasselbe als auch ein anderes sein.» (V 3, 10, 23–26) Ohne die Zweiheit der Andersheit, also ohne Selbstunterscheidung, hätte das Denken gar nichts, was es denken könnte; und ohne die Identität mit sich im Unterschied wäre das, was es denkt, nicht es selbst.

Das Denken ist somit wesentlich die Kraft, Identität und Andersheit, Einheit und Vielheit in sich selbst zur Einheit zusammenzuhalten, sie in Eins zu sehen. Plotin fragt nach dem Grund, dem das Denken diese Kraft zur Vereinigung verdankt. Diese Einheitstiftende Macht, die alle Entzweiung und Unterschiedenheit stets wieder in die Einheit zurückführt, ist der Grund für die Selbstbeziehung des Denkens und zugleich für seine Produktivität, seine Selbsterfüllung mit den Ideen. Warum kann das Denken diese Kraft der Einheit nicht aus sich selbst haben? Plotins Antwort lautet: Weil Denken sich wesentlich durch Unterscheiden (*diakrinein*) konstituiert: «Es muß also das Denkende immer Unterschiedenes erfassen und das Gedachte muß, eben weil es im Denken erfaßt wird, vielfältig sein; andernfalls gibt es von ihm kein Denken (*noêsis*), sondern nur ein Berühren (*thixis*), gleichsam ein reines Anfassen (*epaphê*), das nichts sagt und nichts denkt, dem Denken vorhergehend (*pronoousa*), bevor noch der Geist entstanden ist und ohne daß das Berührende dabei denkt. Es darf aber auch das Denkende selber nicht einfach bleiben, und erst recht nicht, wenn es sich selbst denkt: denn dann muß es sich in sich selbst entzweien (*dichazein*).» (V 3, 10, 40–46)

Die Selbstunterscheidung des Denkens setzt die ursprünglich ununterschiedene, einfache Einheit als solche immer schon voraus. Der Vorgriff auf sie, der alles Denken erst ermöglicht, ist darum selber kein Denken, sondern ein unterschiedsloses bloßes Berühren, das allem artikulierten Denken und aller Formulierbarkeit vorausgeht. Er ist ein Berühren, insofern im Akt des Berührens Berührendes und Berührtes unmittelbar und unterschiedslos Eins sind. Das Denken dagegen konstituiert sich durch die Selbstentzweiung in Denkendes und Gedachtes und durch die Artikulation des Gedachten zu einem in sich Unterschiedenen und damit Vielfältigen. Aus dieser Entzweiung und Unterscheidung geht das Denken in seiner Selbstbeziehung aber erst dadurch hervor, daß die Einheit aus ihrer Entzweiung zu sich zurückkehrt und wieder Einheit wird: «Das Eine ist also Zweiheit geworden und die Zweiheit wieder Eines.» (III 8, 11, 5 f)

Die Macht der Einheit übergreift also Entzweiung und Unterschied. Diese Macht der Einheit, aus der Entzweiung zu sich selbst zurückzukehren und in den Unterschieden bei sich selbst zu bleiben, konstituiert gerade die Selbstbeziehung des Denkens, sie konstituiert also das Denken *als* Denken, als Sich-In-Eins-Sehen. Sie stammt darum nicht aus dem Denken selbst, dieses setzt sie vielmehr immer schon voraus; sie bringt das Denken erst zu sich, das ohne sie ein bloßes Auseinanderfallen in seine Unterschiede wäre. Weil das Denken in sich selbst gleichursprünglich und ebensosehr Unterscheiden wie Vereinigen ist, weil Einsehen das In-Eins-Sehen von Unterschieden ist und nie ein Sehen von ununterschiedener Einheit, das gar kein Sehen, sondern reines Berühren ist, darum kann die allem Unterschied vorausgehende und ihn übergreifende und vereinigende Macht der Einheitsstiftung nicht ursprünglich aus dem Denken selbst stammen. Das Denken verdankt sie vielmehr einem Einheitsgrund, der ursprünglicher ist als es selbst: dem reinen Einen selbst. In der Beziehung auf diesen absoluten Einheitsgrund konstituiert das Denken sich allererst selbst als sich auf sich beziehende Einheit.

Der Einheitsvorgriff und die Selbstbeziehung des Denkens sind also nicht gleichursprünglich. Der ursprüngliche Vorgriff auf Einheit geht der Selbsbeziehung des Denkens vielmehr immer schon voraus und ermöglicht sie erst. Er ist darum Vorgriff auf eine Einheit, die selber nicht Denken und nicht Selbstbeziehung ist, sondern ursprünglicher als beide: Vorgriff auf das absolut Eine selbst. Er ist ein *Transzendenzbezug*, der das Denken erst zu sich bringt.

b) Der Urakt des Denkens: Hervorgang und Zurückwendung

Das Prinzip seiner Einheit geht dem Denken notwendig voraus. Ebenso ist das Selbstverhältnis des Denkens nicht möglich ohne Selbstunterscheidung, also Entzweiung. Die Zweiheit ist darum ebenso wie das Eine ein Prinzip, welches das Denken schon voraussetzt, das ihm also vorhergeht. Plotin nimmt damit die Zwei-Prinzipien-Lehre Platons auf: «Darum heißt es auch, daß aus der unbestimmten Zweiheit (*aboristos dyas*) und dem Einen die Ideen und die Zahlen hervorgehen, denn das ist der Geist. Darum ist der Geist nicht absolut einfach, sondern Vielheit und weist bereits eine Zusammensetzung auf, natürlich nur eine intelligible, und erfaßt bereits schauend die Vielheit; er ist nun zwar auch selbst das Gedachte, aber auch das Denkende und somit bereits eine Zweiheit.» (V 4, 2, 7–11)

Der Geist ist gar nichts anderes als das *Verhältnis* der beiden Prinzipien des Einen und der unbestimmten Zweiheit, nämlich dasjenige Verhältnis, in dem die unbestimmte Zweiheit durch die einigende und Einheit-setzende Übermacht des Einen bestimmt wird zu einer Einheit, welche die Entzweiung in sich enthält. Diese Einheit ist der Geist in seiner Selbstentzweiung in Denkendes und Gedachtes, die doch eins sind. Die für die Selbstbeziehung des Geistes konstitutive Selbstunterscheidung ist die begrenzte oder bestimmte Zweiheit, die durch die Einheit-setzende Übermacht des Einen zu einer Einheit erhoben wird, in welcher die Entzweiung zugleich aufgehoben und bewahrt ist. Die Bestimmung der unbestimmten Zweiheit durch die Übermacht des Einen ist so die Konstitution des Denkens in seiner Selbstbeziehung: aus der Bestimmung der unbestimmten Zweiheit geht nicht bloß die bestimmte Vielheit der Ideen hervor – die als bestimmte, also in sich unterschiedene und vielfältige Einheiten Zahlen sind –, sondern in einem damit die Zwei-Einheit des in dieser Ideenvielheit sich selbst wissenden Geistes. Die Zwei-Einheit des sich wissenden Geistes ist die zur Einheit erhobene und dadurch bestimmte Zweiheit.

Die Bestimmung der von sich her unbestimmten Zweiheit, aus der der Geist hervorgeht, gründet in der Übermacht des Einen, das die Zweiheit zur Einheit erhebt. Doch auch die unbestimmte Zweiheit als solche hängt schon von dem Einen ab. Als reine Entzweiung, die alle Unterschiede und damit alle entwickelte Vielheit erst ermöglicht, ist sie nämlich *selber* noch nicht Vielheit, sondern Einheit (vgl. *Test. Plat.* 49), nämlich das ursprüngliche Sich-Entzweien, aus dem Zweiheit und Vielheit erst hervorgehen. Als Entzweiung setzt sie die Einheit schon voraus, an der sich die Entzweiung vollzieht. Die Einheit, an der sich die Entzweiung vollzieht, ist aber nicht das absolute Eine selbst, das jenseits aller Entzweiung ist, sondern eine zweite Einheit, die aus dem absoluten Einen hervorgeht, um sich zu entzweien, die aber als reines Sich-Entzweien selber noch keine Vielheit ist, sondern unbestimmte Einheit. Diese an sich selbst unbestimmte Einheit des Sich-Entzweiens ist die unbestimmte Zweiheit, die selbst erst aus der Überfülle des absolut Einen hervorgegangen ist: «Denn vor der Zweiheit ist das Eine selbst, die Zweiheit ist erst das Zweite, und weil sie von dem Einen her entstanden ist, erhält sie von Jenem her ihre Bestimmtheit, während sie selbst an sich selbst unbestimmt ist.» (V 1, 5, 6–8)

Plotin nimmt also einen *zweistufigen* Hervorgang des Zweiten aus dem absolut Einen an: zunächst entspringt dem Absoluten eine zweite Einheit, die als reines Sich-Entzweien unbestimmt ist, – dies ist die «unbestimmte Zweiheit», das Prinzip der Vielheit; in einer zweiten Stufe wird diese unbestimmte Einheit des Sich-Entzweiens durch die Übermacht des Einen zur in sich geeinten Zwei-Einheit des Sich-Selbst-Denkens bestimmt, – das ist der Geist, das seiende Eine. Die beiden Stufen dieses Hervorgangs sind also zwei «Phasen» in der Konstitution der selbstbezüglichen Einheit des Geistes; zusammen machen sie den «Urakt des Denkens» aus (vgl. Krämer 1964, 312–337). Das ist Plotins zugleich monistische und geistmetaphysische Deutung der Platonischen Lehre von der Konstitution des Seins durch das Zusammenwirken der beiden Prinzipien des Einen und der unbestimmten Zweiheit.

Durch Plotins monistische Deutung dieser Prinzipientheorie ergibt sich nun das Problem der Herkunft der Vielheit und des durch Vielheit mitkonstituierten Seins aus dem absolut einfachen Einen selbst: «Aber wie kann es aus dem absolut einfachen Einen stammen, da in diesem sich keinerlei Vielfältigkeit, keine Zweifachheit (*diploê*) von irgendetwas zeigt? Darum, weil nichts in Ihm war, eben darum kann Alles aus Ihm stammen; gerade damit das Sein (*on*) existieren kann, ist Jener* (das Eine) selbst nicht Sein, ist aber

* Das Absolute erscheint hier wie auch sonst öfter bei Plotin grammatisch im Maskulinum, nicht um damit seine Personalität zu suggerieren, sondern vielmehr, weil das Neutrum Singular (*das* Eine) im Griechischen wie im Deutschen einen Kollektivsingular bedeuten kann (*das* Seiende als Kollektiv der vielen Ideen, *das* Seelische als Kollektiv aller Seelen usw.), was beim Maskulinum Singular ausgeschlossen ist: «Jener dort» meint immer nur diesen Einen. Das Maskulinum betont insofern die absolute Einfachheit und Einzigkeit.

dessen Erzeuger. Und diese nur vergleichsweise so genannte Zeugung ist die ursprüngliche: Da nämlich Jenes absolut vollkommen ist – denn Es sucht nichts, hat nichts und bedarf nichts–, ist Es gleichsam übergeflossen (*hoion hypererrhyê*) und Seine Überfülle (*hyperplêres*) hat ein Anderes hervorgebracht.» (V 2, 1, 3–9) Das Eine selbst ist der Ursprung von Allem also gerade aufgrund seiner absoluten Transzendenz: «Weil Jener Nichts von Allem (*mêden tôn pantôn*) ist, genau darum nämlich kann Alles aus Jenem stammen». (V 1, 7, 18 f) Die absolute Transzendenz, der gemäß das Eine selbst Nichts von Allem ist, ist so gerade «der springende Punkt seiner Ursprünglichkeit» (Beierwaltes 1979, 348); denn «Nichts von Allem» meint als die umfassendste negative Aussage über das Eine gerade dessen absolutes, aus aller Bestimmtheit herausgehobenes *Übermaß* an Mächtigkeit (*hyperbolê tês dynameôs*, VI 8, 10, 33), seine positiv unsagbare *Überfülle* (V 2, 1, 9). Bezogen auf die aus ihm entsprungene Totalität ist das Eine darum die «Mächtigkeit zu Allem» (*dynamis pantôn*, z. B. V 4, 1, 36), weil es durch die Überfülle seiner reinen Einfachheit alle eingeschränkten Formen von Einheit und damit Alles schlechthin einschließlich der Vielheit und ihres Prinzips, der unbestimmten Zweiheit, allererst ermöglicht.

Den «Hervorgang» (*prohodos*, IV 8, 5, 33) der Vielheit und ihres Prinzips, der unbestimmten Zweiheit, aus der absoluten Überfülle des Einen selbst umschreibt Plotin durch die Metapher des Überfließens, der *Emanation*, die das Verhältnis der entsprungenen Wirklichkeit zu ihrem übermächtigen Ursprung in den Bildern von Quelle und Fluß, Licht und Ausstrahlung, aber auch von Wurzel und Baum, Samen und Lebewesen, Zentrum und Kreis umschreibt (vgl. Krämer 1964, 339 ff, 346 ff, 352 ff; Beierwaltes 1967, 17 ff). Alle diese Bilder zeigen freilich nur, *daß* der absolute Ursprung aus der Übermacht seiner Überfülle anderes entspringen läßt. *Wie* und *warum* dies geschieht, bleibt dabei jedoch *unbegreiflich*. Plotin umschreibt den Akt des Entspringens der Wirklichkeit aus dem Absoluten nur durch ausdrucksstarke Metaphern und bildhafte Analogien, durch die er im Bild vorstellbar wird, dabei aber unbegriffen bleibt. Diese bloß analoge Umschreibung durch Bilder und Metaphern aber erfolgt durchaus methodisch bewußt: Denn aufgrund der absoluten Transzendenz des Einen über alle Denkbarkeit muß auch das Entspringen des Zweiten aus ihm selber unbegreiflich bleiben (vgl. VI 8, 10, 18 ff; 11, 1 ff). Sein und Denkbarkeit konstituieren sich allererst durch den Hervorgang aus der Überfülle des Absoluten. Der Akt des Hervorgehens als solcher liegt darum aller Denkbarkeit immer schon voraus und kommt dem denkenden Begreifen immer schon zuvor: er ist im strengen Sinne «unvordenklich», weil das Denken seinen eigenen Hervorgang aus dem Absoluten notwendig immer schon voraussetzt und ihn darum niemals denkend einholen kann (vgl. Halfwassen 1992 a, 126 ff; Beierwaltes 1985, 48 ff). Seine Umschreibung durch uneigentliche, bildhafte Analogien ist somit die einzige mögliche Weise, überhaupt von ihm zu sprechen. Der Sinn der von Plotin gebrauchten Bilder und Metaphern besteht gerade darin, die Unvordenklichkeit und Unbegreiflichkeit des Hervorgangs aus dem über alle Denkbarkeit hinausliegenden Absoluten deutlich werden zu lassen; es handelt sich bei ihnen um *absolute* Metaphern, die nicht durch den Begriff ersetzt werden sollen und können (vgl. Blumenberg 1998, 176 ff).

Plotin verwahrt sich in diesem Zusammenhang ausdrücklich gegen ein Verständnis der Emanationsmetapher, nach dem der Ursprung im Entspringenlassen aus sich herausgeht, also wirklich «ausfließt» und so seine Transzendenz über die entspringende Wirklichkeit aufhebt; vielmehr bleibt der Ursprung selbst im Entspringen seiner Prinzipiate unverändert in sich (V 1, 3, 8–12; III 8, 10, 5–19). Den Hervorgang vollzieht gar nicht das in seiner Überfülle übermächtige Absolute, sondern der Hervorgang ist selber der Akt des entspringenden Zweiten, er ist der Akt *seines* Entspringens, durch den das Zweite überhaupt ist: «Da Jenes (das Eine selbst) nichts hat, zu dem Es sich bewegen könnte, so dürfen wir nicht annehmen, daß Es sich bewege; sondern wenn nach Ihm etwas entsteht, muß es notwendig entstanden sein, indem jenes Entstehende sich immer schon auf Es (das Eine) hingewendet hat (*epistraphentos*). Ganz ausschließen müssen wir dabei die Entstehung in der Zeit, da wir es mit dem ewig Seienden zu tun haben; sondern wir legen ihm nur dem Ausdruck nach Entstehen bei, um damit seine Begründung und seine Rangordnung anzugeben, und müssen also sagen, daß das, was in diesem Sinne aus Jenem entsteht, entsteht, indem Jenes sich nicht bewegt.» (V 1, 6, 16–22)

Der zeitfrei-ewige Hervorgang des Zweiten aus der Überfülle des Einen vollzieht sich also zugleich als «Hinwendung» (*epistrophê*) des hervorgehenden Zweiten auf das absolute Eine, aus dem es entspringt: das hervorgehende Zweite wendet sich im Akt seines Hervorgehens selber ewig auf das Eine hin, das Hervorgehen selbst vollzieht sich als die zeitfreie Bewegung der ewigen Hinwendung oder Rückwendung auf den absoluten Ursprung. Das Sein, die Bestimmung der unbestimmten Zweiheit durch das Eine, konstituiert sich als die *Einheit* von Hervorgang und Rückwendung. Der Hervorgang des Zweiten aus der Überfülle des Absoluten und seine Rückwendung zum Absoluten vollziehen sich in einem einzigen Akt; sie sind in Wirklichkeit ein und derselbe Akt, nämlich der *eine* Akt der Selbstkonstitution des Seins in der Zuwendung zum Übersein des Einen selbst: «Das Entstandene wandte sich auf Jenes (das Eine selbst) hin und wurde erfüllt und es entstand, indem es auf Jenes hinblickte, und das ist der Geist. Und zwar brachte sein Hinstehen (*stasis*) zu Jenem das Sein hervor, sein Schauen (*thea*) zu Jenem aber den Geist; da er nun zu Jenem hinstand, um Es zu schauen, wird er Geist und Sein ineins.» (V 2, 1, 9–13)

Das hervorgehende Zweite, die unbestimmte Zweiheit, bleibt nicht unbestimmt, weil es sich im Akt seines Hervorgehens selbst auf die Überfülle des Absoluten zurückwendet und dadurch zur geeinten Zwei-Einheit des Geistes bestimmt wird. Die unbestimmte Zweiheit ist selber Einheit, und zwar unbestimmte Einheit des reinen Sich-Entzweiens; diese ursprünglich unbestimmte Einheit entspringt unvordenklich und auf unbegreifliche Weise der absoluten Überfülle des Einen selbst. Indem sie sich im Akt ihres Hervorgehens selbst unmittelbar auf das Absolute zurückwendet, wird sie bestimmt und dadurch zum Sein; denn das Sein ist bestimmte Einheit (*hen ti*, V 1, 7, 15). Der Hervorgang aus dem Absoluten ist in sich selbst zugleich Zuwendung zum Absoluten, weil ohne diese Zuwendung zum Einen nichts da wäre, was hervorgeht. Es entsteht nicht «zunächst» etwas, das sich «dann» auf den Ursprung zurückwendet, sondern das Entstehen selber ist als solches schon Hinwendung auf die entspringenlassende Überfülle des Ursprungs.

Diese Hinwendung zum Absoluten ist die Urform von *Intentionalität*. Sie ist als solche ein reines Aussein auf das Eine, reine Intention auf Einheit. Sie ist der ursprüngliche Vorgriff auf Einheit, der allem Denken ermöglichend vorhergeht. Plotin interpretiert sie darum als ein Hinblicken (*blepein*), also als eine noch unbestimmte Vorform des Sehens: eine «Sehintention, die noch nicht gesehen hat» (*opsis oupô idousa*, V 3, 11, 5), ein «reines Streben (*ephesis*) und ungeprägtes Sehenwollen» (ebd. 11, 12). Die unbestimmte Zweiheit ist eben diese reine Intention auf Einheit: sie ist Zweiheit, weil sie die Entzweiung in Intention und Intendiertes enthält, und sie ist an sich selbst unbestimmt, weil sie als reine Intention auf das Eine nur aus ist, ohne es zu erlangen und dadurch von ihm bestimmt zu werden. Erfüllt wird die Intention auf Einheit im Erlangen und Sehen der Einheit, also im Geist als der sich selbst sehenden und besitzenden Einheit. In ihr ist die unbestimmte Zweiheit, die reine Intention auf Einheit, aufgehoben in die bestimmte Einheit des Seins, die sich als Geist selbst sieht und besitzt. Plotins Deutung der Konstitution des Seins als Geist basiert damit ganz auf dem Verständnis des zweiten Prinzips als Intentionalität. In der Tat hatte Platon dem zweiten Prinzip ein auf das absolute Eine gerichtetes Streben zugeschrieben (vgl. besonders das Referat bei Aristoteles, *Eud. Eth.* 1218 a 15–32); Plotins Deutung zieht daraus die Konsequenz.

Weil das der Überfülle des Absoluten entspringende Zweite, die unbestimmte Zweiheit, reine Intentionalität ist, darum bestimmt sie sich in ihrer Zuwendung zum Absoluten selbst zum Denken, denn die Einheit des Denkens enthält die Zweiheit der Intentionalität in sich. In der Zuwendung zum Absoluten bestimmt sich das Zweite zur bestimmten Einheit und damit zum Sein. Seine Bestimmung zum Sein enthält aber zugleich die Zweiheit in sich und ist darum die bestimmte Zwei-Einheit des Geistes. Der Geist, das Denken seiner selbst, ist so die Erfüllung der Bestimmung des Seins. Der frühe Plotin kann darum die ursprüngliche Zuwendung zum Absoluten selbst schon als Denken auslegen: «Aber das Eine selbst ist nicht Geist. Wie erzeugt Es also den Geist? Dadurch, daß es (das Erzeugte) durch die Hinwendung zu Jenem (dem Einen) sah; dieses Sehen (*horasis*) aber ist Geist.» (V 1 [chronologisch Schrift 10], 7, 4–6; zur Deutung dieser in der Forschung umstrittenen Stelle vgl. Halfwassen 1992 a, 132 f, 135 ff; ders. 1999, 336 ff)

Plotin formuliert hier verkürzend so, als ob in der Zuwendung zum Absoluten dieses selbst gesehen würde und als ob durch die ursprüngliche Zuwendung zum Absoluten schon die erfüllte Selbstbeziehung des Denkens, das Sich-Selbst-Sehen des Geistes entstünde. Daß weder das eine noch das andere der Fall ist, macht Plotin in seinen späteren Wiederaufnahmen des Problems der Entstehung des Geistes ganz deutlich. Dabei bleibt aber seine Konzeption des Uraktes des Denkens, wie sie bisher entwickelt wurde, unverändert. Der Geist konstituiert sich zwar durch die Hinwendung auf die absolute Einheit des Ursprungs, denn in dieser Hinwendung konstituiert sich das hervorgehende Zweite als Denkintention auf das Absolute. Die Selbstbeziehung des Denkens erfüllt sich aber genau genommen noch nicht in der Hinwendung auf das überseiende Eine, sondern erst dadurch, daß das aus der Überfülle des Einen hervorgehende Sein *sich selbst* zur geeinten Vielheit der Ideen entfaltet und sich dadurch zu sich als seiender Einheit vermittelt (vgl. vor allem VI 7, 15–17).

c) *Der Transzendenzbezug des Geistes*

Das Sich-Selbst-Denken des Geistes kommt paradoxerweise dadurch zustande, daß sich das Denken in seiner ursprünglichen Intention auf das bezieht, was allem Denken entzogen bleibt, weil es jenseits der schon für die bloße Denkintention grundlegenden Zweiheit ist: nämlich das Eine selbst. Dieser *Transzendenzbezug* auf das in seiner absoluten Transzendenz undenkbare Eine selbst ermöglicht allererst die Selbstbeziehung des Denkens.

Aber wie geht die *Erfüllung* der Denkintention, das geistige Sehen bestimmter, also in sich unterschiedener Einheit, aus ihrem ursprünglichen Transzendenzbezug auf das undenkbare Absolute hervor? Plotins Antwort auf diese Frage lautet: «Jenes (das Eine selbst, auf das sich das Denken hinwendet) ist das Gute selbst (*tagathon*), der Geist aber ist gut (*agathos*), weil er im Betrachten (*theôrein*) das Leben hat. Er betrachtet aber, was als Betrachtetes auch seinerseits von der Art des Guten (*agathoeides*) ist und was er empfing, als er die Wesenheit des Guten (d. h. das Eine selbst) schaute. Es gelangte aber zu ihm nicht so, wie es in Jenem (dem Einen) war, sondern so, wie er selbst es empfing. Denn der Ursprung ist Jener (das Eine selbst) und aus Jenem kommt es in ihn (den Geist), und dieser selbst hat es aus Jenem geschaffen (*poiêsas*). Denn es war nicht erlaubt, daß er im Hinblicken (*blepein*) zu Jenem gar nichts dachte, noch auch, daß das Gedachte schon in Jenem (dem Einen selbst) war. Denn dann hätte er es nicht selbst erzeugt (*autos egenna*). So erhält er von Jenem die Mächtigkeit zum Erzeugen (*dynamis eis to gennân*) und dazu, sich mit seinen eigenen Erzeugnissen zu erfüllen, indem Jener (das Eine selbst) gab, was Er Selbst nicht hatte; sondern aus dem einfachhin Einen, das Jener ist, wurde für den Geist Vieles.» (VI 7, 15, 10–20)

Der Geist wird also nicht von seinem Urgrund, dem Einen selbst, erschaffen, sondern er *erschafft sich selbst*, und zwar in seinem Transzendenzbezug zu dem jenseitigen Absoluten. Er erschafft sich selbst gerade darum, weil sich ihm das Absolute, auf das er als Denkintention ursprünglich gerichtet ist, in seiner reinen Transzendenz entzieht; und dabei erschafft er zugleich seine Inhalte, die Vielheit der Ideen. Die Macht zu dieser Selbsterschaffung erhält er vom Absoluten, verdankt sie also gerade seinem Transzendenzbezug auf das jenseitige Eine. Plotin analysiert die Selbsterschaffung des Geistes in seinem Transzendenzbezug zum Absoluten eingehend.

Als das Ziel der ursprünglichen Intention des Zweiten ist das Absolute das Gute selbst. Dies ist aber keine Bestimmung des über alle Bestimmungen erhabenen Absoluten, sondern benennt lediglich die Beziehung der entsprungenen Wirklichkeit zu ihrem absoluten Ursprung: «Mithin gibt es auch für das Eine kein Gutes, folglich auch keinen Willen (*boulêsis*) nach irgendeinem Guten, sondern Es ist das Übergute (*hyperagathon*), welches nicht selbst für sich selbst, sondern nur für das Andere das Gute ist.» (VI 9, 6, 39–41) In demselben Sinne ist das Absolute auch Grund und Ursprung nicht an und für sich selbst, sondern nur für das entsprungene Andere und von diesem her: «Denn auch, wenn wir das Eine den Grund (*aition*) nennen, bedeutet das nicht, etwas Ihm, sondern etwas *uns* Zukommendes aussagen: daß *wir* nämlich etwas von Jenem her haben, während Es selbst in sich bleibt.» (VI 9, 3, 49–51) Die Ursprünglichkeit des Absoluten ist nicht *seine* Beziehung zur entsprungenen Wirklichkeit, sonderen *deren* Beziehung zum Absoluten, der keine Beziehung von Seiten des Absoluten selber entspricht (vgl. Jaspers 1957, 669). In diesem Sinne ist das Eine «Ursprung (*archê*) und doch auf andere Weise wieder nicht Ursprung ... denn man darf Jenen überhaupt nicht als zu irgendetwas in Beziehung stehend ansprechen.» (VI 8, 8, 9–13) Es ist «das Vorursprüngliche» (*to pro archês*, V 5, 9, 7 [nach der überzeugenden Konjektur von Theiler]), wie Plotin mit gewollt paradoxer Wendung sagt. In genau dem gleichen Sinne hatte schon Platon dem Einen selbst in seiner Absolutheit die Verhältnisbestimmung als Prinzip oder Ursprung abgesprochen (*Test. Plat.* 50).

Der Geist ist an und für sich selbst gut, weil er sich im Anschauen seiner selbst erfüllt und sich darin selbst genügt, also in sich vollkommen ist. In sich selbst vollkommen oder gut ist der Geist als erfüllte, sich auf sich selbst beziehende Einheit. Die Ideen, die Inhalte seines Denkens, *empfängt* der Geist durch seine ursprüngliche Zuwendung zum Absoluten. Er empfängt sie aber nicht in der Weise, daß sie selber schon im Absoluten wären und vom Geist im Absoluten erkannt würden. Die ursprüngliche Denkintention richtet sich zwar auf das Eine selbst, dieses aber bleibt in seiner absoluten Transzendenz das dem Denken Unerreichbare. Darum konstituiert die Hinwendung auf das Absolute zwar den Geist, aber dieser *denkt* dabei nicht das Absolute, sondern er wird durch die Hinwendung auf das absolut Eine nur selber zur Einheit: er empfängt in ihr einfache, ursprünglich ununterschiedene Einheit. Zugleich erhält er durch die Hinwendung auf die Übermacht des absoluten Einen die «Mächtigkeit des Erzeugens» (VI 7, 15, 18), d. h.: die Hinwendung auf das übermächtige Absolute ermächtigt den Geist selber zur *Setzung von Einheit*. Durch diese Macht der Einheitssetzung erfüllt sich das Denken mit Inhalt, und zwar indem es seine eigene, ursprünglich ununterschiedene Einheit, die es seinem Transzendenzbezug zum Absoluten verdankt, in sich selbst unterscheidet und so sich selbst als das zweite, seiende Eine zum gegliederten Ganzen der Ideen artikuliert (III 8, 8, 30 ff). Durch diese Selbstunterscheidung seiner eigenen, ursprünglich ununterschiedenen Einheit bringt der Geist die Ideen als bestimmte Einheiten erst hervor; darin liegt die *Produktivität* des Denkens. Es ist aber gerade die über alle Denkbarkeit hinausliegende Transzendenz des Einen selbst, welche das ursprünglich auf das Eine gerichtete Denken zu seiner Produktivität erst ermächtigt. Durch seinen Transzendenzbezug erhält das Denken allererst die produktive Kraft, durch die Unterscheidung seiner eigenen Einheit denkbare, also in sich unterschiedene Einheiten hervorzubringen und sich mit diesen zu erfüllen.

Die «Mächtigkeit des Erzeugens» ist die produktive Kraft der Einheitssetzung, die das Denken mit Inhalt erfüllt. Sie setzt in doppelter Weise Einheit: Sie setzt erstens Einheit durch die Selbstunterscheidung der eigenen Einheit des entsprungenen Zweiten, des Seins, und sie setzt zweitens Einheit durch die Vereinigung der Unterschiede zu einer sie umfassenden Einheit, dem Geist. Nicht nur die *Vereinigung* der Unterschiede ist ein Setzen von Einheit, sondern auch das *Unterscheiden* selber ist ein Setzen von Einheit. Denn die Unterscheidung der Einheit des Seins führt ja stets zur Bildung von neuen Einheiten, so daß das Unterscheiden selbst als solches schon ein *Bilden von Einheit* ist (so ausdrücklich VI 7, 17, 29 ff; vgl. Platon, *Parm.* 142 DE). Diese Einheitsbildung durch Unterscheidung konstituiert die *Produktivität* des Denkens, denn sie bringt die Ideen als die unterschiedenen Inhalte des Denkens hervor; und jene andere Einheitsbildung durch Vereinigung der Unterschiede konstituiert den *Selbstbezug* des Denkens, denn durch sie schaut der Geist sich selbst als die Tätigkeit der Einheitsbildung an, die alle Unterschiede, alle gebildeten Einheiten in ihrer eigenen Einheit umfaßt und bewahrt (vgl. VI 7, 17, 22–33). Diese Einheit und Einheiten bildende Kraft des Denkens aber verdankt sich der Übermacht des Einen selbst, dem sich das hervorgehende Zweite im Akt seines Hervorgehens zuwendet.

Die Bestimmung der unbestimmten Zweiheit zur bestimmten Einheit des Seins vollzieht sich also für Plotin genau besehen als ein *Sich-Selbst-Bestimmen* des an sich unbestimmten Zweiten. Die Hinwendung auf das in seiner Transzendenz über alle Bestimmtheit hinausliegende Erste verleiht dem unbestimmten Zweiten die Kraft zu seiner Selbstbestimmung. Diese Kraft zur Bestimmung des Unbestimmten ist das Setzen von Einheit, denn das Setzen von Einheit ist die ursprüngliche Erzeugung von Bestimmtheit. Die noch unbestimmte Vorform des Denkens, die reine Denkintention, empfängt in der Zuwendung zum Absoluten eine ursprünglich einfache, noch ungegliederte und unbestimmte Einheit, die jedoch aufgliederbar und bestimmbar ist, weil sie die Zweiheit der Intentionalität in sich enthält. Diese Einheit besitzt kraft der in ihr wirkenden Übermacht des Absoluten die Macht zur Setzung von Einheit durch Unterscheidung und Vereinigung. Sie entzweit sich darum nicht bloß in die Vielheit, sondern bringt das Entzweite stets zugleich wieder zur Einheit. Damit bestimmt sie sich selbst zur Totalität aller Bestimmtheit. *Alle* Bestimmtheit ist ihr immanent, während die Prinzipien ihrer Selbstbestimmung, die Zweiheit der ursprünglichen Intentionalität und das absolute Eine an sich selbst unbestimmt sind (VI 7, 17, 14 ff).

Sowohl die Produktivität als auch die Selbstbeziehung des Denkens verdanken sich seinem Transzendenzbezug zum jenseitigen Einen: das übermächtige Absolute ermächtigt das Denken erst zu seiner eigenen selbstbezüglichen Einheit, kraft derer der Geist sich als erfülltes Sein selbst konstituiert. Der Transzendenzbezug zum Einen ist darum, wie Plotin betont, keine Einschränkung der Produktivität und Spontaneität des Geistes, sondern deren Grund (VI 7, 15, 15 ff). Dabei kommt die Selbstbeziehung des Geistes gerade dadurch zustande, daß der absolute Ursprung dem Zweiten, das sich ihm zuwendet, in seiner Transzendenz unerreichbar bleibt. Das Absolute ermächtigt gerade durch seine reine Transzendenz das Denken zu seiner Selbstkonstitution im Hervorbringen der einheitlichen Fülle der Ideen. Das Absolute gibt, was es selbst nicht hat, wie Plotin – die Paradoxie unterstreichend – formuliert (VI 7, 15, 19 f).

Die Selbsterschaffung des Geistes in seinem Transzendenzbezug zum absolut jenseitigen Einen ist der Grund für die spezifische Einheit des Geistes. Der Geist ist genau darin das «Bild des Absoluten» (*eikôn ekeinou*, V 1, 7, 1), daß seine Einheit alle Vielheit und Unterschiedenheit in ihm aufhebt, zwar nicht in die reine Einheit des Absoluten, aber in die All-Einheit der konkreten Totalität, in der es zu keiner Selbständigkeit des Vielen kommt. Die Emanzipation des Vielen vollzieht erst die aus dem Geist hervorgehende Seele, in welcher der Geist sich selbst verläßt, um zur Welt zu werden.

Die ursprünglich einfache und ununterschiedene Einheit aber, welche der Geist in seinem Transzendenzbezug empfängt, ist «das Erste des Geistes» (VI 9, 3, 27), in dem die Übermacht des Einen selbst wirksam ist. Als einfache Einheit ermöglicht sie den Überstieg des Denkens über sich selbst, indem die Zweiheit der Intentionalität ganz in sie hinein zurückgenommen wird. Der Transzendenzbezug zum Absoluten ist damit zugleich die Bedingung für die ekstatische Selbsttranszendenz des Denkens. Die Ekstasis ist die Rückkehr des Geistes in seine ursprünglich einfache Einheit und durch diese in das Eine selbst (vgl. VI 9, 11, 40–45).

V. Seele, Welt und Mensch

1. Die Seele als Bild des Geistes

So wie der Geist als die einheitliche Fülle des Seins das «Bild des Absoluten» (V 1, 7, 1) ist, so ist die Seele (*psychê*) das «Bild des Geistes» (*eikôn nou*, V 1, 3, 7). «Bild» bedeutet hier Sichtbarkeit, und zwar die Versichtbarung des an sich selbst Unsichtbaren: In der Seele tritt in Erscheinung, was im Geist als der All-Einheit des Seins unsichtbar und verborgen bleibt: die *Vielheit* des Seienden. In der konkreten Totalität des Geistes ist alle Vielheit in die Einheit eingefaltet und «aufgehoben». Die «Entfaltung» (*exeilixis*) der in die Einheit des Geistes eingefalteten Vielheit ist das Wesen der Seele.

Als Entfaltung der Einheit des Geistes in die Vielheit ist die Seele darum eine Selbstentfaltung des Geistes (vgl. IV 4, 5), und zwar seine Selbstentfaltung nach außen, in einem Anderen, das dem Geist gegenüber durch diese Entfaltung selbständige Existenz gewinnt: die Seele ist «ein Bild des Geistes; so wie der ausgesprochene Gedanke (*logos*) ein Bild des Gedankens in der Seele ist, so ist die Seele selbst der ausgesprochene Gedanke des Geistes, die gesamte Wirksamkeit (*energeia*) und das Leben, das er ausströmt in die Existenz (*hypostasis*) eines Anderen.» (V 1, 3, 7–9) Der ausgesprochene, in Sprache geäußerte Gedanke ist die sprachlich manifestierte Selbstdarstellung des reinen, unausgesprochenen, nur gedachten Gedankens; er ist dessen Selbstentfaltung nach außen in der Weise, daß der Gedanke durch den Akt seines Aussprechens eine eigene, selbständige Existenz gewinnt neben und außer seinem Gedachtsein im Denken der Seele. So ist der sprachlich geäußerte Gedanke das *Außer-sich-Sein* des Gedankens. Ebenso ist die Seele das Außer-sich-Sein des Geistes, in dem die Vielheit der Ideen zu einer eigenen, dem Geist gegenüber selbständigen Wirklichkeit wird. Diese eigene Existenz der Seele ist wie ein Niederschlag des inneren Wesens des Geistes; der Begriff *Hypostasis*, den Plotin hierfür verwendet, bedeutet wörtlich eigentlich Niederschlag (wie z. B. den Bodensatz beim Wein), meint aber als philosophischer Terminus die wirkliche, selbständige Existenz (vgl. Hammerstaedt 1993; Horn 1995 a, 15 ff).

So wie das Außer-sich-Sein des Gedankens in seinem Ausgesprochensein sein In-sich-Sein im Denken der Seele nicht aufhebt, so hebt auch das Außer-sich-Sein des Geistes in der Seele sein In-sich-Sein nicht auf, sondern wird von diesem erst hervorgebracht: «Man darf aber beim Geist die Wirksamkeit (*energeia*) nicht als ausfließend denken, sondern seine innere Wirksamkeit bleibt in ihm selbst, während seine äußere Wirksamkeit als eine andere und selbständige in die Existenz tritt.» (V 1, 3, 11 f) Die Metapher der Emanation, durch die Plotin auch das Verhältnis der Seele zum Geist als ihrem Ursprung umschreibt, meint kein Aus-sich-Herausgehen des Geistes. Vielmehr bleibt der Geist ewig in sich selbst, aber gerade seine *innere*, in sich bleibende Tätigkeit bringt zugleich eine *äußere* Wirksamkeit und Wirklichkeit hervor, in der das einheitliche Wesen des Geistes in die Vielheit auseinandertritt. Diese Äußerung (*prophora*, V 1, 3, 7) des unverändert und ewig in sich selbst bleibenden Wesens des Geistes, die diesem gegenüber selbständiges Sein gewinnt und doch *dessen* Außer-sich-Sein ist, ist die Seele: «Weil die Seele also vom Geist her stammt, ist sie denkend (*noera*), und zwar bewegt sich ihr Geist in Überlegungen (diskursiven Denkakten, *logismois*), und ihre Vollendung kommt ihr wiederum vom Geist... So kommt also der Seele sowohl die Existenz vom Geist wie auch die Verwirklichung ihrer Bestimmung (*logos*) darin besteht, daß sie den Geist schaut.» (V 1, 3, 12–16)

Das Wesen der Seele ist das Denken: darin zeigt sich ihre Herkunft vom Geist. Das Denken der Seele ist aber nicht wie das Denken des Geistes: intellektuelle Selbstanschauung als Selbstvollzug der Einheit des Seins in der konkreten Totalität der Ideen, sondern es ist ein überlegendes Denken, das seine Gedanken auseinanderlegt und diskursiv durch sie hindurchgeht (z.B. III 8, 6, 17–26; vgl. Beierwaltes 1967, 57 ff). Das Denken der Seele ist darum eine Bewegung des Unterwegsseins, kein Immer-schon-im-Ziel-Sein wie das Denken des Geistes, eine Bewegung des Suchens und kein ewiges Gefundenhaben. Als Suchen des Gedachten ist das diskursive Denken der Seele das Außer-sich-Sein des Denkens, das bei sich selbst und in sich selbst ist, wenn es bei dem Gedachten ist: dem Sein als der Fülle der Ideen. Weil das Denken nur als das In-Eins-Sehen der Ideen wahrhaft bei sich selbst ist, darum ist die intellektuelle Selbstanschauung des Geistes das Ziel und die Vollendung der suchenden Denkbewegung der Seele. So ist das ewige In-sich-Bleiben des Geistes der Grund für den Hervorgang der Seele und zugleich deren Vollendung, in der die Seele aus ihrer suchenden Denkbewegung in die Anschauung des Geistes, aus der Suche nach dem Sein zum ewigen Haben des Seins zurückkehrt. Das eigene Sein und Wesen der aus dem Geist hervorgegangenen, aus ihm zur Selbständigkeit herausgetretenen Seele ist die Bewegung ihrer Rückkehr zum Geist.

Die Selbstentfaltung des Geistes nach außen, die Seele, ist zugleich Darstellung der Selbstentfaltung des Geistes in sich selbst. So wie die innere Selbstentfaltung des Geistes die ursprüngliche Einheit des Seins zur intelligiblen Welt der Ideen entfaltet, so entfaltet auch die Seele sich selbst zur Welt ihrer Gedanken, die ideenhafte Formbestimmungen (*logoi, eidê*), d.h. vervielfältigte und vereinzelte Ideen sind. Und wie die innere Selbstentfaltung des Geistes seine äußere Entfaltung in der Seele hervorbringt, so entfaltet die Seele ihren denkenden Durchgang durch die Vielheit der Ideen auch nach außen, indem sie eine Welt des getrennten Einzelnen hervorbringt: die Welt der sinnlichen Erscheinungen. So wie die innere Seinsfülle des Geistes nach außen erscheint in der Seele, welche die Viel-Einheit der Ideen in die Vielheit ihrer Gedanken auseinanderlegt, so erscheint die Formenfülle der Seele nach außen in der Welt der sinnlichen Erscheinungen, als Natur (*physis*), die sich in getrennten Einzeldingen verkörpert, die außereinander und nacheinander existieren. Diese Selbstdarstellung nach außen, die eine weitere Stufe der Wirklichkeit als Erscheinung und Bild der höheren hervorbringt, deutet Plotin als die Manifestation der inneren Vollkommenheit und Fülle des Geistes und der Seele: «wohnt doch jedem Wesen inne ein Streben, das nach ihm Seiende hervorzubringen und sich selbst zu entfalten (*exelittesthai*), wie aus einem Samen von einem teillosen Ursprung aus fortzuschreiten zum Ziel der sinnlichen Erscheinung, wobei jedoch das Ursprünglichere stets an dem ihm eigenen Ort verharrt und das nach ihm Seiende nur gleichsam aus sich gebiert vor übergewaltiger Kraft, deren Fülle es in sich trägt und die es nicht in Schranken des Neides zurückhalten durfte, sondern sie mußte immer weiter schreiten, bis alles Seiende seine äußerste Möglichkeit erreicht hatte, getrieben von der unermeßlichen Kraft, welche ihre Wirkung über alles hin sendet und sich keinem vorenthalten mochte; denn nichts konnte hindern, daß ein jegliches, je im Grad seines Vermögens, an der Wesenheit des Guten (d. h. des Einen) Anteil erhielt.» (IV 8, 6, 7–18)

Die Entfaltung der Vielheit aus der Einheit zu eigener, für sich existierender Wirklichkeit ist eine Manifestation der Macht der Einheit, welche die Vielheit nicht nur hervorbringt, sondern sie noch in ihrer eigenen Wirklichkeit als durch die Entfaltung getrenntes und durch die Trennung vereinzeltes Vieles bestimmt und umgreift. In dieser Macht der Einheit, das Viele zu eigenem Sein hervorzubringen und es noch in seiner Trennung und Vereinzelung zu bestimmen und zu umgreifen, manifestiert sich die Übermacht des Einen selbst, des absoluten Ursprungs aller Einheit, der nach der All-Einheit des Geistes aus dieser eine weitere Form der Einheit hervorgehen läßt, in welcher die Vielheit zu sich selbst kommt: die Seele und die von ihr geschaffene Welt des getrennten Einzelnen. So ist die Wirklichkeit in allen ihren Stufen – der konkreten Totalität des Geistes, der diese in die getrennte Vielheit auseinanderlegenden Seele und der von ihr hervorgebrachten Welt der sinnlich erscheinenden Einzeldinge – zuletzt eine Manifestation der Einheit und Sein verleihenden Übermacht des Einen selbst. Während aber der Geist als Einfaltung aller Vielheit «Viel-Einheit» ist, ist die Seele als Ausfaltung der Einheit in die Vielheit «Einheit *und* Vielheit» (*hen kai polla*, IV 2, 2, 53; V 1, 8, 26; Platon, *Parm.* 155 E), die von ihr geschaffenen Formen (*eidê*) der Einzeldinge aber sind nur noch «Vielheit und Einheit» (*polla kai hen*, IV 2, 2, 54). Denn die Seele *trennt* in ihrem Auseinanderlegen Einheit und Vielheit, tut dies aber so, daß sie dabei selbst Einheit bleibt, so daß die entfaltete Vielheit ihrer Gedanken der mit sich identisch bleibenden Einheit ihres Wesens immanent bleibt und dadurch geeint ist. Dagegen zerfließen die sinnlichen Erscheinungen ins Außereinander des Raumes und ins Nacheinander der Zeit und sind nur noch in der Weise Einheit, daß ihre durch Raum und Zeit getrennten Teile und Phasen durch die von der Seele gesetzte Form zusammengehalten werden zu einer transitorischen Einheit, die nicht in sich selbst existiert, sondern in dem auseinandergehenden Vielen immer nur vorübergehend zustande kommt. Darum vergehen alle Erscheinungen in der Zeit, während die Seele unvergänglich ist.

2. Ewigkeit und Zeit

Den Hervorgang der Seele aus dem Geist zu ihrer eigenen Wirklichkeit erörtert Plotin am umfassendsten im Zusammenhang mit der Problematik von Ewigkeit und Zeit. Dabei greift er auf Platon zurück, der als erster zwischen zeitfreier Ewigkeit (*aiôn*) und Zeit (*chronos*) unterschieden hatte (*Tim.* 37 D ff). Zugleich ist gerade Plotins Theorie der Zeit besonders innovativ, weil sie wesentliche Einsichten der modernen Philosophie in die ganzheitliche Struktur der Zeit und ihre Konstitution durch das Bewußtsein vorwegnimmt, so daß Plotins Zeitphilosophie besonders prägnant zeigt, wie sich in seinem Denken Traditionsbezug und Originalität fruchtbar verbinden. Und nicht zuletzt ist Plotins Zeittheorie das entscheidende Vorbild für Augustins Behandlung der Zeit gewesen, von der sich gerade die philosophische Moderne des 20. Jahrhunderts von Bergson über Husserl und Heidegger bis zu Wittgenstein bei ihrer Thematisierung der Zeit immer wieder hat anregen lassen.

Aiôn bedeutet vor Platon die unbegrenzte Lebenszeit und sich stets erneuernde Lebenskraft des Kosmos, der Welt im ganzen, die Vergangenheit, Gegenwart und Zukunft umspannt (vgl. Degani 1961). Auch Platon begreift den Aiôn als Lebendigkeit, und zwar als die reine, schlechthin uneingeschränkte *Fülle* des Lebens und des Seins (gemäß *Tim.* 37 D mit 30 C-31 B). Diese uneingeschränkte Fülle kann sich aber nicht als unbegrenzte Dauer in der Zeit erstrecken, weil dann etwas an ihr schon vergangen wäre und anderes erst zukünftig bevorstünde. Was sich als Dauer in der Zeit erstreckt, ist niemals die reine Fülle, sondern im Gegenteil gerade durch den *Mangel* an Sein bestimmt, denn ihm fehlt das, was es nicht mehr ist, und ebenso das, was es noch nicht ist, und so ist es kein wahrhaft Seiendes, sondern ein Nichtseiendes. Die Ewigkeit ist darum nicht die ganze Dauer der Welt-Zeit in ihrer gesamten Erstreckung, sondern umgekehrt das Freisein von aller Erstreckung und Zerteilung ins Viele und immer wieder Andere, die Negation von Zeitlichkeit schlechthin (*Tim.* 37 E-38 B). Platon bringt das dadurch prägnant zum Ausdruck, daß er von der Ewigkeit sagt, sie «verharre im Einen» (37 D 6 f). Die Ewigkeit ist höchstes Leben und Fülle des Seins gerade dadurch, daß sie Einheit ist; sie zerteilt sich nicht ins Viele, während die Zeit dadurch ein Vieles ist, daß sie immer in ein

Nacheinander von Früher und Später zerfällt und sich so fortwährend selbst verliert. Dagegen ist die Ewigkeit die gesammelte Totalität des Seins in unzerteilter Einheit und Ganzheit, die auf einmal, in einem einzigen, unausgedehnten *Ist* anwesend ist (38 A). Das, was in dieser ewigen Gegenwart als die gesammelte Totalität des Seins anwesend ist, ist für Platon das Eine und Ganze aller Ideen, das seiende Eine (30 C ff).

Die Zeit bestimmt Platon als das in zahlenhafter Ordnung bewegte Bild der Ewigkeit (37 D). Durch sie ist die Welt des Werdens ihrem ewigen Urbild, dem vollkommenen Sein der Ideen, so ähnlich wie möglich (37 C). Das Werden aber ist gemessen an der Fülle des Seins, der Ewigkeit, nur ein abgemindertes Sein, da alles Entstehende aus dem Nichtsein kommt und wieder ins Nichtsein vergeht. Es hat darum nur teil am Sein und ist nicht selbst das Seiende. Diese Teilhabe am Sein vollzieht sich in der Form einer geordneten Bewegung, in der das, was die Ewigkeit als erfüllte Ganzheit auf einmal ist, in ein geordnetes Nacheinander von Früher und Später auseinandertritt und sukzessiv als jeweils Einzelnes und immer wieder Anderes erscheint. Das, was dieses Nacheinander der Erscheinungen ordnet, ist die Zahl. Die Zahl nämlich ist die Weise, in der das Viele und immer wieder Andere am Einen teilhaben kann, indem es einen geeinten Zusammenhang bildet. Die Zahl ist darum für Platon das Ordnungsprinzip, das in der Abfolge der entstehenden und vergehenden Erscheinungen einen Zusammenhang stiftet, der selber nicht wieder verschwindet wie alle Einzelerscheinungen, sondern als die Ordnung des Nacheinanders aller Erscheinungen bleibt und dauert. Erst dadurch, daß die Zeit einen Zusammenhang aller einzelnen Erscheinungen stiftet, bilden diese eine einheitliche, geordnete Welt, einen *Kosmos*, der als die gleichbleibende Ordnung des Ganzen aller Erscheinungen selber allen Wechsel der Erscheinungen überdauert und darin dem ewigen Sein ähnlich ist.

a) Ewigkeit als Leben des Geistes

Plotin begreift den Zusammmenhang von Ewigkeit und Zeit aus dem, was beiden, dem Urbild Ewigkeit wie dem Abbild Zeit, gemeinsam ist: dem Leben. Was «Leben» für Plotin bedeutet, wurde oben schon deutlich (Kap. IV 2 b). Es ist die tätige Selbstentfaltung eines einheitlichen Ganzen in seine Momente, die aus dieser Selbstentfaltung erst hervorgehen, so daß sich das Ganze in seinen Momenten zu sich selbst verhält. Damit ist Leben die Weise, in der das seiende Eine Vieles sein kann, ohne sich selbst als Einheit aufzuheben (III 8, 8, 10ff. 26ff). Sowohl die Ewigkeit als auch die Zeit sind für Plotin in dem Sinne Leben, daß sie jeweils Selbstentfaltungen des Einen ins Viele sind, wobei das Viele in der Einheit des Ganzen bewahrt und umgriffen bleibt. Diese beiden Formen des Lebens aber sind nicht gleichursprünglich, sondern die Ewigkeit ist die ursprüngliche Form.

Die höchste und intensivste Form des Lebens ist eine Einheit, die alle Vielheit als reine Fülle und ungeteilte Ganzheit in sich hat und so ganz und gar bei sich selbst bleibt: «Leben, das in Identität verharrt, da es immer das Ganze gegenwärtig hat und nicht jetzt dieses, dann ein Anderes, sondern Alles auf einen Schlag, und nicht jetzt Anderes und dann wieder Anderes, sondern teillose Vollendung ist... so verharrt es in Identität in sich selbst und wandelt sich nicht, sondern ist immer in der Gegenwart, weil nichts in ihm vergangen ist und nichts erst sein wird, sondern es ist das, was schlechthin *ist*... Was also weder war noch sein wird, sondern nur ist, was dieses Sein als Gleichbleibendes hat, da es sich weder in das ‹Wird sein› wandelt noch sich gewandelt hat, das ist die Ewigkeit.» (III 7, 3, 16–23. 34–36; vgl. dazu Beierwaltes 1967, 39ff, 161ff) Dieses höchste und vollkommenste Leben ist die konkrete Totalität der Ideen im Geist. Als absolute Ganzheit, deren artikulierende Momente ihrerseits wiederum das Ganze sind, nennt Plotin sie «vollendet-unendlich» (*apeiron êdê*, III 7, 5, 26). Diese vollendet-unendliche Ganzheit des Seins macht das Wesen der Ewigkeit aus, das Plotin definiert als «das Leben des Seienden im Sein, als Ganzheit und Fülle in eins und zumal und in jeder Hinsicht ohne Abstand (ohne Auseinandertreten).» (III 7, 3, 36–38)

b) Zeit als Leben der Seele

Die Zeit denkt Plotin als das in die Vielheit auseinandertretende Bild der Ewigkeit. Wie die Ewigkeit das einheitliche Ganze des Lebens ist, so ist Zeit das Auseinandertreten des Lebens (*diastasis zôês*, III 7, 11, 41; vgl. dazu Beierwaltes 1967, 265ff). Sie ist das Auseinandertreten der ungeteilten Einheit in die getrennte Vielheit; dadurch emanzipiert sich das Viele von der Einheit des Ganzen und wird selbständig, durch die Abtrennung von der unendlichen Einheit aber zugleich auch endlich. So ist Zeit die Seinsweise des selbständigen Vielen, das durch seine Abtrennung vom Ganzen des Seins das Endliche ist.

Die Zeit entsteht durch die Selbstentfaltung der Seele. Die Seele aber kommt dadurch zu sich selbst, daß sie in einem Akt ursprünglicher Spontaneität ihr je besonderes Eigensein gegen die ungeteilte Ganzheit des Seins geltend macht und dadurch aus dem Ganzen heraustritt (z. B. V 1, 1, 1 ff; vgl. dazu Beierwaltes 1967, 248 ff). Als Geistwesen ist die Seele ursprünglich in die All-Einheit des Geistes eingefaltet und in dieser Einfaltung mit der All-Einheit selber identisch (IV 4, 2, 10 ff. 24 ff). Der Hervorgang der Seele aus dem Geist zu ihrer eigenen Seinsweise vollzieht sich darum als ein Akt der Abtrennung von der All-Einheit; durch diesen Akt kommt die Seele allererst zu sich selbst, wird sie ein selbständiges, individuelles Selbst oder Ich (*egô*). Da die Seele durch ihre Individuation aber das Ganze des Seins verliert, mit dem sie ursprünglich selber identisch war, begreift Plotin den Akt der Individuation wie Platon als einen *Fall* der Seele (III 7, 11, 7; Platon, *Phaidr.* 248 C 8). Dieser Fall ist freilich kein passives Geschehen, kein kosmisches Drama im Stile der Gnosis, sondern der aus eigener Spontaneität vollzogene, freigewollte Akt der Seele, durch den sie sich von der Ganzheit des Seins abtrennt, «um ihr eigener Herr zu sein und sich selbst zu besitzen» (III 7, 11, 15 f). Erst durch diese Abtrennung von der Ganzheit des Seins wird Einzelnes überhaupt realisiert. Die Seele ist somit das *Prinzip* der Individuation: sie ist das ursprünglichste Individuelle, durch dessen Selbstentfaltung Individualität überhaupt zustande kommt. Genauer gesagt: durch ihre Individuation, durch die sie aus der All-Einheit des Geistes «herausguckt» (*ekkypsasai*, IV 3, 15, 1), tritt die Seele überhaupt in eine Vielheit von Seelen, d. h. in Weltseele und Einzelseelen auseinander (III 9, 1, 32–34).

Die Seinsweise der sich individuierenden Seele, ihr durch den Unterschied bestimmtes Leben, ist die Zeit. Die Seele trennt sich von der Ganzheit des Seins, um sich selbst zu besitzen. Selbstbesitz ist aber nur durch Selbstbewußtsein (*synaisthêsis*) möglich, nämlich dadurch, daß sich ein Ganzes selbst gegenwärtig ist und sich darin selber weiß und besitzt (vgl. V 3, 13, 12–22). Die Seele kann darum ihren erfüllten und bewußten Selbstbesitz nur dadurch erreichen, daß ihr das Ganze, das sie ist, gegenwärtig wird; dieses Ganze aber ist ursprünglich eben die All-Einheit des Seins im Geist. Um sich selbst zu verwirklichen und sich selbst zu besitzen, strebt die Seele darum nach der Ganzheit des Seins zurück, aus der sie im Akt ihrer Individuation herausgetreten ist. Und genau durch dieses Streben entsteht Zeit.

Die vom Ganzen des Seins getrennte, individuelle Seele kann das erstrebte Seinsganze nur dadurch besitzen, daß sie es vor ihr Bewußtsein bringt. Das Bewußtsein der Seele ist aber durch Diskursivität gekennzeichnet: es unterscheidet sich selbst als das wissende Ich von seinen gewußten Inhalten und begreift die Inhalte seines Wissens dadurch, daß es auch sie voneinander unterscheidet und sie nacheinander einzeln durchläuft (III 8, 6, 17–26). Die Seele will also das Ganze des Seins besitzen, indem sie es vor ihr reflektierendes Bewußtsein bringt; dazu löst sie die Ideen aus ihrer All-Einheit im Geist heraus, begreift jede Idee als von den anderen getrennte, einzelne und durchläuft alle einzelnen Ideen in einem geordneten Nacheinander (III 7, 11, 35–45; vgl. dazu Beierwaltes 1967, 263 ff). Dieses Durchlaufen der vereinzelten Ideen in der Folge einer Sukzession ist als Begreifen der Ideen ein Denken, aber ein *diskursives* Denken (*dianoia*, III 7, 11, 38), das seine Inhalte trennt; und in diesem dianoetischen Durchgang durch die vereinzelten Ideen *verzeitlicht* die Seele sich selbst (*heautên echronôsen*, III 7, 11, 30) und konstituiert so Zeit: «Denn wir behaupten, daß die Zeit ihre Existenz nur aufgrund der Tätigkeit der Seele und aus dieser hat.» (IV 4, 15, 2–4)

Die Zeit, die im Durchgang der Seele durch die von ihr getrennten Ideen als die Vollzugsform dieses Durchgangs entsteht, ist durch den Unterschied von Früher (*proteron*) und Später (*hysteron*) gekennzeichnet; die Seele unterscheidet das, was ihr jetzt gegenwärtig ist, von anderem, das ihr früher gegenwärtig war (III 7, 11, 12 ff; IV 4, 16, 1 ff). Sie weiß also sowohl das Gegenwärtige als auch das Vergangene. Die Unterscheidung zwischen einem früheren und einem späteren Jetzt, die sie nacheinander durchläuft, ist selber überhaupt nur dadurch möglich, daß die Seele das Frühere und das Spätere, das Gewesene und das Gegenwärtige zu einem Ganzen zusammenhält, und nur durch dieses Zusammenhalten existiert Zeit überhaupt als das Ganze der verschiedenen Zeitmomente (III 7, 13, 49 ff). Das Bewußtsein der Seele umfaßt also trotz seiner Diskursivität das Ganze der Zeit und zerfällt nicht in ein unverbundenes Nacheinander. Das Leben der Seele ist kein punktuelles Erleben isolierter Augenblicke. Die Seele konstituiert die Zeit, indem sie das Nacheinander der Zeitmomente in sich selbst umfaßt, und zwar so, daß sie das Vergangene und das Gegenwärtige zu einem *gegenwärtigen* Ganzen zusammenhält: «In den Erzeugnissen der Seele ist das Frühere und das Vergangene, in der Seele selbst aber ist nichts vergangen, sondern alle Formbestimmtheiten (*logoi*) sind in ihr gleichzeitig da.» (IV 4, 16, 4–6; vgl. ebd. 12, 18–28) Darum ist nicht die Seele in der Zeit, sondern die Zeit in der Seele (IV 4, 15, 12 ff).

Erst durch das Zusammenhalten von Vergangenheit und Gegenwart ist Zeit überhaupt ein Ganzes von der Struktur des Lebens, das sich in seiner Entfaltung nicht verliert, sondern bewahrt. Diese Ganzheit der Zeit bringt die Seele aber nur dadurch zustande, daß sie mit der All-Einheit des Geistes immer verbunden bleibt (vgl. z.B. IV 8, 8, 3 ff). Zwar denkt die Seele diskursiv und entfaltet dadurch die Einheit des Seins ins Nacheinander der Zeit, aber dieses Entfaltungsgeschehen ist selber nur möglich, wenn die Seele in ihrem Denken mit dem Geist verbunden bleibt; so ist der Geist als Grund der Seele in ihrem Denken gegenwärtig (dazu unten S. 132 ff). Die denkende Seele ist dergestalt immer zugleich über die Zeit hinaus. Durch ihren Grund ist sie mit dem Ganzen des Seins identisch; ihr diskursives Auseinanderlegen und Durchlaufen der Ideen speist sich aus der intellektuellen Anschauung des Geistes, ohne welche die Dianoia keine Inhalte hätte, die sie auseinanderlegen und durchlaufen könnte.

Nun besitzt aber die vereinzelte, individuelle Seele das von ihr entfaltete Ganze der Zeit nicht auf einmal, in simultaner Einheit, sondern sie durchläuft in ihrem bewußten Erleben alles Einzelne nacheinander und fügt es erst in der Erinnerung (*mnêmê*) zu einem Ganzen zusammen (IV 4, 17, 1 ff; vgl. IV 3, 27, 16 ff). Die Erinnerung ist also das einheitsstiftende Moment des Zeitbewußtseins; sie umspannt alles, was die Seele nacheinander durchläuft, und fügt es zu einem Ganzen. Diese einheitsstiftende Funktion der Erinnerung ist aber ihrerseits nur möglich durch eine ganz besondere strukturelle Eigentümlichkeit der Zeit, die Plotin entdeckt hat, nämlich durch deren *Zukunftsgerichtetheit* (vgl. Beierwaltes 1967, 65 ff). Das Zusammenfügen der durchlaufenen Zeitmomente zu einem Ganzen, das die Erinnerung vollbringt, setzt nämlich voraus, daß die Seele beim Durchlaufen ihrer Inhalte bei keinem Einzelinhalt stehen bleibt, sondern «immerfort Neues dazunimmt» (*aei prosktômenon*, III 7, 11, 57). Der Grund dafür ist ihr Streben nach der Ganzheit des ewigen Seins, das durch nichts teilhaft Einzelnes jemals Befriedigung finden kann. Darum bleibt die Seele im Durchlaufen der Welt bei keinem Einzelnen stehen, sondern nimmt immerfort Neues hinzu: «So nämlich kann das zeitliche Leben das vollendet Ganze und in sich Gesammelte und vollendet Unendliche nachahmen, wenn es, indem es immerfort Neues hinzuerwirbt, im Sein sein will; denn nur so kann es das Sein der Ewigkeit nachahmen.» (III 7, 11, 56–59) Genau das aber ist das Wesen der Zukunft: Die Zeit schreitet fort, weil die Seele immerfort Neues hinzuerwirbt, um das Ganze zu besitzen, das ihr dabei aber immer nur als noch Ausstehendes vorschwebt, weil jedes Einzelne, das ihr gegenwärtig wird, nur ein Teil und niemals das Ganze ist. In der Teilhaftigkeit der Zeitmomente ist das Ganze überhaupt nur dadurch gegenwärtig, daß es vorschwebt als das Künftig-Ganze. Genau darum geht das Zeit generierende Hinzunehmen von Neuem ins Unbegrenzte (*eis apeiron*) weiter (III 7, 11, 54). So ist die Zeit unendlich, aber nur in dem Sinne, in dem Hegel von «schlechter Unendlichkeit» spricht (*Enzyklopädie* §§ 93–94), weil sie niemals vollendet wird. Zeit ist somit «statt des Vollendet-Unendlichen und Ganzen: das Immer-im-Nacheinander-Unendliche, und statt des einigen Ganzen das teilweise und immer nur Künftig-Ganze.» (III 7, 11, 54–56) So ist Zeit das, was Erfüllung niemals erlangt, sondern immer nur vorhält, ein defizienter Modus des Lebens, das sich sucht, ohne sich je abschließend zu finden und das genau darum immer weiter geht.

«Infolge des Verfalls der Einheit des Lebens ins Teilhafte wird Ganzheit zum Zukunftsziel des Strebens im Bereich des Endlichen, und der Weg dahin ist die Zeit. Die Orientierung des Zeitverständnisses an der Ganzheit des Ewigen hat somit einen Primat der Zukunft für das Zeitverständnis zur Folge.» (Pannenberg 1988, 57) Die Zukunft ist so verstanden sogar das generierende Prinzip von Zeit, denn die Zeit entsteht ja dadurch, daß die Seele sich im Streben nach der Ganzheit des Seins ins Immer-Künftige hinein ausstreckt und ihr dadurch immer wieder Anderes gegenwärtig wird (III 7, 11, 17 ff. 35 ff). So tritt im Leben der Seele die Einheit des intelligiblen Seins, die Ewigkeit, auseinander in das einsinnig zukunftsgerichtete Nacheinander der Zeit (III 7, 11, 40 ff), dessen Phasen durch verschiedene, und zwar jeweils individuelle Inhalte ausgefüllt und unterschieden sind. Plotin definiert die Zeit in diesem Sinne als «das Leben der Seele in derjenigen Bewegung, die von einer Lebensphase (*bios*) in die andere übergeht.» (III 7, 11, 44)

Plotin bringt die Zeit also in den engsten Zusammenhang mit der Seele und der Struktur ihres bewußten Lebens. Die wesentlichen Charakteristika der Zeit, ihre Sukzessivität, ihre Kontinuität und ihre Zukunftsgerichtetheit begründet er in der diskursiven Struktur des bewußten Lebens der Seele, die sich selbst besitzen will, dies aber nur kann, indem sie sich sucht, nicht, indem sie sich immer schon hat wie der Geist. In diesem Sinne kann man von einer «Subjektivierung» der Zeit bei Plotin sprechen. Freilich unterscheidet sich Plotins Subjektivierung der Zeit von derjenigen, die dann Kant vollzieht, in einem ganz entscheidenden Punkt. Die Zeit ist für Plotin nicht nur wie für Kant die Form unserer subjektiven Anschauung, sondern zugleich die objektive ontologische Struktur der Welt des Werdens. Das ist für Plotin kein Widerspruch, weil er die gesamte erscheinende Welt aus der Selbstentfaltung der Seele erst hervorgehen läßt. Die «Subjektivität» der Zeit widerspricht damit ihrer «Objektivität» nicht, sondern begründet diese gerade: als Form des Lebens der Seele ist die Zeit notwendig auch Form der von der Seele hervorgebrachten Welt des erscheinenden Einzelnen. Plotin nimmt ferner eine entscheidende Einsicht Heideggers vorweg: den Zusammenhang zwischen der Zukunftsgerichtetheit der Zeit und dem Ganzheitsstreben des bewußten Lebens hat Plotin entdeckt. Aus dieser Entdeckung folgert Plotin aber nicht wie Heidegger die Auslegung des Seins selber als Zeit. Ganz im Gegenteil macht Plotin diese Entdeckung gerade aufgrund seiner Orientierung an der Ewigkeit als der zeitfreien Ganzheit des Seins.

3. Weltschöpfung und Naturverständnis

a) Seele als Weltschöpfer

Die sinnlich erscheinende Welt und ihre Inhalte besitzen für Plotin keine von der Seele unabhängige Realität, sondern sind das Produkt der Seele: «So bedenke also zuerst jede Seele dies, daß sie selbst es ist, die alle Lebewesen geschaffen hat und ihnen Leben einhauchte, welche die Erde und das Meer nährt, die in der Luft sind und die göttlichen Gestirne am Himmel, daß sie die Sonne und sie unseren gewaltigen Kosmos geschaffen hat, daß sie ihn formte und in bestimmter Ordnung kreisen läßt; und daß sie das alles tut als eine Wesenheit, die verschieden ist von den Dingen, die sie formt, die sie bewegt und lebendig macht: daß sie notwendig wertvoller ist als diese, denn sie werden oder vergehen, je wie die Seele sie verläßt oder ihnen das Leben spendet, sie selbst aber ist immer, weil sie sich selbst nicht verläßt.» (V 1, 2, 1–9; der Schluß zitiert Platon, *Phaidr.* 245 C 9) Plotin behauptet also nicht nur, daß die Seele die Lebendigkeit aller lebenden Wesen verursacht. Er behauptet vielmehr ausdrücklich, 1. daß die Seele die gesamte sinnlich erscheinende Welt samt allen ihren Inhalten erschaffen habe (*epoiêse*, V 1, 2, 2), und 2. er schreibt diese weltsetzende Kreativität ausdrücklich *jeder* Seele (*pasa psychê*, V 1, 2, 1) zu.

1. «Seele» ist für Plotin das Prinzip, das wir als denkende und bewußte Wesen in uns selbst als das Subjekt unserer Lebendigkeit, unseres Denkens und Bewußtseins antreffen, also unser eigentliches Selbst (IV 7, 1). Wie jedes vernunftbegabte Lebewesen eine geistige Seele als Prinzip seines Lebens und seiner Vernünftigkeit besitzt, so hat für Plotin auch die Welt als Gesamtheit aller Erscheinungen eine eigene Seele als Prinzip ihrer Vernünftigkeit, die sich in der gesetzmäßigen Ordnung des gesamten Ablaufs der Natur, vorzüglich in der berechenbaren, zahlenhaft bestimmten Bewegung der Himmelskörper zeigt. Kraft der Weltseele ist die Welt ein Lebewesen, ein Gesamtorganismus, der alle einzelnen Wesen in sich umfaßt. Allerdings umfaßt die Welt die Einzelwesen nicht so, wie ein einzelner Organismus seine Glieder umfaßt, nämlich als unselbständige Teile, die aus seiner Selbstentfaltung erst entstehen, sondern eher so, wie eine politische Gemeinschaft als künstlicher Gesamtorganismus ihre Bürger zu einem Ganzen verbindet, das die Selbständigkeit seiner Glieder in sich bewahrt. Die relative Selbständigkeit der Einzelwesen besteht dabei nicht darin, daß sie unabhängig vom Weltganzen existieren könnten, was nicht der Fall ist, sondern darin, daß sie eigene, individuelle Seelen besitzen, die von der Weltseele verschieden sind und die ein Bewußtsein ihrer durchgängigen Einheit und Identität mit sich selbst haben. Im Weltganzen wie im Einzelwesen ist also die Seele das Prinzip, das die Vielheit seiner Glieder zur Einheit eines lebenden Organismus ver-

bindet. Als Einheitsprinzip besitzt die Seele gegenüber dem von ihr geeinten, strukturierten und belebten Organismus nicht nur selbständige Existenz, sondern auch eine höhere Seinsweise: der Organismus entsteht erst durch die Anwesenheit der Seele, und er vergeht, wenn sie ihn verläßt, während die Seele selbst als Lebensprinzip in sich bleibt und darum unsterblich und ewig lebendig ist (IV 7, 9–12).

Seit Platon die Lehre von der Weltseele in den Dialogen *Phaidros* (245 C ff), *Timaios* (29 E ff, 34 B ff) und den *Gesetzen* (891 B ff) begründet hatte, haben alle Platoniker an ihr festgehalten (vgl. Dörrie-Baltes VI.1). Platon hatte die Entstehung der Welt des Werdens in der mythischen Erzählung des *Timaios* so geschildert, daß ein göttlicher Schöpfer (*dêmiourgos*) den sichtbaren Kosmos dadurch erschafft, daß er die form- und strukturlose Materie, das «Worin», die «Amme» und «Mutter» allen Werdens, nach dem Vorbild der ewigen Ideen ordnet und formt; die innere Ausformung der werdenden und vergehenden Dinge nach ideenhaften Strukturen war für Platon Aufgabe der Weltseele (*psychê tou pantos*) und der ihr strukturgleichen Einzelseelen.

Platons Lehre von der Weltschöpfung führte im antiken Platonismus zu zahlreichen Diskussionen und teilweise polemisch ausgetragenen Kontroversen. Kontrovers waren vor allem drei Fragen: 1. Ist die Erschaffung der Welt wörtlich und also auch im Sinn eines zeitlichen Weltanfangs zu verstehen oder geht es Platon nur um eine didaktisch geschickte Darlegung prinzipieller, also unzeitlicher Begründungsverhältnisse (vgl. Dörrie-Baltes V Nr. 136–145; dazu Baltes 1976/1978)? 2. Ist der Schöpfergott, der Demiurg, den Platon ausdrücklich «das Vollkommenste unter dem Intelligiblen und Immerseienden» nennt (37 A), ein von den Ideen verschiedenes, eigenes Prinzip oder ist er mit dem Ideenkosmos, der von Platon als Geist und Inbegriff aller Vollkommenheit charakterisiert wird (30 C ff, 47 E ff), identisch und erscheint nur aus Darstellungsgründen als handelndes und redendes eigenes Wesen (vgl. Dörrie-Baltes IV Nr. 113; V Nr. 128, 131; dazu Halfwassen 2000)? 3. Ist die Materie (*hylê*) ein eigenes, von den Ideen und dem göttlichen Weltschöpfer unabhängiges und nicht weiter ableitbares Prinzip oder ist sie ihrerseits von dem absoluten Einen als dem Urgrund von Allem abhängig, sei es unmittelbar, sei es vermittelt durch die intelligiblen Seinsstufen (vgl. Dörrie-Baltes IV Nr. 119, 122–124)?

Plotins Antworten auf die ersten beiden Fragen stimmen mit den Ansichten der meisten Platoniker vor ihm überein, während seine Antwort auf die dritte Frage ganz neu und höchst originell ist. 1. Wie die meisten Platoniker seit Speusipp und Xenokrates versteht Plotin die Weltschöpfung nicht wörtlich als einmaligen Akt, sondern als Ausdruck zeitloser, immer bestehender Begründungsverhältnisse, nämlich der ewigen Begründung des Werdens durch das ewige Sein (vgl. z. B. IV 8, 4, 38 ff). 2. Wie Xenokrates und in seinem Gefolge die meisten Mittelplatoniker identifiziert Plotin den Demiurgen mit dem Ideenkosmos (vgl. z. B. V 1, 8, 4 ff). 3. Die Materie ist für Plotin anders als für die meisten früheren Platoniker nicht nur von dem überseienden absoluten Einen abhängig, was vor Plotin bereits Eudoros von Alexandria und Moderatos von Gades gelehrt hatten (Simplikios, *In Arist. Phys.* 181, 7 ff; 230, 34 ff; Dörrie-Baltes IV Nr. 122), sondern Plotin lehrt als erster überhaupt, daß die *Seele* auch die Materie erst hervorbringt (III 4, 1, 5–16; III 9, 3, 7–14; vgl. O'Brien 1971). Plotin deutet also die Weltschöpfung als die zeitlose Hervorbringung der gesamten erscheinenden Welt und der ihr zugrundeliegenden Materie durch die Seele.

2. Das kreative Setzen der Welt ist für Plotin keine Eigentümlichkeit ausschließlich der Weltseele, sondern ein konstitutives Merkmal jeder Seele, insofern sie Seele ist. Plotin betont, in bezug auf ihre weltsetzende Kreativität sei unsere Seele «von der gleichen Art» (*homoeidês*, V 1, 2, 44) wie die Weltseele. Er lehrt also offenbar eine «Simultankausalität» der Weltseele und unserer je eigenen, individuellen Seele in bezug auf die Erschaffung der Welt: die Welt ist zugleich durch die Weltseele und durch unsere individuelle Seele konstituiert. Wie ist das gemeint?

Vor Plotin finden wir nur eine einzige vergleichbare Position: Numenios hielt wie Plotin die Weltseele für das eigentlich welterschaffende Prinzip, da er den «ersten Geist» (*prôtos nous*) und «ersten Gott» (*prôtos theos*) als völlig welttranszendent ansah (Fr. 12, 15, 16 des Places). Die den Kosmos formende und organisierende Weltseele spaltet sich aber durch ihre Weltzuwendung gewissermaßen in die Einzelseelen: die Materie, die Numenios mit der «unbestimmten Zweiheit», dem Vielheitsprinzip Platons, gleichsetzt (Fr. 52 des Places), bewirkt durch die von ihr ausgehende «Entzweiung» die Spaltung der einen Weltseele, des «zweiten Gottes» (*deuteros theos*), in die Vielheit der individuellen Geistseelen, die vom

Demiurgen in seiner Weltzuwendung «ausstrahlen», um die einzelnen Körper zu bilden und zu beleben. Diese Vielheit der individuellen Geistseelen besteht aber nur als «Ausstrahlungen» (*akrobolismoi*) der demiurgischen Weltseele, die durch die Materie gespalten wird; wendet sie sich ihrem Ursprung, dem «ersten Gott» zu, so gewinnt der Demiurg durch Abwendung von der spaltenden Materie seine Einheit wieder, in der die Vielheit der Einzelseelen offenbar verschwindet (Fr. 11 und 12 des Places; dazu Alt 1993, 130ff). Numenios nimmt also in gewisser Weise ebenfalls eine «Simultankausalität» der Weltseele und der Einzelseelen bei der Erschaffung der Welt an. Aber er sieht die Materie anders als Plotin als ein vom Geist und von der Seele unabhängiges, unableitbares und dem Geist gleichursprüngliches Prinzip an, und er denkt die Einzelseelen als «Ausstrahlungen», also als Konkretionen der einen Weltseele, die durch die Materie geteilt und damit individualisiert wird, eine Vorstellung, die Plotin ausdrücklich ablehnt (IV 3, 2). Für Plotin sind die individuellen Geistseelen weder Teile noch Momente noch Arten der Weltseele, sondern Weltseele und Einzelseelen sind gleichursprüngliche, «verschwisterste» Konkretionen der Seele, deren Individualität durch die Einheit der Einzelseelen mit der Weltseele nicht aufgehoben wird (vgl. IV 3, 1–8; dazu Helleman-Elgersma 1980). Prinzip der Individuation ist für Plotin nicht die Materie, sondern die Seele, deren Individualität als Selbstdifferenzierung des Geistes ursprünglich und unaufhebbar ist und darum sogar bei ihrer Rückkehr zum Geist bewahrt bleibt (IV 3, 5).

Wie kann Plotin der individuellen Seele dann aber weltsetzende Kreativität zuschreiben? Wird dadurch die Annahme einer Weltseele als Organisationsprinzip des Weltganzen nicht überflüssig? Und verfällt nicht in einen einseitigen Subjektivismus oder gar Solipsismus, für den jedes bewußte Subjekt seine eigene, individuelle Welt produziert, wer wie Plotin *jeder* Seele Welterschaffung zuschreibt? Den Solipsismus vermeidet Plotin dadurch, daß er die Einheit aller Einzelseelen unbeschadet ihrer individuellen Verschiedenheit lehrt (IV 9). Verschieden sind die Seelen durch ihren je individuellen Lebensverlauf, also gewissermaßen durch die Unterschiedlichkeit ihrer Biographien (IV 3, 6. 8. 15); gleichwohl besitzen alle Seelen dieselbe ontologische Struktur als Selbstentfaltung des Geistes in die Vielheit, und da sie als geistige Wesenheiten weder durch Zeit noch durch Raum getrennt werden können, sind sie alle in einer Einheit vereint. Kraft dieser Einheit ist unsere je eigene Seele mit dem «Totalsubjekt» Seele identisch und vollzieht dessen Setzung und Formung der Welt mit; insofern besitzt sie weltsetzende Kreativität (vgl. Jonas 1962, 309). Die Einheit aller Seelen ist zugleich der Grund für die Einheit und intersubjektive Gemeinsamkeit der Welt, in der wir alle als bewußte Wesen leben: Zwar ist diese Welt keine bewußtseinsunabhängige «Außenwelt», von der wir nicht mehr einsehen könnten, wieso sie «unsere» Welt ist, die *wir* erleben, sondern sie ist durch unser erlebendes Bewußtsein gesetzt. Diese von unserem Bewußtsein gesetzte Welt aber ist nicht für jede bewußte Seele eine andere, sondern aufgrund ihrer strukturellen Einheit setzen alle Seelen eine gemeinsame Welt, die über ein eigenes Bewußtsein in Form der Weltseele verfügt. Aufgrund der strukturellen Einheit aller Einzelseelen erlebt z. B. jede Seele die Zeit als zukunftsgerichtet und den Raum als dreidimensional. Plotin kann so gleichermaßen der konstitutiven Funktion unserer Subjektivität für unser bewußtes Erleben von Welt Rechnung tragen wie der intersubjektiven Gemeinsamkeit der von uns erlebten und erfaßten Weltstruktur, die uns überhaupt berechtigt, von Welt im Singular zu sprechen. Plotins Theorie der «Einheit aller Einzelseelen» erfüllt damit dieselbe Funktion, die in den idealistischen Bewußtseinstheorien von Fichte oder Schelling der «transzendentalen Subjektivität» zukommt: sie meint die einheitliche und allen bewußten Wesen gemeinsame Struktur, die dem Vollzug jedes konkreten Bewußtseins zugrunde liegt.

b) Natur als Betrachtung

Wie konzipiert Plotin die Erschaffung der Welt durch die Seele im einzelnen? Das technomorphe Modell der Formung einer vorgegebenen, strukturlosen Materie durch einen als Welthandwerker agierenden Schöpfer, das sich in Platons *Timaios*, aber ebenso in biblischen, gnostischen und zahlreichen anderen Weltschöpfungslehren findet (vgl. Schwabl 1962), wird von Plotin stillschweigend verabschiedet. Wie Aristoteles versteht er Natur (*physis*) als Selbstorganisation, interpretiert diese Selbstorganisation aber gerade als Ausdruck der Kreativität der die Natur setzenden Seele. Die Produktivität der Natur, durch die sie die verschiedenen Gestalten des Organischen und Anorganischen in bunter Vielfalt hervorbringt, interpretiert Plotin als eine Form von Anschauung oder Betrachtung (*theôria*), also einer Tätigkeit, die auf die Selbsterfassung des Denkens in der Anschauung seiner Inhalte abzielt (vgl. III 8, 1–8).

Plotin behauptet, daß «die Natur, die man für vorstellungs- und vernunftlos hält, Betrachtung in sich hat und das, was sie schafft, wegen der Betrachtung schafft, die sie in gewisser Weise hat.» (III 8, 1, 22–24) Die Produktivität der Natur ist dabei zunächst insofern Betrachtung, als sie ein Hervorbringen von Gestalten und Formen ist, also von Gegenständen der sinnlichen Anschauung: «Hervorbringen (*poiein*) bedeutet, Form (*eidos*) ins Dasein rufen, und das heißt, alles erfüllen mit Betrachtung.» (III 8, 7, 21 f) Die erzeugte Natur, wie sie sinnlich erscheint, ist also Betrachtung als Anschauungsgehalt, als Betrachtetes (*theôrêma*). Aber nicht nur die erscheinende Natur (die natura naturata) ist Betrachtung, sondern ebenso und sogar in höherem Maße die sie erzeugende Natur (die natura naturans), die alle Erscheinungen hervorbringt. Denn Anschauungsgehalte bringt sie deswegen hervor, weil sie in sich selbst Logos, also Struktur oder Form ist, und zwar die Kraft zu rationaler, vernünftig erkennbarer Formung ihrer Produkte (III 8, 2). Plotin knüpft damit an die stoische Lehre von den «logoi spermatikoi» an, den logoshaften Formkräften, die als Teile des einen Weltlogos alle Einzeldinge immanent strukturieren und ihre Entwicklung vom Entstehen bis zum Vergehen bestimmen; sie sind darin dem genetischen Code vergleichbar, der den Bauplan eines Organismus enthält und dessen Entwicklung steuert. Während aber für die Stoiker diese Formkräfte selbst materiell waren, konzipiert Plotin sie als immaterielle gedankliche Formen, welche die an sich strukturlose Materie strukturieren (IV 4, 39), und denkt die Natur als die Gesamtheit dieser Formkräfte und damit selber als logoshaft und immateriell (III 8, 2, 22 ff). Wie ein genetischer Code «lesbar» sein muß, und zwar für den betreffenden Organismus selbst, dessen gesamte Entwicklung durch den Code festgelegt wird, so daß sie als ein «Ablesen» dieses Codes interpretiert werden kann, so deutet Plotin die logoshafte Formkraft der Natur als Betrachtung nicht nur in dem Sinne, daß sie für den vernünftigen Betrachter erkennbar ist, sondern als eine sich an sich selbst vollziehende Betrachtung, deren Vollzug die gesamte Naturentwicklung realisiert (III 8, 3).

Aristoteles hatte, Ansätze Platons aufgreifend und weiterführend, zwischen Produktion (*poiêsis*), Handlung (*praxis*) und Betrachtung (*theôria*) als den drei Grundtypen aller Tätigkeit unterschieden, wobei die Praxis in einem weiteren Sinne die handwerkliche Produktion einschließt. Deutet man die Naturproduktion nach dem Modell handwerklicher Herstellung, so wäre sie im weiten Sinne Praxis. Lehnt man dieses technomorphe Verständnis der Natur wie Plotin und Aristoteles selber ab, so bleibt nur, ihre Produktivität als Theorie zu interpretieren (III 8, 3, 1–6). Dabei unterscheidet Plotin zwischen Theorie im subjektiven und im objektiven Sinne. Theorie im objektiven Sinne, Gegenstand des Betrachtens, ist die Natur, weil sie Anschauungsgehalte produziert. Sie ist für Plotin aber ebenso Theorie im subjektiven Sinne, also Vollzug von Betrachtung, aber freilich nicht im Sinne eines selbstbewußten, reflexiven Vollzugs (III 8, 3, 7–14). Ausdrücklich bewußt wird uns eine Tätigkeit ja erst dadurch, daß wir sie nicht einfach vollziehen, sondern dabei zugleich ihren Vollzug eigens reflexiv thematisieren (vgl. IV 4, 1; I 4, 10). Reflexives Bewußtsein, das durch die nachträgliche oder gleichzeitige reflexive Thematisierung einer Tätigkeit zustande kommt, ist für Plotin Ausdruck eines Mangels: das tätige Subjekt besitzt sich selbst in seiner Tätigkeit nicht unmittelbar und muß diese darum eigens thematisieren, um sich selbst gegenwärtig zu sein und sich seine Tätigkeit als seine eigene zuzueignen (vgl. III 8, 6, 21 ff). Reflexives Bewußtsein ist insofern ein Suchen nach sich und damit eine Form der Selbstvermittlung, die der diskursiven Struktur der Seele entspricht. Anders als die diskursiv denkende Seele ist die Natur aber kein *Suchen* nach sich, sondern ein präreflexives *Haben* der Betrachtung, die kraft dieses Habens äußere Anschauungsgehalte produziert (III 8, 3, 15–23). Die Natur produziert anschaubare Gestalten, weil sie in sich selbst Vollzug von Anschauung ist. Plotin verdeutlicht das durch einen Vergleich: Mathematiker zeichnen, während sie ihre wissenschaftliche Theorie vollziehen (Plotin denkt dabei konkret an die Geometrie, die in der Antike am höchsten entwickelte mathematische Disziplin). Was der Mathematiker dabei erfaßt, sind aber nicht die Zeichnungen im Sand, sondern reine Verhältnisse von Zahlen und Größen, also reine Logoi; die in den Sand gezeichneten Linien und Figuren sind wie ein «Niederschlag» (*ekpiptousai*), eine äußere Verdinglichung der geistig angeschauten reinen Zahlenverhältnisse, deren Betrachtung der eigentliche Inhalt und Zweck der Tätigkeit des Mathematikers ist. Im Sinne dieses Vergleichs interpretiert Plotin die sinnlich erscheinenden Naturgestalten als äußere Verdinglichungen der reinen Strukturbestimmungen (*logoi*), deren anschauender Vollzug die produzierende Natur ist (III 8, 4, 1–14).

Daraus ergeben sich weitreichende Folgerungen: 1. Die Produktivität der Natur gründet in einer Selbstbeziehung, die sich durch die entstehenden Naturdinge zu sich selbst vermittelt; 2. aufgrund ihrer Selbstbeziehung ist die Natur eine Form der Seele, und zwar deren unterste Stufe. Als Vollzug von Anschauung ist die Natur nicht einfach bewußtlos, sondern Plotin schreibt ihr ein «Quasi-Bewußtsein» (*hoion synaisthêsis*) und Innesein ihrer selbst (*synesis*) zu (III 8, 4, 19; dazu Schwyzer 1960, 371 ff); dieses Quasi-Bewußtsein der Natur besteht in der Anschauung der sie erfüllenden Formkräfte, wodurch die angeschauten Bilder zugleich dinglich und äußerlich erscheinen. Dabei handelt es sich aber nicht um eine bewußte Tätigkeit, sondern um einen nur halb- oder vorbewußten Zustand, in dem der Anschauende sich selbst, das Angeschaute und das aufgrund der Anschauung Produzierte nicht unterscheidet. Als Beispiel für eine solche produktive Anschauung, die sich vorbewußt, aber dennoch nicht völlig bewußtlos vollzieht, verweist Plotin auf den Bewußtseinszustand von Träumenden, die im Anschauen Bilder produzieren (III 8, 4, 15–28). Die Produktion der Traumbilder ist eine wirkliche Selbstbeziehung des Träumenden, der die Inhalte seiner Seele, also sich selbst träumend verbildlicht und darin eine, wenn auch äußerst defiziente Form von Selbstgegenwart hat. Nun ist die halbbewußte Bilderproduktion im Traum nicht nur eine defiziente, sondern auch eine abgeleitete Weise, in der das Bewußtsein seine Inhalte hat, weil sie stets das wirkliche Erleben von Inhalten voraussetzt, die dann träumend verbildlicht und dabei neu konfiguriert werden. Entsprechend ist für Plotin auch das vorbewußte Sichhaben der Natur von höheren Stufen selbstbewußten und geistigen Beisichseins abkünftig. Die Natur verbildlicht sich selbst in äußerlich erscheinenden Naturgestalten, weil sie sich selbst als logoshafte Formkraft anders nicht haben kann; ihre Produktivität ist also eine Form der Selbstvermittlung. Darin liegt aber zugleich ihr Mangel: sie ist kein reines Anschauen gedanklicher Formbestimmtheiten (*logoi*), sondern schaut diese nur an, indem sie sie in materiellen Produkten verbildlicht (III 8, 4, 28 ff; 7, 12 ff).

Die erfüllte Anschauung der immateriellen, gedanklichen Formbestimmtheiten, aus der sich die vorbewußt Bilder materialisierende Anschauung der Natur speist, ist das diskursive Bewußtsein der Seele (III 8, 5). Die geistige Seele entfaltet im diskursiven Denken die Ideen zu voneinander verschiedenen Einzelbestimmtheiten, die jeweils das Strukturganze einer Sache oder eines Sachverhalts sind (vgl. I 1, 8, 6–8; I 2, 3, 24–30). Diese individualisierten Ideen erfaßt sie diskursiv denkend, ohne sie dabei zu verbildlichen. Erst die nächste Stufe der Seele, die Einbildungskraft (*phantasia*) schematisiert die von der Dianoia individualisierten Ideen zu konkreten, aber immer noch immateriellen Bildern der inneren Anschauung (IV 3, 30). Diese von der Einbildungskraft produzierten, innerlich angeschauten Bilder materialisiert dann die unterste Stufe der Seele, die vegetative (*phytikon*), zu äußeren Gegenständen, welche die Wahrnehmung (*aisthêsis*) sinnlich anschauen kann (vgl. I 1, 8, 18–23); und genau diese Materialisierung der inneren Bilder zu sinnlich erscheinenden Gestalten ist die Tätigkeit der Natur, die Plotin darum mit der untersten Seelenstufe identifiziert (z. B. IV 4, 13–14; III 4, 1). Die Logoi, die Formkräfte und Strukturprinzipien aller einzelnen Dinge, sind die von der Seele individualisierten Ideen, welche die Dianoia diskursiv denkt, während sie durch die Einbildungskraft zu Einzelbildern konkretisiert und von der Vegetativseele bzw. der Natur zu äußeren Dingen materialisiert werden. Durch die sinnliche Wahrnehmung und durch die Überführung der Wahrnehmungsinhalte ins Gedächtnis, was wiederum durch die Einbildungskraft erfolgt, werden die Naturgestalten wieder zu reinen Bildern und reinen Formen entmaterialisiert und kehren so in die Innerlichkeit der Seele zurück, aus der sie hervorgegangen sind (IV 4, 23; IV 3, 26. 29).

Sowohl die Tätigkeit der Einbildungskraft als auch die der Natur ist produktive Anschauung, weil sie anschauend Bilder hervorbringt, die Einbildungskraft innere, die Natur äußere und materielle. Die Anschauung der Natur vollzieht sich dabei vorbewußt, weil aktuelles Bewußtsein nicht schon durch den Vollzug der Anschauung als solcher entsteht, sondern erst durch dessen reflexive Thematisierung; dazu muß der Anschauende seine Tätigkeit und deren Inhalte von sich selbst trennen und so von sich verschieden werden, was die Eigentümlichkeit der Dianoia ist, aber nicht die der Natur. Der Ort des aktuellen, weil reflexiv aktualisierten Bewußtseins ist darum die diskursive Geistseele. Weil sie ihre Inhalte von sich selbst trennt, muß sie sie einzeln durchlaufen und sich dabei bewußt aneignen, um sich so reflexiv selbst gegenwärtig zu werden (III 8, 6, 17–26). In ihrer aktuellen Bewußtheit besteht der Vorzug der geistigen Seele vor der Natur, die sich ihrer Gehalte entäußern und sie zu äußeren Bildern vergegenständlichen muß, weil sie ihrer anders nicht habhaft werden kann, während die Seele ihre Inhalte denkend in sich selbst erfaßt und sie darum nicht veräußern muß. Gleichwohl ist die bewußte Selbstaneignung (*oikeiôsis*) der Seele durch das diskursive Hervorbringen der immateriellen Logoi ebenso Selbstvermittlung wie die vorbewußte Produktivität der Natur: die Seele erfaßt sich wie die Natur selbst, indem sie produziert und dadurch ihren eigenen Gehalt für sich darstellt (III 8, 6, 29; vgl. Krämer 1964, 429 f), und sie ist darin Grund und Vorbild der Naturproduktion. Zugleich liegt in der Notwendigkeit, sich selbst und seine Inhalte zu trennen und die eigenen Inhalte diskursiv erst anzueignen, der Mangel der Seele gegenüber der einheitlichen Selbstanschauung des Geistes, der in sich selbst immer schon Alles hat, ohne sich erst reflexiv suchen und aneignen zu müssen (III 8, 6, 26–40). So sind die reflexive Selbstaneignung der Seele wie die präreflexive Selbstdarstellung der Natur in ihren Produkten nur defiziente Vorformen der absoluten Selbstvermittlung des Geistes, die deren vollkommene Einheit entzweien und dadurch zugleich über sich hinausweisen auf den Geist als ihren Ursprung und ihr Ziel.

Indem er die Tätigkeiten nicht nur der diskursiv denkenden Seele, sondern auch der Einbildungskraft, der Wahrnehmung und der Natur als Theôria auslegt, die sich durch ihre Inhalte zu sich selbst vermittelt, was der Struktur der absoluten Selbstanschauung des Geistes entspricht, kann Plotin nun die Selbstbeziehung des Denkens zum konstitutiven Merkmal *aller* Stufen der Wirklichkeit erklären, die im Geist urbildhaft erfüllt, auf abgeleiteter Stufe aber auch in der Seele und der Natur wirksam ist: «Denkvollzüge (*noêseis*) sind nämlich auch alle anderen Formen des Lebens; aber das eine ist ein vegetatives (naturhaftes) Denken, das zweite ein wahrnehmendes, das dritte ein seelisches Denken. Wieso sind sie nun Denken? Weil sie Formbestimmtheiten (*logoi*) sind.» (III 8, 8, 14–16) Denn Logos ist als Auseinanderlegen von Ideen niemals nur der auseinandergelegte Inhalt, sondern immer zugleich der selbsttätige, also lebendige Vollzug des Auseinanderlegens, und dieser ist Denken, das sich durch seine Inhalte zu sich selbst vermittelt. Und «so ist alles Leben in bestimmter Weise Denken» (*pasa zôê noêsis tis*, III 8, 8, 17). Damit begreift Plotin Natur und Seele als Erscheinungsformen des Geistes, der als ihr Grund und Ursprung im eigentlichen Sinne ihr Schöpfer ist (III 8, 7). Durch diesen spekulativen Gedanken aber löst er zugleich Platons Lehre von der Erschaffung der erscheinenden Welt durch den Geist und nach dem Vorbild des Geistes ein, so sehr er die technomorphe Vorstellung von einem Herstellen der Natur auch entmythologisiert.

c) Materie

Plotin hält in seiner Lehre von der Begründung der Welt durch den Geist an Platons Einsicht fest, daß die sinnlich erscheinende Welt, auch wenn sie ihre Struktur ausschließlich dem Geist verdankt, gleichwohl nicht aus dem Geist allein zu verstehen ist, sondern daß gerade ihre seinsmäßige Unvollkommenheit, die sich vor allem in der Veränderlichkeit und Vergänglichkeit aller Erscheinungen zeigt, einen eigenen Grund für die ontologische Mangelhaftigkeit der werdenden und vergehenden Erscheinungen voraussetzt, eine «causa deficiens» (wie Augustinus sie später nannte), die dem Geist in seiner absoluten Vollkommenheit entgegengesetzt ist. Denn anders wäre nicht zu begreifen, daß die Welt des Werdens als Schöpfung des Geistes an dessen Vollkommenheit zwar teilhat, dies aber nur auf höchst unvollkommene Weise, so daß sie nur ein getrübtes und abgeschwächtes Bild der Ideenwelt ist. Platon hatte diesen Grund des Seinsmangels aller Erscheinungen im *Timaios* «die Unterlage (*hypodochê*) und Amme (*tithênê*) allen Werdens» (49 A) genannt; er vergleicht sie mit einer «Prägemasse (*ekmageion*), die durch die in sie eintretenden Formen bewegt und gestaltet wird und durch diese Formen bald so und bald anders erscheint» (50 C) und bezeichnet sie als «das Worin (*to en hô*) des Werdens» (50 D) und als dessen «Mutter» (*mêtêr*, 50 D, 51 A), was in unserem Wort «Materie» anklingt. Aristoteles hatte für dieses Prinzip, das aller Struktur und Formbestimmtheit als an sich selbst formlose und strukturlose Grundlage zugrunde liegt, die einheitliche Bezeichnung «*hylê*» (wörtlich eigentlich Holz) eingeführt und auch Platons «Mutter des Werdens» so genannt (z. B. *Phys.* 209 b 11 ff), was schließlich zu der lateinischen Übersetzung als «materia» führte.

Die Materie, wie Platon (und in seinem Gefolge auch Aristoteles) sie konzipiert, ist also kein konkretes stoffliches Ding, sondern ein ontologisches Prinzip, das nur vom Denken als Grundlage aller stofflichen Körperlichkeit erschlossen werden kann, und zwar durch Abstraktion von aller konkreten Körperlichkeit und Stofflichkeit. Wir stoßen hier auf die philosophiehistorische Paradoxie, daß der Begriff der Materie einer idealistischen Philosophie entstammt. Die materialistischen Philosophien der meisten Vorsokratiker einschließlich der Atomisten kannten keinen allgemeinen Begriff von Materie, sondern nahmen nur konkrete materielle Urbausteine der körperlichen Welt an wie die Elementarkörper Feuer, Wasser, Erde und Luft; die Atomisten (Leukipp, Demokrit und später Epikur) hielten die Urbausteine aller Körper für unteilbar und stabil, also unvergänglich und unwandelbar. Einzig die Stoiker übernahmen zwar den Begriff der Materie, brachten es aber zu keiner in sich kohärenten Konzeption von ihr, weil sie die Materie selbst wieder als körperlich ansahen, und zwar identifizierten sie sie mit einem konkreten Körperbaustein, dem Feuerelement. Was Platon zu seiner Konzeption der Materie als eines ontologischen Prinzips allen Werdens geführt hatte, war dagegen gerade die Einsicht, daß nicht nur alle konkreten Körper, sondern ebenso ihre körperlichen Urbausteine instabil und wandelbar sind; auch die Elementarkörper verändern ihre Zustände und gehen sogar ineinander über, z. B. Wasser in Erde oder Luft in Feuer, so daß die einzelnen Elementarkörper keineswegs unteilbar und unwandelbar sind, wie die Atomisten meinten, sondern selber entstehen und vergehen (*Tim.* 49 B ff, vgl. 53 C ff, 56 C ff). Genau darum aber muß man ein letztes Substrat annehmen, worin sich die Entstehung der Körperbausteine und ihre Verwandlung ineinander vollziehen kann. Und weil dieses Substrat schlechthin alle Formbestimmungen, soweit sie sinnlich erscheinen, aufnehmen soll, ist es selbst «seinem Wesen nach außerhalb (*ektos*) aller Formbestimmtheit» (50 E, 51 A); so ist es unsichtbar (*anhoraton*), form- und strukturlos (*amorphon*) und allaufnehmend (*pandeches*). Gerade aufgrund ihrer vollständigen Struktur- und Formlosigkeit liegt die Materie *allen* körperlichen Erscheinungen und ihren Verwandlungen so zugrunde, daß sie dabei selber als solche in keiner Gestalt erscheint und sich auch nicht wandelt, sondern sich in ihrer Bestimmungslosigkeit gleichbleibt (50 BC).

Diese Konzeption der Materie führt zu drei Problemen, mit denen sich schon Platon auseinandergesetzt hatte und für die Plotin originelle Lösungen entwickelt. 1. Die Form- und Strukturlosigkeit der Materie führt zu der Frage, wie ein derart Bestimmungsloses überhaupt erkannt werden kann und welchen ontologischen Status es besitzt. 2. Da die Materie der Grund für die ontologische Instabilität und den Seinsmangel der Erscheinungen ist, liegt es nahe, sie mit dem Bösen oder Schlechten (*kakon*) in einem metaphysischen (nicht moralischen) Sinne zu identifizieren. 3. Im Rahmen einer Metaphysik des Einen ergibt sich zudem das schwierige Problem, wie die Notwendigkeit eines Prinzips des Seinsmangels mit der Allbegründung des Einen vereinbart werden kann.

1. Platon hatte die Materie ein «schwieriges und dunkles Wesen» (*chalepon kai amydron eidos*, 49 A) genannt. In ihrer Form- und Strukturlosigkeit «nimmt sie auf irgendeine höchst unerklärbare Weise (*aporôtata*) am Intelligiblen teil und ist äußerst schwer zu erfassen (*dysalôtotaton*).» (51 AB) Sie wird nicht wie die Erscheinungen sinnlich wahrgenommen; sie kann aber auch denkend nicht eigentlich erkannt werden, weil denkende Einsicht stets Ideen erkennt und darum etwas vollständig Form- und Strukturloses nicht erfassen kann. So kann sie nur «durch eine Art unechten Gedankengang» (*logismô tini nothô*, 52 B) erfaßt werden, d. h. durch ein Denken, das sich gegen sein eigenes Wesen, Sehen von Ideen zu sein, gleichsam querstellt, das die Ideen von sich absondert und, indem es die Unbestimmtheit als solche zu denken versucht, gar kein eigentliches Denken mehr ist.

Plotin spitzt gerade diesen Gedanken mit äußerster Radikalität zu. Sehr wahrscheinlich kannte er den Bericht des Platonschülers Hermodor, in dem Platons Materieprinzip «unbeständig und gestaltlos und unbegrenzt und nichtseiend im Sinne der Negation des Seins» genannt wird; ihm komme keinerlei Seinsbestimmtheit zu, «sondern nur eine Art Schweben in Unbestimmtheit», heißt es dort (*Test. Plat.* 31). Weil Sein wesentlich Bestimmtheit bedeutet, ist die Materie in ihrer Unbestimmtheit für Plotin das «wahrhaft Nichtseiende» (*ontôs mê on*, II 5, 5, 24; vgl. III 6, 7, 12 f), denn sie *ist* überhaupt nur in der Weise, daß sie «außerhalb des wahren Seins in dem Nichtsein ihr Sein hat» (*ekbebêkos tou alêthôs einai en tô mê einai echê to einai*, II 5, 5, 28 f); so ist sie «gleichsam eine Art Wesen des Nichtseienden» (*hoion eidos ti tou mê ontos*, I 8, 3, 4 f).

Die Unbestimmtheit (*ahoristia*) dieses Nichtseienden kann nur dadurch erfaßt werden, daß das Denken sich selbst in die Unbestimmtheit aufhebt und gleichsam ein «Undenken» (*anoia*, II 4, 10, 8; vgl. I 8, 9, 18) wird, das keine Einsicht ist, sondern eine durch die Aufhebung aller Bestimmtheit erzeugte bloße Vorstellung, und zwar eine unechte, weil das, was sie vorstellt, nicht *etwas* ist, sondern *nichts* (II 4, 10, 1–11). Weil die Materie «ein an sich selbst Unsichtbares ist, das sich dem, der es sehen will, entzieht und nur da ist, wenn man nicht sieht» (III 6, 7, 14 f), ist ihre Erfassung ein Produkt der Einbildungskraft (*phantasma*, II 4, 10, 9; III 6, 7, 13). Und wie vollzieht sich dieses Vorstellen des Unbestimmten? Die Einbildungskraft muß dazu ihre Intentionalität, der gemäß jede Vorstellung immer etwas Bestimmtes vorstellt, aufheben. Das geschieht aber nicht dadurch, daß sie gar nichts vorstellt, sondern vielmehr dadurch, daß sie die einander entgegengesetzten Bestimmungen immer zugleich vorstellt, und zwar an ein und demselben. Was so vorgestellt wird, das ist «klein ebenso wie groß, weniger ebenso wie mehr, Mangel ebenso wie Überfluß, ein Trugbild (*eidôlon*), das nicht standhält und doch auch nicht zu entrinnen vermag... sondern es entsteht gerade im Mangel an allem Sein.» (III 6, 7, 16–20) Weil die entgegengesetzten Vorstellungen sich wechselseitig ausschließen, kann die Einbildungskraft sie nicht zugleich festhalten. Sie muß darum die Vorstellungen so in Bewegung halten, daß sie unaufhörlich ineinander verschwinden (III 6, 7, 21 ff; vgl. VI 6, 3, 28 ff). Was in diesem Taumel des Vorstellens gesehen wird, ist das Verschwinden aller Bestimmungen ineinander, an welchem das Verschwindende als solches erscheint: der vollständige Mangel an Sein. Dieses Verschwinden aller vorstellbaren Bestimmtheit ist aber selbst nur ein Phantasma, ein selbstgebildetes Gebilde der Einbildungskraft und darum ein sich verflüchtigendes Trugbild (*paignion pheugon*, III 6, 7, 23). Auf diese Weise «denkt die Seele unklar das Unklare und dunkel das Dunkle und so denkt sie, ohne zu denken» (II 4, 10, 30 f). Denn die Materie ist das an sich selbst Täuschende und Falsche, und zwar das ursprünglich und eigentlich Falsche (*prôtôs kai ontôs pseudos*, I 8, 6, 45), das zerinnt, wenn man es fassen will. Diese ontologische und epistemische Flüchtigkeit ist gerade das, was die Materie ausmacht.

Die Materie ist also nur ungegenständlich und rein negativ, auf eine nicht-erfassende, sich selbst aufhebende Weise denkbar; darin ist sie dem Absoluten vergleichbar, das ebenfalls nur durch die radikale Negation aller Bestimmtheit des Seins und durch die Selbstaufhebung des Denkens erreicht wird. Während aber die auf das Eine selbst bezogenen Verneinungen die Bedeutung von Transzendenzaussagen haben, weil sie auf das zielen, was in seiner absoluten Transzendenz jenseits alles dessen ist, was von ihm verneint wird, hat die Negation aller Bestimmtheit von der Materie ausschließlich *privative* Bedeutung: sie meint den vollständigen Seinsmangel (*sterêsis, elleipsis tou ontos*, II 4, 14, 1 ff; III 6, 7, 20). Aristoteles hatte gegen Platon zwischen Materie und Privation unterscheiden wollen in der Weise, daß sich beide Begriffe zwar in der Sache auf dasselbe beziehen, dabei aber begrifflich Verschiedenes meinen sollen: die Privation nämlich den absoluten Seinsmangel, die Materie dagegen nur den relativen, weil sie zugleich die Möglichkeit zu Seinsbestimmtheit sei (*Phys.* 192 a 3 ff). Plotin weist diese Unterscheidung zurück mit dem Argument, daß dann, wenn der Materie der Seinsmangel bloß als Quasi-Eigenschaft zukäme, sie an sich selbst ein vom Seinsmangel verschiedenes, also positives, eigenes Wesen sein müsse, was die Materie gerade nicht ist (II 4, 14–15). Darum kommt ihr der Seinsmangel nicht bloß zu wie eine Eigenschaft, sondern sie ist selbst mit dem Seinsmangel identisch, sie ist an sich selbst reiner Seinsmangel (II 4, 16, 3 ff), völlige Armut (*penia pantelês*, I 8, 3, 16) und Bedürftigkeit, das Fehlen alles Positiven schlechthin (II 4, 16, 19 ff; III 6, 14, 9 ff).

2. In ihrem absolut privativen Wesen ist die Materie der Grund für den Seinsmangel und die ontologische Instabilität aller Erscheinungen. Sie ist zwar eine leere, aber keine rein passive Projektionsfläche für die von der Seele erzeugten Erscheinungen. In ihrer Unbestimmtheit nimmt sie die Formbestimmungen, welche die Seele im Betrachten der Ideen erzeugt, zwar in sich auf, so daß sie sinnlich und äußerlich erscheinen. Sie kann die in ihr erscheinenden Formen aufgrund ihres eigenen absoluten Seinsmangels aber nur so aufnehmen, daß sie die erscheinende Formbestimmtheit dabei zugleich gleichsam aufzehrt und zerstört und so wieder zum Verschwinden bringt. Darum erscheint unentwegt Anderes und wieder Anderes in ihr, weil die Materie jegliches, was entsteht, stets wieder vergehen läßt, indem sie fortwährend seine Formbestimmtheit korrumpiert. So ist die Materie der Grund dafür, daß alles in ihr Aufscheinende stets nur so erscheint, daß seine Bestimmtheit niemals fest bleibt, sondern in der Bestimmungslosigkeit der Materie wieder verschwindet. Sie ist zugleich der Grund dafür, daß alles sinnlich Er-

scheinende seine jeweilige Bestimmtheit immer nur unvollständig und mangelhaft verwirklichen kann; so ist z. B. jeder sinnlich erscheinende Kreis immer auch gerade und niemals vollkommen rund. Die Materie ist insofern keineswegs rein passiv, sondern sie hat als Grund aller ontologischen Defektheit eine eigene, und zwar privative Wirksamkeit. Als dasjenige, was alle Formbestimmtheiten nicht nur aufnimmt, sondern dabei zugleich aufzehrt, verdirbt und schließlich zerstört, ist die Materie darum das Böse in einem ontologischen oder metaphysischen Sinne, und zwar das schlechthin Böse, das Böse an sich selbst (*autokakon*) (I 8, bes. 3. 6–10). Denn als das Böse im ontologischen Sinne ist das zu denken, was allem ontologisch Positiven, also aller erfüllten Seinsbestimmtheit konträr entgegensteht: «so ist es Maßlosigkeit gegen das Maß, Unbegrenztheit gegen die Grenze, Formlosigkeit gegen das Formschaffende, ewige Bedürftigkeit gegen das Sichselbstgenügen, ewige Unbestimmtheit, in keiner Weise ruhend, allesesrleidend, nie zu erfüllen, vollständige Armut», wobei ihm der Mangel nicht zufällig, sondern gleichsam wesentlich ist (I 8, 3, 12–17).

Weil für den Platoniker das Sein, als erfüllte Bestimmtheit verstanden, zugleich der Inbegriff alles Guten, Vollkommenen und Schönen ist, darum ist die Materie als der absolute Mangel an Sein und Bestimmtheit das absolut Böse. Dieses absolut Böse ist zugleich das Prinzip für alles nur relativ Böse oder Schlechte einschließlich des moralisch Bösen (I 8, 6). Das moralisch Böse entsteht nach Plotin ausschließlich in der menschlichen Seele, und zwar dadurch, daß sie sich der Unbestimmtheit der Materie zuwendet und sich dabei in diese hinein verstrickt und sich ihr hingibt. Die moralische Bosheit ist für Plotin darum nichts Ursprüngliches, sondern von der metaphysischen Bosheit der Materie abhängig, wenn auch freilich von ihr nicht zwangsläufig hervorgebracht, weil die Seele aufgrund ihrer Freiheit der selbstbestimmte Ursprung ihrer eigenen Handlungen ist. Die Materie verführt die Seele, wenn diese sich ihr zuwendet, gleichsam zum Bösen und wird so zur Ursache des moralisch Bösen (I 8, 4. 13–14). So ist die Seele, obgleich spontanes Subjekt und Prinzip ihrer eigenen Handlungen, in denen sie sich moralisch zum Guten oder zum Bösen bestimmt, doch nicht der ursprüngliche Ort des Bösen, sondern an sich selbst immer gut. Moralische Bosheit kommt vielmehr erst dadurch zustande, daß die Seele sich von der Materie zur Irrationalität verführen läßt. Aber auch so bleibt die Materie, wie Plotin hervorhebt, der Ursprung des Bösen, und zwar auch des moralisch Bösen, welches ohne das ontologisch Böse gar nicht möglich wäre (I 8, 14).

3. Wie ist nun aber der von Plotin so stark hervorgehobene Status der Materie als Prinzip des Seinsmangels und des Bösen mit der Allbegründung des Einen vereinbar? Ist die Materie ein dem Einen und seiner Entfaltung im Geist absolut entgegengesetztes und insofern auch unableitbares zweites Prinzip? Oder ist auch sie zuletzt aus der Überfülle des Absoluten hervorgegangen? Aber wie wäre das möglich, wenn sie der absolute Mangel und das schlechthin Böse ist? Plotin löst dieses Dilemma in zwei Schritten. Zunächst verknüpft er die Materie mit dem Prinzip der Vielheit, der unbestimmten Zweiheit. Bereits Platon hatte die Materie als Erscheinungsform und Derivat der unbestimmten Zweiheit aufgefaßt (vgl. *Test. Plat.* 53 A und B). Wie die Materie in ihrer Unbestimmtheit aller erscheinenden Formbestimmtheit zugrundeliegt, so ist die unbestimmte Zweiheit das in allen Ideen enthaltene Moment der Vielheit und Bestimmbarkeit. In genau demselben Sinne unterscheidet auch Plotin zwischen der «intelligiblen Materie» (*hylê noêtê*) der Ideen und der Materie der sinnlichen Erscheinungen, die insoweit strukturanalog sind, als sie jeweils das Moment der Bestimmbarkeit darstellen (II 4). Aber anders als bei der unteren Materie ist die Bestimmbarkeit der intelligiblen Materie immer schon aufgehoben in die vollkommene Seinsbestimmtheit der Ideen und damit auch selbst bestimmt. Darum ist die intelligible Materie auch ewig seiend und weder Seinsmangel noch ontologisch böse (II 4, 3, 10 ff; 5, 1 ff; 16, 24 ff). Die intelligible Materie ist die in den Ideen immer schon bestimmte, also in die Einheit aufgehobene Zweiheit (vgl. II 4, 5, 28 ff). Dagegen leitet Plotin die untere Materie an keiner Stelle aus der intelligiblen Materie ab. Diese teilt mit jener nur den Charakter der Bestimmbarkeit, aber nicht den der Privation aller Bestimmtheit.

Es ist vielmehr die Seele, die in ihrer selbstvollzogenen Abwendung von der Seinsfülle des Geistes auch die privative Unbestimmtheit der Materie hervorbringt: «denn wenn sie (die Seele) für sich selbst sein will, so erschafft sie das, was nach ihr ist, als ein Schattenbild (*eidôlon*) ihrer selbst, das Nichtseiende, indem sie gleichsam ins Leere tritt und immer unbestimmter wird. Und dieses Schattenbild, das Unbestimmte, ist völlig dunkel; denn es ist absolut ohne Vernunft und Geist (*alogon kai anoêton pantê*) und völliger Abfall vom

Sein.» (III 9, 3, 10–14) Dabei bringt die vom Geist emanzipierte individuelle Seele zunächst die irrationalen Seelenstufen, also die Wahrnehmungs- und die Wachstumsseele hervor, und diese unterste Seelenstufe ist es dann, welche die Materie erzeugt. Denn so, wie jede Stufe der Wirklichkeit das nach ihr Seiende als ein zunächst Unbestimmtes hervorbringt, das erst durch seine Rückwendung zu seinem Ursprung Bestimmtheit und Form erhält, so bringt die unterste Seelenstufe nun etwas hervor, das nicht mehr Seele ist und damit auch keinerlei Anteil an Geist und Formbestimmtheit mehr hat, sondern völlige Unbestimmtheit (*aoristia pantelês*) ist (III 4, 1, 1–14). Die materiellen Körper entstehen dann dadurch, daß die Vegetativseele diese Unbestimmtheit der Materie formt und bestimmt (III 4, 1, 14 ff).

Wie die Natur insgesamt, so ist auch die ihr zugrundeliegende Materie ein Produkt der Seele, und zwar ihrer Abwendung vom Geist, durch die sie sich individualisiert, so daß gerade die *individuelle* Seele die Materie erzeugt (III 9, 3, 7). Plotin vermeidet durch diese Lösung sowohl eine (in der Sache uneinsichtige) Ableitung des Seinsmangels der Materie aus der Seinsfülle des Intelligiblen als auch eine dualistische Unableitbarkeit des Privationsprinzips. Indem die Seele durch ihre Einbildungskraft alle bestimmten Vorstellungen ineinander verschwinden läßt und so das Phantasma der Unbestimmtheit erzeugt, vollzieht sie bewußt genau den Akt der Erzeugung von Unbestimmtheit, durch den ihre vorbewußte unterste Stufe die Materie hervorbringt; die Erzeugung der Materie und das Bilden jenes vorgestellten Trugbildes vom Verschwinden aller Bestimmtheit sind eigentlich ein und derselbe Akt. Wieso aber kann die Seele, die doch eine Entfaltung der Seinsfülle des Geistes ist, einen solchen Akt des Erzeugens von Unbestimmtheit, also von Seinsmangel überhaupt vollziehen? Sie kann es nach Plotins Auffassung deswegen, weil sie etwas in sich hat, das sie vom Geist ursprünglich unterscheidet. Der ursprüngliche Unterscheidungsgrund, der die Seele vom Geist trennt, ist aber nicht ihre Diskursivität, die sie erst als vom Geist bereits getrennte entfaltet, sondern ein ursprünglich unbestimmtes, damit auch irrationales und unbegrenztes Streben (*ephesis aoristos kai alogos kai apeiros*, III 5, 7, bes. 13 f). Dieses unbestimmte Streben ist ein ursprüngliches und unaufhebbares Moment der Spontaneität der Seele; es konkretisiert sich als ihr «Wille, sich selbst zu besitzen», durch den sie ursprünglich aus der All-Einheit des Geistes heraustritt und den Plotin darum auch ihre «erste Andersheit» (*prôtê heterotês*) nennt (V 1, 1, 4f). Dieses Moment *willenshafter* Irrationalität ist in seiner Unbestimmtheit eine «intelligible Materie» der Seele (III 5, 6, 44). Es ermöglicht der Seele das Erzeugen von Unbestimmtheit durch das Verschwindenlassen aller Bestimmtheit. Die Spontaneität des Willens, durch die sich die Seele ursprünglich vom Geist trennt, ist so zugleich der Grund für die Erzeugung der Materie. Damit ist Plotins Lehre von der Setzung der Welt durch die spontane Selbsttätigkeit der Seele bis in ihre äußerste Konsequenz geführt.

4. Mensch und Freiheit

a) Was ist der Mensch?

Die Frühzeit der griechischen Kultur sah im Menschen den Sterblichen, der wie alle Naturwesen entsteht und vergeht und mit den unsterblichen Göttern höchstens indirekt verbunden ist, weil er von Prometheus aus der Asche der Titanen, der Kinder des Gottes Kronos, geschaffen wird. Dagegen hatte Platon das Wesen des Menschen grundlegend neu bestimmt: vorbereitet durch pythagoreische und orphische Seelenvorstellungen (vgl. Rohde 1898) bestimmt Platon im *Phaidon* (115 CD) und im *Großen Alkibiades* (129 A, 130 E) die denkende Geistseele, die unentstanden und unsterblich und damit selber göttlich ist, als das eigentliche Selbst des Menschen. Aristoteles und die Stoiker folgten Platon in der Gleichsetzung des Menschen mit seiner Seele, konzipierten die Seele aber abweichend von Platon naturbezogen als Lebenskraft, die von dem körperlichen Organismus, *dessen* Lebendigkeit sie ist, nicht abgetrennt werden kann. Eine individuelle Unsterblichkeit ist dann nicht möglich; sie wurde in der späteren Antike auch nur von Platonikern vertreten und galt sogar als unterscheidendes Merkmal des Platonismus (vgl. Dörrie-Baltes VI. 1). Plotin hatte die Platonische Auffassung von der geistigen Seele als eigentlichem Selbst des Menschen bereits in seiner zweiten Schrift, *Über die Unsterblichkeit der Seele* (IV 7), gegen die konkurrierenden stoischen und Aristotelischen Bestimmungen der Seele verteidigt und dabei eine Fülle von bemerkenswert scharfsinnigen Argumenten für die Unkörperlichkeit der Seele und für ihre Unsterblichkeit vorgebracht. Wenn Plotin aber Spontaneität, Selbstbeziehung und Selbstvermittlung, wie sie den Geist charakterisieren, zu Bestimmungen aller Formen des Lebens einschließlich der Natur universalisiert, dann fragt sich, worin das den Menschen vor der Natur auszeichnende Spezifikum, das Platon und Aristoteles in seiner Teilhabe am Geist gesehen hatten, noch bestehen soll. Plotins zusammenhängende Antwort findet sich in seiner vorletzten Schrift, die er kurze Zeit vor seinem Tod im Jahr 270 schwer krank in Kampanien verfaßt hat (*Enneade* I 1).

Plotins Bestimmung des Menschen setzt ein mit der Frage nach dem Subjekt unserer Tätigkeiten, nämlich der Gemütsbewegungen (wie Lust und Unlust, Furcht und Zuversicht, Begierde, Abneigung und Schmerz), der Handlungen und Meinungen, der diskursiven Denkakte und geistigen Einsichten sowie der Wahrnehmungen. Sind alle diese Tätigkeiten Vollzüge einheitlich desselben Subjekts? Und wenn dieses Subjekt die Seele ist, sind dann alle genannten Tätigkeiten Vollzüge der fürsichseienden Geistseele oder kommen einige von ihnen nur «der den Körper gebrauchenden», also der inkarnierten Seele zu und andere gar nur dem Kompositum aus Körper und Seele? (I 1, 1) Platon hatte alle genannten Tätigkeiten als Tätigkeiten der Seele angesehen, dabei aber zwischen verschiedenen Stufen der Seele unterschieden (vgl. *Rep.* IV 435 B-444 A; *Phaidr.* 246 A ff; *Tim.* 42 A ff). Die Geistseele (*logistikon*) ist Subjekt nur der intellektuellen Tätigkeiten einschließlich der rein intellektuellen Lust, während alle Gemütsbewegungen Akte des muthaften Seelenteils (*thymoeides*) und alle Begierden und Triebe solche des begehrenden Seelenteils (*epithymêtikon*) sind. Während die Geistseele unsterblich und göttlich ist, sind die beiden irrationalen Seelenteile sterblich und kommen nur der inkarnierten Seele zu, und zwar infolge ihres Körperbezugs (*Tim.* 41 D, 42 A ff). Die den Menschen – und von allen irdischen Wesen *nur* ihn – auszeichnende Geistseele ist darum der «innere Mensch» (*Rep.* 589 AB), während die beiden irrationalen Seelenteile tierisch sind (*Rep.* 588 C ff, 590 A; vgl. *Phaidr.* 253 D ff). Aristoteles folgte Platon in der Unterscheidung zwischen vernünftiger und vernunftloser Seele sowie in der Zweiteilung der letzteren, wobei er den muthaften Seelenteil als Träger der Wahrnehmung und den begehrenden Seelenteil als Träger der vegetativen Wachstumskraft (*threptikon*) ansah, weshalb er diesen mit der Pflanzenseele und jenen mit der Tierseele identifizierte

(*De an.* II 2–4). In seiner Schrift *Über die Seele* lieferte Aristoteles die umfassendste phänomenologische Analyse der Sinneswahrnehmung (*aisthêsis*) und der Einbildungskraft (*phantasia*) in der gesamten Antike; dabei arbeitete er heraus, wie Sinnlichkeit und intellektuelle Reflexivität in unseren bewußten Akten ineinanderwirken. So ist die Wahrnehmung beim Menschen nicht nur sinnlich, sondern auch geistig, weil wir nicht nur sehen oder hören, sondern dabei zugleich wissen, *daß* wir sehen und hören, uns unserer Wahrnehmungen also thematisch bewußt sind (*De an.* 425 b 12 ff; *EN* 1170 a 29 ff; vgl. *De somn.* 455 a 15 ff). Andererseits unterscheidet sich unser diskursives Denken von der geistigen Einsicht auch dadurch, daß es immer von Vorstellungsbildern begleitet wird, die der Wahrnehmung entstammen und durch die Einbildungskraft produziert werden (*De an.* 431 a 12–17; 432 a 7–14; vgl. *De mem.* 449 b 31). So reicht die Wahrnehmung bis in unsere geistige Tätigkeit und zugleich unsere Geistigkeit bis in unsere bewußte Wahrnehmung (vgl. Oehler 1962, 196 ff, 253 ff).

Plotin verbindet alle diese Elemente der Tradition virtuos in einer spekulativen Synthese, die bei aller Originalität den Anspruch erheben kann, die grundlegende Einsicht Platons in die Geistseele als das eigentliche Selbst des Menschen neu zur Geltung zu bringen. Nun ist die fürsichseiende Geistseele nur intellektuell tätig; sofern sie als Geistwesen in die All-Einheit des Geistes eingefaltet ist und damit den Status einer Idee hat, kommt ihr sogar ausschließlich die reine intellektuelle Anschauung (*noêsis*) zu, aber weder Gemütsbewegungen noch Begierden noch auch Wahrnehmung, Erinnerung oder diskursives Denken (I 1, 2; IV 4, 1–2). Wer ist dann aber das Subjekt dieser Tätigkeiten, die wir doch bewußt vollziehen, und die wir uns aufgrund der Bewußtheit, mit der wir sie vollziehen, als *unsere* Akte zuschreiben? Plotin vertieft diese Frage zu der viel grundsätzlicheren, was eigentlich «wir» (*hêmeis*) bzw. «ich» (*egô*) bedeutet?

Die Frage spitzt sich bei der Wahrnehmung besonders zu. Denn diese scheint einerseits ohne körperliche Organe nicht möglich zu sein, andererseits ist sie durchaus ein bewußter Akt und insofern der Seele innerlich. Plotin steht damit vor der gleichen Schwierigkeit wie später Descartes, wie nämlich äußere, physiologisch erklärbare Vorgänge zugleich Inhalte eines strikt immateriellen Bewußtseins sein können. Plotins Lösung dieses Problems unterscheidet sich von jener Descartes' allerdings wesentlich. Träger der Wahrnehmung ist für Plotin das Kompositum aus Körper und Seele (I 1, 6). Dieses Kompositum ist aber nicht so zu verstehen, daß die rein geistige Seele mit dem materiellen Organismus ein einheitliches Wesen bildet, was nicht möglich ist. Vielmehr kommt das Kompositum dadurch zustande, daß die Seele einen Lichtstrahl (*phôs*, I 1, 7, 4) oder ein immaterielles Abbild (*eidôlon*, I 1, 8, 17) ihrer selbst aus sich hervorgehen läßt, das den körperlichen Organismus als sein immanent organisierendes Prinzip strukturiert und belebt, so daß aus *ihm* und dem Körper ein einheitliches Wesen entsteht (I 1, 7, 1–6). Dieses Seelenlicht oder Seelenbild spielt damit für den einzelnen Organismus genau die gleiche Rolle wie die ebenfalls immaterielle *natura naturans* als logoshafte Formkraft für die erscheinende Natur im ganzen; während die Natur aber nur die unterste, vegetative Stufe der Seele ist, verfügt das Seelenbild über Wachstums- und Wahrnehmungsvermögen, ist also mit beiden Stufen der irrationalen Seele identisch und erzeugt mit ihrer untersten Stufe den materiellen, körperlichen Organismus (I 1, 8, 15–23; vgl. IV 4, 27–28). Das aus dem Seelenlicht und dem von ihm hervorgebrachten Organismus gebildete Gesamtwesen ist darum Subjekt der Wahrnehmung sowie aller irrationalen Affekte; dieses Gesamtwesen bestimmt Plotin als das «Lebewesen» (*zôon*) bzw. das «Tier» (*thêrion*) in uns (I 1, 7, 5 ff). Wenn *ich* aber *nicht* das organisch-seelenbildliche «Tier» bin, wie können die Wahrnehmungen dieses «Tieres» dann «meine» Wahrnehmungen sein, deren ich mir als denkende Seele bewußt bin? Verschiebt Plotin durch die Einführung des Seelenbildes das Problem nicht nur, anstatt es zu lösen? In Wahrheit ist das nicht der Fall. Denn meine bewußte Wahrnehmung ist nicht die physiologisch zustande gekommene Wahrnehmung des «Tieres», also des lebendigen Organismus, sondern etwas fundamental anderes. Was ich bewußt wahrnehme, sind nämlich überhaupt nicht die körperlichen Dinge selbst, die auf meine Wahrnehmungsorgane physiologisch einwirken, sondern vielmehr die Eindrücke (*typoi*), die in meinem Wahrnehmungsapparat, also in dem aus Organismus und Seelenlicht bestehenden «Tier», daraus gebildet werden. Und diese Eindrücke sind keine materiellen Vorgänge, sondern entmaterialisierte innere Bilder; sobald ich sie bewußt wahrnehme, «sind sie schon geistig» (I 1, 7, 7–12; vgl. IV 4, 23).

Plotin unterscheidet also grundsätzlich zwischen der äußeren, sinnlichen Wahrnehmung der äußeren Wahrnehmungsobjekte, die eine physiologisch beschreibbare Tätigkeit des lebendigen Organismus ist, und der bewußten, inneren Wahrnehmung der aus den Sinnesdaten gebildeten inneren Bilder, die als bewußter Akt eine intellektuelle Tätigkeit der reinen Seele ist. Zugleich bezieht er diese beiden Wahrnehmungsarten genetisch aufeinander: «Mithin ist die äußere Wahrnehmung ein Abbild (*eidôlon*) der inneren, diese ist in ihrem Sein wahrer (wirklicher, *alêthestera*), weil sie ein affektionsloses Anschauen (*theôria*) reiner Formen (*eidê*) ist.» (I 1, 7, 12–14) Die äußere Wahrnehmung ist ein Abbild der inneren und nicht etwa umgekehrt, weil sie materialisierte Naturgestalten wahrnimmt, die von der Natur aufgrund innerer, immaterieller Formen gebildet werden; die Wahrnehmungsobjekte sind darum in unserer bewußten, inneren Wahrnehmung als entmaterialisierte Bilder auf wahrere, seiendere Weise als in sich selbst. Von hier aus bestimmt Plotin nun das eigentliche Selbst oder Ich des Menschen. Die bewußt gewordene (innere) Wahrnehmung ist *meine*, weil sie ein bewußter Akt ist, den ich vollziehe; sie ist aber nicht mein Ich, das diesen Akt vollzieht. *Ich* bin vielmehr das Subjekt meiner bewußten Akte, das neben bewußten Wahrnehmungen und Vorstellungen vor allem diskursive Denkakte und Urteile vollzieht. Die diskursiv denkende Seele ist also der eigentliche Mensch bzw. das eigentliche Ich. Plotin unterscheidet dabei zwischen dem diskursiven Denken als derjenigen Tätigkeit, in der sich das Ich selbst reflexiv thematisch gegenwärtig wird, und den bewußten Wahrnehmungen und Vorstellungen, die zwar *meine* sind, aber ohne zu meinem Ich zu gehören (I 1, 7, 14–24). Der Unterschied ist offenbar darin begründet, daß die Geistseele ihr diskursives Denken ganz aus eigener Spontaneität vollzieht, während sie für Wahrnehmungen und Vorstellungen auf die Verbindung mit einem lebenden Organismus (dem «Tier») angewiesen ist.

Descartes' Einsicht, daß sich das Ich in seinem Denken thematisch selbst weiß, wird dabei von Plotin vorweggenommen. Denn er hebt eigens hervor, daß das Denken mit einem intuitiven, nicht erst reflexiv vermittelten Bewußtsein seiner selbst verbunden ist (II 9, 1, 35 f; IV 4, 2, 30 f). Die intuitive Selbstgegenwart der denkenden Seele in ihren bewußten Denkakten führt Plotin sogar dazu, das Ich zuletzt prononciert als das Subjekt des *Denkens* – und zwar auch im Sinne der intellektuellen Anschauung – zu bestimmen: «Auch das Denken (die geistige Einsicht, *noêsis*) ist *unser* in dem Sinne, daß die

Seele geistig (denkend, *noera*) ist und das Denken ihr höheres Leben ist, sowohl dann, wenn die Seele das Denken vollzieht, als auch dann, wenn der Geist auf uns wirkt; denn auch der Geist ist ein Teil von uns und zu ihm steigen wir auf.» (I 1, 13, 5–8) Im Selbstbewußtsein der Seele, die unser eigentliches Ich ist, wirken die bewußte Selbsttätigkeit der Seele, die diskursiv ist, und die intellektuelle Selbstanschauung des Geistes untrennbar ineinander: in ihrem diskursiven Denken vermittelt die Seele sich reflexiv zu sich selbst, aber ihr Selbstbewußtsein kommt dabei selber weder reflexiv noch diskursiv zustande, sondern durch eine vom Geist vollzogene intellektuelle Anschauung (vgl. V 3, 3–4; dazu Halfwassen 1994, 18–24).

Der Geist ist das Prinzip der Einheit der diskursiv in die Vielheit auseinandertretenden Seele, kraft dessen sie sich *in* und *vor* aller diskursiven Selbstentfaltung intellektuell anschauend als mit sich selbst identische Einheit weiß (vgl. IV 4, 2, 24–32). Darum ist er in der Seele anwesend, und zwar in der «ersten Seele» (*psychê prôtê*, I 1, 8, 6), d. h. im Grund der Seele *vor* ihrer Selbstentfaltung zu Diskursivität und Vielheit: in ihrer ursprünglich unentfalteten Einheit. Dieser Seelengrund ist für Plotin – ähnlich wie später für Meister Eckhart – als präreflexive Einheit das Prinzip und der Ort unseres Selbstbewußtseins und damit unser eigentliches, höheres, nämlich geistiges Selbst, durch das wir mit der All-Einheit des absoluten Geistes identisch sind. Darum gehört auch der absolute Geist zu *uns*, ohne Teil unseres individuellen Ich zu sein: «Wir besitzen auch diesen (absoluten) Geist, der über (*hyperanô*) unserem Ich ist. Und zwar besitzen wir ihn entweder als einen allgemeinen (*koinos*) oder als einen individuellen (*idios*) oder als einen zugleich allen gemeinsamen und individuellen: allgemein nämlich, weil er unteilbar ist und Einer und überall derselbe, individuell aber, weil jeder einzelne ihn als Ganzen (*holos*) im Ersten der Seele besitzt. So haben wir auch die Ideen in doppelter Weise: in der Seele gleichsam entfaltet (*aneiligmena*) und gleichsam getrennt (*kechôrismena*), im Geist dagegen als Totalität in eins und zumal.» (I 1, 8, 3–8) Der Seelengrund, das Prinzip unseres Selbstbewußtseins, kraft dessen wir Ich sind, ist eingefaltet in die All-Einheit des absoluten Geistes und damit selbst Moment der intelligiblen Welt. Als konkrete Totalität ist das intelligible Ganze aller Ideen in jedem seiner Momente als Ganzes und darum auch in uns, im Grund unserer Seele, als Ganzes. So ist der absolute Geist als Grund unseres denkenden Selbst für uns zugleich allgemein und individuell. In unserer Identität mit dem Geist transzendieren wir unsere empirische Individualität, nämlich unser bewußtes, diskursiv denkendes Ich, das sich selbst verzeitlicht und seine individuelle Biographie in der Erinnerung präsent hat; insofern ist der Geist überindividuell und allgemein. Zugleich kommt die Einheit meines Selbstbewußtseins nur durch den in mir anwesenden Geist zustande, und insofern ist dieser in mir auch individuell, nämlich Grund meiner Einmaligkeit und Einzigkeit (vgl. IV 3, 5). Mein konkretes Ich konstituiert sich dadurch, daß ich den Geist diskursiv entfalte, und zwar auf individuell besondere und einmalige Weise. Diese Selbstdifferenzierung ist aber nur durch die ewige Anwesenheit der Ideen und des Geistes, der Einheit aller Ideen, in meinem Denken möglich; denn ohne die Ideen hätte ich nichts, was ich differenzierend entfalten könnte, und ohne den Geist verlöre ich mich selbst in der Vielheit des Entfalteten.

Die Einheit meines Selbstbewußtseins, durch die mein denkendes Ich in der Verschiedenheit seiner Tätigkeiten und Inhalte mit sich selbst identisch bleibt, hängt davon ab, daß der Geist in mir anwesend und wirksam ist, und zwar so, daß er als Grund der sich in allen diskursiven Trennungen durchhaltenden Einheit und Identität meines Ich *immer* tätig ist. Darum denken wir immer, ohne uns dieser ewigen Tätigkeit jederzeit bewußt zu sein (IV 3, 30, 14 f); denn das Bewußtsein (*antilêpsis*) kann seine Aufmerksamkeit nur entweder der intellektuellen Anschauung des Geistes oder den der Wahrnehmung entstammenden Vorstellungsbildern zuwenden (IV 3, 30, 11–16; V 1, 12, 5 ff). So bin ich als denkendes Ich Teil der intelligiblen Welt: «Auch unsere Seele ist nicht gänzlich herabgesunken, sondern immer bleibt etwas von ihr in der intelligiblen Welt; wenn aber das, was in der sinnlichen Welt ist, die Oberhand hat, vielmehr, wenn es überwältigt und verwirrt wird, dann läßt es uns nicht das Bewußtsein (*aisthêsis*) von dem zu, was das Obere der Seele schaut; denn die geistige Tätigkeit (*noêthen*) gelangt erst dann zu uns, wenn sie herabsteigt und ins Bewußtsein kommt.» (IV 8, 8, 2–7)

So kann Plotin den Menschen als das Weltwesen bestimmen, das intelligible und sinnliche Welt in sich zu einer *individuellen Totalität* zusammenfaßt: «Die Seele ist Vieles, ja Alles, das Obere wie das Untere bis dahin, wohin jegliches Leben reicht; jeder von uns ist eine intelligible Welt; mit den unteren Seelenteilen berühren wir den hiesigen Bereich, mit den oberen, die in der intelligiblen Welt sind, das Intelligible; mit unserem geistigen Teil bleiben wir ganz in der oberen Welt, nur mit seiner letzten Stufe sind wir gefesselt an die untere Welt, wir vermitteln gleichsam aus dem Oberen ins Untere einen Ausfluß (*aporroia*), vielmehr eine Wirksamkeit (*energeia*), wobei jenes Obere sich nicht vermindert.» (III 4, 3, 21–27) Der Mensch ist das Weltwesen, das sich von allen Naturwesen dadurch unterscheidet, daß er nicht nur – wie für die modernen Anthropologien von Max Scheler und Helmuth Plessner – Welt *hat*, sondern als Seele weltsetzendes Bewußtsein *ist*; dabei ist er als denkendes Selbstbewußtsein mit dem Geist vereinigt und Teil der intelligiblen Welt, so daß alle Stufen der Wirklichkeit im Menschen gegenwärtig sind.

b) Freiheit als Selbstbestimmung und als Transzendenz

Die Sonderstellung des Menschen zeigt sich ebenso in seiner von Plotin besonders betonten *Freiheit*. Sie verbindet den Menschen nicht nur mit dem Geist, sondern darüber hinaus auch mit dem Absoluten, das der letzte Grund und Ursprung der Freiheit ist. Bereits eine von Plotins frühesten Schriften, *Über das Schicksal* (III 1; chronologisch Schrift 3), dient dem Nachweis, daß die geistige Seele nicht der Naturkausalität unterliegt, weil sie kraft ihrer Spontaneität selbst eine erstbewirkende Ursache (*prôtourgos aitia*) ist (III 1, 8, 8). Die Akte der Seele dürfen darum weder als Wirkungen der natürlichen Ursachenverkettung noch als Glieder innerhalb von dieser angesehen werden, wie das in den verschiedenen Spielarten des antiken Materialismus (wie dem mechanistischem Atomismus, dem stoischem Determinismus oder der philosophischen Deutung der Astrologie seit Poseidonios) geschah. Die Seele bestimmt sich in ihrer Tätigkeit selbst und setzt damit den Anfang eines eigenen Wirkungszusammenhangs (III 1, 8–9; III 2, 10). Diese Freiheit ist bei der inkarnierten Seele zwar dadurch eingeschränkt, daß sie ihr Handeln nur unter den Bedingungen des gesetzmäßigen Ablaufs der Natur sowie historisch kontingenter sozialer und biographischer Umstände vollziehen kann; ihre Freiheit wird durch diese Bedingungen aber nur eingeschränkt, nicht aufgehoben. «Solange die Seele ohne Leib ist, ist sie vollkommen Herr über sich selbst (*kyriôtatê hautês*) und frei (*eleuthera*) und steht außerhalb der innerweltlichen Verursachung; gerät sie aber in den Leib, so ist sie nicht mehr in allem unabhängig, da sie in Zusammenhänge mit anderem gestellt ist... so handelt sie teils um derentwillen, teils aber ist sie die überlegene und lenkt die Dinge, wie sie will.» (III 1, 8, 9–14) Inwieweit sie sich durch die äußeren Umstände ihres Handelns bestimmen läßt, liegt zwar nicht ganz, aber doch in großem Umfang in der Freiheit der Seele. Frei bleibt ihr Handeln auch in kontingenten Umständen, soweit es durch Vernunft und Einsicht motiviert ist, also durch die von der Naturkausalität freie intellektuelle Tätigkeit der Seele (III 1, 9, 9–16).

Hieran wird deutlich, welcher Aspekt der Freiheitsthematik bei Plotin ins Zentrum rückt. Es sind nicht die von Aristoteles in seiner Ethik ausführlich analysierten Probleme der Zurechenbarkeit und Freiwilligkeit von Handlungen sowie der Wahlfreiheit als Entscheidung zwischen Handlungsalternativen, die bei Plotin wohl gelegentlich auftauchen. Im Zentrum steht bei ihm aber das Verständnis von Freiheit als *Autarkie* und d. h. als *Selbstsein*, das schon für Platon und Aristoteles die fundamentale Dimension der Freiheit darstellte (vgl. Krämer 1977, 258 ff). Autarkie bedeutet wörtlich «Sichgenügen». Darin liegt, daß etwas sich aus sich selbst heraus im Sein zu halten vermag, darin selbständig und unabhängig von anderem ist und darin zugleich erfüllt, mit sich zufrieden, sich selbst genug ist, – kurz: autark ist das, was aus sich heraus ganz es selbst ist.

Die Freiheit, aus eigener Spontaneität den Anfang einer Ursachenreihe zu setzen, die Plotin dem Determinismus entgegenhält, gründet ihrerseits darin, daß die Seele sich nicht nur zu ihrem Handeln, sondern zuvor schon zu ihrem eigenen Sein erst selbst bestimmen muß: durch einen unableitbaren, also freien Akt ihrer Spontaneität tritt sie aus dem Geist heraus zu ihrer eigenen Seinsweise. Ihre diskursive Selbstentfaltung und Selbstvermittlung ist ihre eigene Tätigkeit und darum frei. Sogar ihr Abstieg in die Welt des Werdens und ihre Inkarnation sind für Plotin letztlich Akte ihrer freien Selbstbestimmung, insofern sie selbst es ist, die den Abstieg vollzieht und sich ins Werden begibt (IV 8, 5). Erst recht ist ihre Rückkehr zum Geist die Erfüllung ihrer Freiheit. So ist die Freiheit der geistigen Seele, die das Selbst des Menschen ist, nicht nur negativ bestimmt als Freisein *von* der Bestimmung durch anderes, sondern auch positiv als freie Bestimmung *zu* sich selbst. Freiheit ist für Plotin eigentlich die reine Spontaneität der sich denkend und wollend selbst bestimmenden Seele. Mit diesem Gedanken der Freiheit als *Selbstbestimmung* erreicht Plotin die Dimension der Freiheitslehren des Deutschen Idealismus (vgl. Krämer 1977, 266 ff). Schelling hat diesen Grundgedanken in seiner berühmten *Freiheitsschrift* so formuliert: «Denn frei ist, was nur den Gesetzen seines eigenen Wesens gemäß handelt und von nichts anderem weder in noch außer ihm bestimmt wird.» (*Sämmtliche Werke* VII, 384)

Diese Freiheit der Selbstbestimmung begründet Plotin in seiner Schrift *Über den freien Willen und das Wollen des Einen* (VI 8) nun ihrerseits in dreifacher Schrittfolge in der absoluten Transzendenz des Einen, die er dabei selbst als *absolute Freiheit* auslegt. In einem ersten Schritt begründet er in den ersten Kapiteln der Schrift (VI 8, 1–6) die praktische Freiheit des vernünftigen Willens (*boulêsis*) und des von ihm geleiteten Handelns (*praxis*) in der Freiheit des Geistes. Denn im eigentlichen Sinne frei ist eine Handlung für Plotin nicht schon dann, wenn sie frei von äußerem Zwang erfolgt, sondern erst und ausschließlich dann, wenn sie aus vernünftiger Einsicht vollzogen wird. Handlungen, die ohne äußeren Zwang aus blinder Leidenschaft oder sonst aus einem nicht vernunftgeleiteten Impuls des Handelnden erfolgen, sind dagegen nicht freigewollt (*hekousion*) und selbstbestimmt (*autexousion*) zu nennen, weil das sie Bewirkende nicht unser eigentliches Selbst ist, nämlich nicht die Geistseele, sondern die irrationale Seele (das Seelenbild) bzw. das «Tier» in uns. Das Prinzip des freien Willens ist somit die Einsicht, und darum ist der eigentliche Ort der Freiheit der Geist als der Inbegriff aller Einsicht. Der Geist selber ist darum in einem eminenten und paradigmatischen Sinne frei. Der absolute Geist aber ist ewig und unveränderlich, so daß seine eminente Freiheit nicht mehr als einsichtsgeleitete Wahl zwischen Handlungsalternativen begriffen werden kann. So besteht die eminente Freiheit des Geistes darin, daß er sein eigenes Wesen ungehindert verwirklicht oder vielmehr zeitlos immer schon verwirklicht hat. Die Tätigkeit des absoluten Geistes, das ewige Denken seiner selbst, ist selber das Sein und Wesen des Geistes. Und insofern diese Tätigkeit wie jede Tätigkeit eine Intention voraussetzt, die aber in ihr als ewiger Tätigkeit immer schon erfüllt ist, sind im Geist sein Sein (*ousia*), seine Tätigkeit (*energeia*) und sein Wollen (*boulêsis*) identisch. «Sein Wille ist sein Denken» (VI 8, 6, 36). Somit ist die Freiheit des Geistes die Freiheit des Selbstseins, die zugleich die Grundlage der praktischen Freiheit der vernünftigen Seele bildet. Freiheit ist sie, weil der Geist in seiner

Tätigkeit, die er selbst ist, nur *sich selbst bestimmt*, indem seine Tätigkeit sein eigenes Sein vollzieht (VI 8, 4, 26–32; 6, 32–45). Freiheit als Selbstbestimmung, die schon das Wesen der menschlichen Freiheit ausmacht, vollendet sich so in der absoluten Selbstbeziehung des Geistes.

In einem zweiten Schritt begründet Plotin die Freiheit des Geistes sodann in seinem Transzendenzbezug zum absoluten Einen (VI 8, 4, 4–22. 33–40; 6, 38–43; 7, 1–6. 27–32; 12, 13–22). Als *Selbstbestimmung* ist Freiheit eine sich zu sich selbst vermittelnde Einheit; ihr Vollzug schließt die Selbstunterscheidung in Bestimmendes und Bestimmtes und deren Vereinigung in die Einheit des sich bestimmenden Selbst ein, so daß sie eine «Zweiheit als Einheit» (*dyo hôs hen*, VI 8, 12, 35) ist, die als solche die *reine* Einheit immer schon voraussetzt und von ihr zu ihrem Selbstvollzug *als Einheit* allererst ermächtigt wird (dazu oben Kap. IV 3 c). Vollendete Freiheit ist der Geist ferner auch darum, weil er das in allem freien Handeln angestrebte Ziel, das Gute (*agathon*), immer schon realisiert hat und immer schon besitzt. Das wahrhaft Gute ist dabei nichts dem Handelnden selber Äußerliches, sondern gemäß Platonischer Lehre die vollendete *Einheit* des Handelnden mit sich selbst, in der sich sein Wesen erfüllt, so daß er sich selbst genügt, im Falle des Geistes also sein vollkommenes Beisichselbstsein, sein Denken seiner selbst. Indem der Geist das Gute als seine vollendete Einheit mit sich selbst realisiert, bestimmt er sich selbst als das, was er sein *soll*, und ist dabei zugleich – da sein Denken sein Wille ist – das, was er selbst sein *will*. Diese Selbstbestimmung zum Guten aber setzt immer schon den leitenden Vorblick auf das Eine selbst als das Gute oder Übergute schlechthin voraus, um sich vollziehen zu können. So verdankt der Geist seine Freiheit, die in seinem absoluten Selbstbezug liegt, seinem Transzendenzbezug auf das jenseitige Eine selbst.

Im dritten Schritt legt Plotin im zweiten Teil seiner Schrift (VI 8, 8–21) die absolute Transzendenz des Einen selbst als *absolute Freiheit* aus und entwickelt dabei einen neuen Begriff von absoluter Freiheit als Grund aller Selbstbestimmung. In ungeheuer dichten und intensiven Meditationen schlingt Plotin dabei *drei* Gedankenreihen ineinander, von denen die *erste* gemäß der Methode der transzendierenden Negation das Eine selbst als das absolute Prinzip von Freiheit und Selbstbestimmung in seiner reinen Transzendenz auch *über* Freiheit und Selbstbestimmung hinaushebt, wie sie als

Seinsbestimmungen zuhöchst im Geist gedacht werden (VI 8, 7, 6–10; 8, 1–15. 19–21; 12, 17–37; 15, 11–23). Dagegen schreibt die *zweite* Gedankenreihe gemäß der Methode der Analogie und unter dem immer wieder erneut eingeschärften Vorbehalt der Uneigentlichkeit – angezeigt jeweils durch ein «gleichsam» (*hoion*) – dem Einen selber Freiheit und Selbstbestimmung, ja Selbstliebe, Sich-selbst-Wollen und absolute Selbstbegründung zu (VI 8, 7, 47–53; 9, 44–45; 13; 14, 40–42; 15, 1–10; 16, 12–39; 17, 24–27; 18, 38–53; 20; 21, 7–24). Dabei steigert und intensiviert sie den *Selbstbezug* im Sich-selbst-Lieben, Sich-selbst-Wollen und Sich-selbst-Begründen bis zur unterschiedslos einfachen Einheit seiner Relata, die dann keine Relata mehr sind, so daß genau jene Unterschiedenheit der Momente aufgehoben und überstiegen wird, die den Selbstbezug des Geistes als eine Selbst*beziehung* im eigentlichen Sinne konstituiert. So erscheint die Freiheit des Absoluten in dieser analogischen, also uneigentlichen Perspektive als «Quasi-Geist im Einen (*hoion nous en heni*), der nicht Geist ist, weil er absolute Einheit ist» (VI 8, 18, 21–22; vgl. 16, 31–36). Die *dritte* Gedankenreihe hebt sodann diese uneigentliche und transzendente Quasi-Selbstbeziehung, Quasi-Selbstbegründung und Quasi-Selbstbestimmung des Absoluten erneut in die allumfassende Negation auf (VI 8, 9, 45–47; 10, 18–38; 11–12; 19; 21, 24–33), aber nicht, um die in jenem Quasi-Selbstbezug intendierte Freiheit des Absoluten nun schlußendlich zurückzunehmen, sondern gerade umgekehrt, um die reine und absolute Transzendenz selbst, wie sie nur in radikaler Negation ausgrenzbar ist, als die absolute Freiheit einzusehen.

Jene analogen Quasi-Prädikationen, die Plotin dem Einen in der zweiten Gedankenreihe zuspricht, erweisen sich damit als ein *Durchgangsstadium* seiner Argumentation, das die negative Theologie weder durchbricht noch einschränkt. Aber dieses Durchgangsstadium erweist sich gerade in seiner Vorläufigkeit und Uneigentlichkeit als aufschlußreich und unentbehrlich, um die reine Transzendenz selber als absolute Freiheit einzusehen. Wenn jener Quasi-Selbstbezug dem Einen auch nur unter dem Vorbehalt der Uneigentlichkeit zugesprochen und sogleich in der Negation wieder zurückgenommen wird, so könnte er darum für Plotins Argumentationsziel doch keineswegs ebenso gut ganz unterbleiben. Denn erst die Übersteigerung der Selbstvermittlung des Geistes zur Ununterschiedenheit und damit zur Aufhebung ihrer Momente in einem *absolut einfachen* Selbstbezug, der eben durch seine absolute Einfachheit *kein* Selbst-*Bezug* mehr ist, ermöglicht es Plotin, im Scheitern dieses Gedankens an seiner eigenen Unvollziehbarkeit die absolute Transzendenz, die jede Bezüglichkeit übersteigt, als *absolute* Freiheit einsehbar zu machen. Plotins Begriff von absoluter Freiheit ist so zuletzt *negativ*; er gehört selbst in die negative Theologie. Absolute Freiheit meint als reine Transzendenz Freiheit *von* Allem: «Er (das Eine selbst) ist Nichts und bedarf, um Er Selbst (*autos*) zu sein, nicht der Totalität; sondern nimm alles andere weg, wenn du Jenen aussagen oder Seiner inne werden willst. Hast du nun Alles weggenommen und nur Ihn Selbst belassen, so suche nicht danach, was du Ihm beilegen könntest, sondern danach, ob du vielleicht etwas noch nicht von Ihm weggenommen hast in deinem Denken.» (VI 8, 21, 24–28)

Gerade diese negative Bestimmung der absoluten Freiheit als reine Transzendenz aber vermag die positive Freiheit des Selbstseins durch Selbstbestimmung zu begründen. Denn die reine Transzendenz und allein sie vollendet oder überbietet, was Freiheit schon auf der Stufe des Geistes und der vernünftigen Seele wesentlich ausmacht. Plotin denkt Freiheit als dasjenige, wodurch Geist und Seele jeweils sie selbst sind, also als Selbstsein (VI 8, 4, 4–12. 24–32; 5, 30–34; 6, 3–10. 32–43; 7, 36–37; 12, 3–17; 13, 20–24; 15, 23–26). Positiv gedacht bedeutet dies Selbstbestimmung, also Sich-selbst-Bejahen, Sich-selbst-Lieben, Sich-selbst-Wollen und zuletzt Sich-selbst-Begründen. Als Selbstbestimmung hat positive Freiheit somit den Charakter einer Selbstbeziehung. Freiheit aber ist sie für Plotin offenbar nicht aufgrund des *Beziehungs*charakters dieser Selbstbeziehung, gemäß der sie sich selbst in Bestimmendes und Bestimmtes unterscheidet, sondern vielmehr aufgrund der in dieser Beziehung einigend tätigen Selbstheit, die Bestimmendes und Bestimmtes zur *Selbst*bestimmung eint. Und doch ist gerade das sich selbst bestimmende Selbst kraft seiner Selbstbeziehung sowohl *es selbst* als auch relational ein *anderes*. Also begreifen wir *absolute* Freiheit erst dann und gerade dann, wenn wir das Selbst von der Beziehungshaftigkeit der Selbstbestimmung ablösen und in seiner Absolutheit transrelational für sich allein nehmen. Nur in dieser reinen Transzendenz liegt die absolute Freiheit. Genau diese transzendierende Herauslösung des relationslosen oder transrelationalen absoluten Selbst aus der Relationalität des Selbstbezugs vollzieht Plotin mit seiner

Argumentation für die absolute Freiheit der Transzendenz; und dazu wird der Quasi-Selbstbezug des Einen zunächst experimentierend und vom Geist aus extrapolierend eingeführt und dann in transzendierender Negation überstiegen. Denn einzig und allein die *reine Einheit* in ihrer absoluten Transzendenz enthält nicht mehr den Unterschied von bestimmendem Selbst und mindestens relational davon unterschiedenem bestimmtem Selbst. Insofern erscheint das jenseitige Eine selbst als das aus jedem Selbstbezug herausgenommene *absolute Selbst*: Es ist «ursprünglich Er Selbst (*prôtôs autos*) und über das Sein hinaus Er Selbst (*hyperontôs autos*).» (VI 8, 14, 42) Allein kraft seiner absoluten Transzendenz «ist Es als einziges in Wahrheit frei, weil Es auch sich selbst nicht dient, sondern nur Es Selbst und absolut Es Selbst ist, wo doch alles andere sowohl es selbst als auch ein anderes ist.» (VI 8, 21, 30–33)

VI. Neuplatonismus nach Plotin

1. Porphyrios

Plotins intellektuell bedeutendster und wirkungsmächtigster Schüler war der Phönizier Porphyrios. Im Jahre 233 in Tyros geboren, war sein ursprünglicher Name Malchos («König»), was er später als Basileus oder Porphyrios («Purpurträger») ins Griechische übersetzte. Anders als Plotin war Porphyrios mit der Kultur und den Religionen des Orients gründlich vertraut. Auch das Christentum kannte er früh: in jungen Jahren, vielleicht während seines Studiums in Alexandria, lernte er den Christen Origenes kennen, der möglicherweise ein Schüler von Plotins Lehrer Ammonios war. Origenes, der 253 an den Folgen der Folter starb, die er während der Christenverfolgung erlitten hatte, war für die geistige Entwicklung des Christentums in der Spätantike eine epochemachende Figur, nicht nur durch seine umfassende philosophische und historische Bildung, sondern mehr noch durch sein Programm, die Inhalte des christlichen Glaubens mit Hilfe der Denkmittel des Platonismus zu interpretieren und so theoretisch zu rechtfertigen. Der Kirchenhistoriker Sokrates (5. Jahrhundert) behauptet, Porphyrios selber sei ursprünglich Christ gewesen und später abgefallen, was ganz unglaubwürdig ist; dadurch soll der gefährlichste Kritiker des Christentums diskreditiert werden. Von Alexandria ging Porphyrios nach Athen zu dem hochangesehenen Philosophen und Philologen Longinos, dem er seine enzyklopädische Gelehrtheit und philologische Professionalität verdankt. Er hat Porphyrios auch auf Plotin hingewiesen, dessen Schüler der damals Dreißigjährige im Sommer 263 wurde (VP 4, 1–9; 5, 1 ff). Er blieb sechs Jahre bei Plotin in Rom, bis er im Jahr 268 schwer depressiv wurde und sogar an Selbstmord dachte. Plotin erkannte seinen Zustand und riet ihm zur Trennung. Porphyrios reiste daraufhin nach Sizilien, blieb aber mit Plotin bis zu dessen Tod in Verbindung (VP 11, 11–19; vgl. 6, 1 ff). In Sizilien verfaßte er mehrere Schriften, darunter die 15 Bücher *Gegen die Christen* und die berühmte *Einführung in die Kategorien des Aristoteles.* Der Einladung des Longinos, nach Syrien zurückzukehren, folgte er nicht. Longinos war dort inzwischen ein mächtiger Mann geworden: er war der wichtigste Berater der Königin Zenobia von Palmyra, die ein von Rom unabhängiges Ostreich errichten wollte und sich 272 zur Kaiserin erklärte. Kaiser Aurelian beseitigte dieses Reich im gleichen Jahr und ließ Longinos als Hauptschuldigen hinrichten. Porphyrios aber kehrte irgendwann nach 270 nach Rom zurück und setzte dort die Schule Plotins fort. In hohem Alter hat er noch geheiratet, die Römerin Marcella, eine Witwe mit sieben Kindern, was Spott erregte. Nachdem er 301 die Schriften Plotins ediert hatte, ist er in Rom gestorben, wahrscheinlich noch vor der Abdankung Diocletians (305).

Porphyrios war ein äußerst produktiver Schriftsteller; von keinem anderen Autor der späteren Antike sind so zahlreiche Titel (mehr als siebzig) zu so vielen und so verschiedenen Themen bekannt wie von ihm. Seine Kompetenz umfaßte Philosophie, Philologie, Historie, Religion und Mythologie, Mathematik und Astronomie gleichermaßen, so daß man von einer «Ein-Mann-Universität» (Heinrich Dörrie) sprechen konnte; er verfaßte Kommentare zu Platon und Aristoteles, deren Lehren er harmonisierte, sowie zu Plotin und Homer. Von diesem riesigen Oeuvre ist nur wenig erhalten. Vor allem die philosophischen Hauptschriften sind außer den *Sentenzen*, einem handbuchartigen Grundriß seines Systems, bis auf Fragmente verloren. Seine Platonkommentare wurden aber von Proklos und Damaskios in ihren eigenen Kommentaren ausgiebig benutzt, wodurch uns die Grundzüge seiner Auslegungen bekannt sind. Darum ist Porphyrios' philosophisches Profil deutlich erkennbar. Er hat die Philosophie Plotins in drei Richtungen modifiziert und dadurch die weitere Entwicklung des Neuplatonismus entscheidend beeinflußt.

a) Triadische Metaphysik

Porphyrios unternimmt eine umfassende Systematisierung der Plotinischen Philosophie, auch um sie dadurch leichter lehrbar und tradierbar zu machen. Die «Hypostasen» des Geistes, der Seele und der Natur, in denen das überseiende Eine Sein annimmt, deutet Porphyrios als einen einheitlichen Entfaltungszusammenhang, dessen Stufen kontinuierlich auseinander hervorgehen. Um die Kohärenz dieses Entfaltungszusammenhangs zu begreifen, entwickelt er die triadische Struktur des Geistes in Richtung einer umfassenden triadischen Vermittlungsdialektik weiter, eine Tendenz, die Jamblich aufgreift und die bei Proklos ihre höchste Vollendung erreicht. Die drei Leitbegriffe dieser Dialektik sind bei Porphyrios «Sein» (*einai*), «Leben» (*zôê*) und «Geist» (*nous*), die schon in Plotins Geistmetaphysik eine bedeutende Rolle gespielt hatten. Porphyrios deutet sie als drei deutlich unterschiedene Stufen in der Entfaltung des Geistes. Den Zusammenhang dieser Stufen interpretiert er nach dem Vorbild Plotins als die Selbstentfaltung des Seins zur Totalität der Ideen im Geist. Das «Sein» bezeichnet dabei die ursprüngliche, noch unentfaltete Einheit, von der die Entfaltung des Geistes ausgeht, das «Leben» die Selbstunterscheidung dieser Einheit in die Vielheit der Ideen und der «Geist» schließlich die durch ihre Selbstunterscheidung zu sich zurückgekehrte Einheit, die sich als die entfaltete Totalität der Ideen selbst denkt und weiß. Diese Strukturmomente des Geistes sind einander zugleich koordiniert und subordiniert: aufgrund der konkreten Totalität des Geistes enthält jedes seiner drei grundlegenden Momente zugleich die beiden anderen in sich selbst; ebenso aber bezeichnen sie als Stufen in der Entfaltung der Einheit in die Vielheit auch eine absteigende Reihe, so daß die Struktur des Geistes eine Triade aus Triaden ist, die alle aus den gleichen Gliedern bestehen, sich aber dadurch unterscheiden, daß in jeder Triade ein anderes Glied vorherrscht. In der ersten und höchsten Triade (*Sein* – Leben – Geist) dominiert das Moment des Seins und der Einheit, in der zweiten (Sein – *Leben* – Geist) das des Lebens und der Entfaltung und in der dritten (Sein – Leben – *Geist*) das Moment des Geistes und der Rückkehr zu sich (Fr. 366 Smith). Den Gesamtzusammenhang dieser Triaden kann Porphyrios darum sowohl von ihrem ersten Moment aus als Selbstentfaltung des Seins als auch vom dritten Moment aus als das Sich-Selbst-Denken des Geistes begreifen.

Ein Urteil über Bedeutung und Originalität von Porphyrios' Metaphysik hängt in hohem Maße davon ab, ob ein anonymer *Kommentar zu Platons Parmenides*, von dem sich ein 14 Seiten langes Fragment in einem Turiner Palimpsest erhalten hat, ein Werk des Porphyrios ist. Pierre Hadot hat ihn Porphyrios zugeschrieben (Hadot 1961; 1968 Bd 2; 1977). Das traf lange auf die nahezu einhellige Zustimmung der Forschung, doch neuerdings mehren sich die

Gegenstimmen (Tardieu 1996; Bechtle 1999; ders. 2000; Baltes 2002, 107 ff). Wie auch immer man die Einwände im einzelnen beurteilen mag, für die Zuschreibung des Turiner Kommentars an Porphyrios spricht eine Reihe von schwerwiegenden Gründen: 1. Der Kommentar enthält eine Konzeption des Absoluten und seiner Beziehung zum Geist, die Plotins Metaphysik voraussetzt, sie aber in der Weise modifiziert, daß das Eine in die triadische Struktur des Geistes einbezogen und so der Zusammenhang zwischen beiden betont wird. Er muß darum von einem nachplotinischen Platoniker stammen. 2. Für einen nachplotinischen Autor sprechen ferner die frappierenden Übereinstimmungen des Kommentars mit den philosophischen Partien in den anti-arianischen Schriften des christlichen Neuplatonikers Marius Victorinus aus der Mitte des 4. Jahrhunderts. 3. Die Lehren des Kommentars stimmen in allen wesentlichen Punkten mit den Angaben von Proklos und Damaskios über die *Parmenides*-Interpretation des Porphyrios überein. Dagegen unterscheiden sie sich von den *Parmenides*-Deutungen von Amelios, Jamblich und dem «Philosophen von Rhodos» (vermutlich Theodoros von Asine, ein Schüler Jamblichs), die Proklos ebenfalls referiert und die ihre Kommentare vor Victorinus verfaßten. So scheint Porphyrios der einzige zu sein, der als Autor in Frage kommt.

Die erhaltenen Abschnitte des Kommentars interpretieren große Teile der ersten und den Anfang der zweiten Hypothese in Platons *Parmenides* (137 A-143 A), behandeln also die Lehre vom überseienden absoluten Einen und seiner ersten Entfaltung, dem seienden Einen, das der Kommentar genau wie Plotin mit dem Geist als der Einheit aller Ideen gleichsetzt. Er betont die Transzendenz des Einen selbst – das er auch «den Gott, der über allem ist» nennt (*In Parm.* I 4 f) – über alles Seiende und über alle Erkenntnis. Anders als Plotin bezieht Porphyrios das jenseitige Eine aber auch positiv auf das von ihm begründete Seiende (ebd. XI–XII). So ist das Eine als Grund und Ursprung alles Seienden zwar selber kein inhaltlich bestimmbares und erkennbares Seiendes, sondern «überseiend» (*hyperousios*, ebd. II 11) und «jenseits des Seienden» (*epekeina tou ontos*, ebd. XII 23 f. 31). Es ist jedoch nicht auch jenseits des Seins selbst wie bei Plotin, sondern es ist vielmehr das reine «Sein selbst» (*auto to einai*), verstanden als «die reine absolute Tätigkeit oder Wirksamkeit» (*auto to energein katharon*): «Es wirkt vielmehr und ist das reine Wirken selbst, so daß es auch das Sein selbst *vor* dem Seienden ist.» (Ebd. XII 25–27) Dieses «absolute Sein» (*einai apolyton*, ebd. XII 32) unterscheidet Porphyrios ausdrücklich von jenem Sein, das *in* dem Seienden anwesend ist und es seiend macht: «Somit ist das Sein doppelt: das eine präexistiert (*prohyparchei*) vor dem Seienden, das andere ist hervorgebracht von dem Einen, welches jenseits des Seienden, das absolute Sein und gleichsam die Idee des Seienden (*idea tou ontos*) ist, durch Teilhabe an welchem das andere eine bestimmte Einheit (*ti hen*) wird, die mit dem Sein verbunden ist, welches jenes absolute Sein hervorgebracht hat.» (Ebd. XII 29–35) Alles und jedes Seiende ist überhaupt nur seiend durch die in ihm anwesende und einigend wirksame Einheit, die darum mit seinem Sein verbunden ist oder dieses Sein eigentlich ausmacht, so Porphyrios. Dieses «Sein» in allem Seienden ist das jedem Seienden als solchem zukommende Einheitsmoment, kraft dessen es als ein einheitliches, mit sich identisches Seiendes existiert; in der Triade des Geistes ist es den beiden anderen Momenten, dem «Leben» und dem «Geist», zugleich zugeordnet und vorgeordnet. Dieses ursprünglichste Moment im Geist und in allem Seienden ist aber anders als das «Leben» und der «Geist» keine sachhaltige Wesensbestimmung des Seienden, sondern dessen Existenz (*hyparxis*) im Unterschied von seiner Essenz (*ousia*); dabei deutet Porphyrios die Existenz oder den Seinsakt henologisch als dasjenige, was den Wesensbestimmungen ihre Einheit verleiht und sie dadurch seiend macht. In seiner Beziehung auf das Leben, in dem es sich in die Vielheit entfaltet, und auf den Geist, in dem es als die entfaltete Einheit des Ganzen zu sich zurückkehrt, ist das Sein dem Geist und dem Seienden immanent. Wird es jedoch ohne diese Beziehung auf die beiden anderen Momente rein für sich selbst genommen, so ist es in sich selbst vollkommen einfach und bestimmungslos und kann insofern, so Porphyrios, mit dem überseienden Einen selbst identifiziert werden; dieses unbezügliche, rein für sich genommene Sein ist das «absolute Sein», das Leben und Geist transzendiert und als die «Idee des Seienden» in reiner Tätigkeit das Sein alles Seienden gründet und hervorbringt.

Porphyrios vermittelt durch diese Konzeption des Seins zwischen dem Übersein des Absoluten und dem Seienden. Ebenso vermittelt er auch zwischen der Erkenntnistranszendenz des Einen und der Selbsterkenntnis des Geistes, indem er das Eine mit der «absoluten Erkenntnis» (*gnôsis apolytos*) gleichsetzt (ebd. VI 8). Schon Plotin hatte den sich selbst erkennenden Geist als die dreifaltige Einheit von Denkendem, Gedachtem und Denkakt oder von Erkennendem, Erkanntem und Erkenntnisakt analysiert, die sich in konkreter Totalität durchdringen (oben Kap. IV 2 e). Das ursprünglichste Moment in dieser Drei-Einheit ist für Porphyrios der Erkennendes und Erkanntes vereinigende Erkenntnisakt. Wird dieser nun aus seiner Beziehung auf die beiden anderen Momente herausgenommen und absolut gesetzt, so fällt er als unbestimmbarer und unendlicher reiner Akt mit dem absoluten Sein und dem Einen selbst zusammen; er ist dann in sich selbst einfach, also ohne die Zweiheit von erkennendem Subjekt und erkanntem Gegenstand (ebd. VI 8–10). Diese «absolute Erkenntnis» ist auch ohne alle Beziehung auf sich selbst; sie ist also keine Selbsterkenntnis, sondern geht der Entzweiung in Erkennendes und Erkanntes als ihr Einheitsgrund ursprünglich voraus.

b) Entdeckung des Willens

Besonderes Interesse hat Porphyrios an der individuellen Seele und ihrer Erlösung von der Endlichkeit. Er akzentuiert die praktischen und ethischen Aspekte von Plotins Psychologie und gibt ihnen eine Wendung ins Soteriologische. Vor allem aber entwickelt er die bei Plotin vorhandenen Ansätze zu einem Willensbegriff konsequent weiter: durch die unableitbare Spontaneität des Willens (*boulêsis*) wendet sich die Seele von der All-Einheit des Geistes ab, wodurch sie zugleich sich selbst individualisiert und verzeitlicht. So ist das Heraustreten der Seele aus dem Geist ein Willensakt, durch den sie sich zu ihrer eigenen, individuellen Seinsweise bestimmt, denn jede Abwendung wie jede Hinwendung ist ein Willensakt (*Sent.* § 40 mit §§ 3 und 7). Die willentliche Abwendung vom göttlichen Geist interpretiert Porphyrios zugleich religiös als «Sünde» (*Sent.* § 30). Dagegen impliziert Erkenntnis (*gnôsis*), die sich stets auf das Intelligible richtet, die willentliche Zuwendung der Seele zu diesem (*Sent.* § 40). Der Wille, der sich in seiner Spontaneität selbst bestimmt, wird so zur Grundkraft der Seele; durch seine Zuwendung zum Ewigen und Intelligiblen wird er zur vernünftigen Erkenntnis, durch seine Abwendung vom Intelligiblen wird er zu Emotionalität und Trieb. Damit ist Porphyrios noch vor Augustinus der eigentliche Begründer des abendländischen Willensbegriffs (vgl. Theiler

1933, 24ff, bes. 35; Beutler 1953, 306f). Der Wille, der sich aus eigener Kraft frei in entgegengesetzte Richtungen, zum Sein oder zum Werden hin, selbst bestimmt, ist für ihn die Eigentümlichkeit der individuellen Seele, die sie vom Geist, der ewig auf sich selbst gerichtet ist, und von der ewig auf den Geist gerichteten Weltseele unterscheidet (*Sent.* § 30). Sogar die Selbsterkenntnis interpretiert er im Horizont des Willens (vgl. Theiler 1933, 44ff): denn Selbsterkenntnis ist die Zuwendung der Seele zum ewigen Sein des Geistes, das für Porphyrios wie für Plotin das wahre Selbst ist; diese Zuwendung aber ist ein Akt des Willens. Weil die Seele durch ihre Selbsterkenntnis mit dem ewigen Sein Eins wird, darum ist uns im Denken unser eigenes Sein unmittelbar und intuitiv gegenwärtig (*Sent.* § 40; 50, 16ff Lamberz), womit Porphyrios Descartes' Einsicht in die unbezweifelbare Selbstgewißheit des denkenden Ich vorformuliert. Diese Gewißheit des eigenen Seins haben wir aber nur im Denken; wenden wir uns dem Werden zu, so verlieren wir unser wahres Selbst und damit auch unsere Seinsgewißheit (ebd.).

c) Philosophische Deutung der Religion

Porphyrios' Sorge um die Seele und ihre Erlösung motiviert auch sein Interesse an der Religion, das sich gleichermaßen auf die Glaubensinhalte wie auf die religiöse Praxis in Kult und Ritus erstreckt. Porphyrios' Interesse an der Religion hat im Platonismus eine lange Vorgeschichte. Platon hatte die Gottesvorstellungen der überlieferten mythischen Religion einer vernichtenden Kritik unterzogen (*Rep.* 377Eff); der anthropomorphe Polytheismus Homers und Hesiods war für ihn völlig unhaltbar. Dagegen interpretierte schon Xenokrates die Götter des Mythos als symbolischen Ausdruck philosophischer Prinzipien; so kann Zeus für den göttlichen Geist und die Einheit und die Göttermutter für die Weltseele stehen (Fr. 15 Heinze). Nachdem die Stoiker die allegorische Mythendeutung in großem Stil praktizierten, machten auch die Mittelplatoniker sich diese Methode zunutze; die immer genauere Bekanntschaft mit den eindrucksvollen Religionen des Orients, mit dem Monotheismus der Juden, des persischen Propheten Zarathustra oder der spätägyptischen Amunsreligion verstärkte diese Tendenz. So interpretiert etwa Plutarch in seiner Schrift *Über Isis und Osiris* den ägyptischen Mythos als symbolische Darstellung der mittelplatonischen Weltschöpfungslehre mit ihren Prinzipien des göttlichen Geistes (= Osiris), der Weltseele (= Isis) und der Materie (= Seth). Philon von Alexandria setzte den Einen Gott des Judentums mit dem Einen Platons gleich, interpretierte ihn aber zugleich als Geist und als Schöpfer. Numenios, der Platon einen «attisch redenden Moses» nannte (Fr. 8 des Places), lehrte schließlich programmatisch die Übereinstimmung Platons mit der religiösen Weisheit aller alten Kulturvölker, namentlich der indischen Brahmanen, der Juden, der Magier (der Anhänger Zarathustras) und der Ägypter, und zwar speziell hinsichtlich des richtigen Begriffs von Gott (Fr. 1 a des Places). Porphyrios entwickelt daraus das Programm einer systematischen Integration der gesamten religiösen Überlieferung in die Philosophie. Dabei setzt er voraus, daß sich die religiösen Inhalte ihrer mythischen Vorstellungsform entkleiden und in philosophische Begriffe übersetzen lassen.

Von größter Bedeutung in diesem Zusammenhang wurden die *Chaldäischen Orakel.* Diese Orakel, die Plotin noch ignoriert hatte, waren zur Zeit Mark Aurels (Kaiser 161–180) im Umkreis des Numenios entstanden und kleiden dessen Ansichten von der Hierarchie des Göttlichen in eine religiöse, halbmythologische Sprache; sie geben sich als göttliche Offenbarung aus und beziehen sich auf die uralte Religion der Chaldäer, d. h. der Sumerer. Somit selbst schon ein Produkt der spätantiken Synthese von Platonismus und religiösen Erlösungslehren, wurden sie für Porphyrios zum wichtigsten Unterpfand für die Einheit von philosophischer und religiöser Wahrheit und spielten von da an eine gewaltige Rolle im gesamten späteren Neuplatonismus (grundlegend dazu Theiler 1942). Die höchste Gottheit der Orakel war eine Triade, bestehend aus «Vater» (*patêr*), «Macht» (*dynamis*) und «Geist» (*nous*), die Porphyrios mit der Platonischen Trias von Sein, Leben und Geist gleichsetzte und im Sinne seiner Triadik als die sich selbst durchdringende Dreieinigkeit des göttlichen Geistes interpretierte (vgl. Proklos, *In Tim.* III 64, 8 ff mit Johannes Lydos, *De mens.* IV 122 = Fr. 366 Smith). Besonders wichtig für die neuplatonische Rezeption der Orakel war es, daß diese die Transzendenz ihrer triadischen Gottheit deutlich aussprechen. Der «Vater» wird dabei als der «einfach Transzendente» oder der «Transzendente in der Weise der Einheit» (*hapax epekeina*) bezeichnet, was als Übersetzung seines chaldäischen Namens «Ad» ausgegeben wird; Porphyrios identifizierte ihn darum mit dem überseienden absoluten Einen (vgl. Johannes Lydos, *De mens.* IV 53 = Fr. 365 Smith), worin ihm die späteren Neuplatoniker von Jamblich an indes nicht gefolgt sind (vgl. Damaskios, *De princ.* II 1).

Die *Chaldäischen Orakel* wurden ferner zur Bibel der *Theurgie* (dazu Dodds 1970, 150–167). Darunter versteht man die in den Orakeln enthaltene Lehre, daß das Göttliche in bestimmten materiellen Gegenständen, die als «Zeichen» (*symbola, synthêmata*) bezeichnet wurden, anwesend und wirksam ist, weil diese «Zeichen» durch den Vollzug gewisser Riten von der göttlichen Kraft gleichsam «beseelt» werden. Der rituelle Gebrauch dieser machthaltigen «Zeichen» im religiösen Kult sollte die Seele reinigen und mit dem Göttlichen verbinden. Diese Vorstellung ähnelt der christlichen Überzeugung, daß der Gläubige durch die Sakramente, speziell durch die Eucharistie, in besonderer Weise mit Gott verbunden wird; Augustinus assoziiert christliche Sündenvergebung und theurgische Reinigung ausdrücklich (*De civ. dei* X 23–24). Die theologische Lehre von der realen Präsenz Christi im Brot und Wein des Abendmahls, die sich seit dem 4. Jahrhundert zuerst in der griechischen Kirche ausbildete, ist von der neuplatonischen Theurgie und ihrer *symbola*-Lehre beeinflußt. Während Jamblich und die meisten späteren Neuplatoniker die Theurgie vorbehaltlos aufnahmen und sie oft mit paranormalen Erlebnissen wie mediumistischer Trance verbanden (vgl. Dodds 1970, 163 ff), war Porphyrios hier deutlich zurückhaltender. Für ihn kann die Theurgie bei der Rückkehr der Seele zu Gott bzw. zum Geist hilfreich sein, jedoch nur auf den vorbereitenden unteren Stufen dieser Rückkehr, welche die Seele vom Sinnlichen lösen (*An Anebo* 2, 13 a; vgl. Augustinus, *De civ. dei* X 27 = Fr. 287/88 Smith); entscheidend bleibt die intellektuelle Selbsterlösung durch Philosophie, die allein die Vereinigung mit dem Geist vollzieht. Für Jamblich dagegen vollbringt die Theurgie selbst schon eine Vereinigung der Seele mit der Gottheit, deren auch der Philosoph bedarf (*De myst.* 2, 11).

Von Porphyrios' Synthese von Philosophie und Religion bleibt einzig das Christentum ausgeschlossen. Porphyrios war dessen scharfsinnigster und kenntnisreichster Kritiker in der gesamten Antike, namentlich mit seiner sehr umfangreichen Schrift *Gegen die Christen*, die nicht erhalten ist, deren Inhalt aber aus den Angaben christlicher Autoren rekonstruiert werden kann (Harnack 1916). In dieser Schrift nahm Porphyrios die Methode und einige wesentliche Einsichten der modernen historischen Bibelkritik vorweg. So deckte er zahlreiche Widersprüche zwischen dem Alten und dem Neuen Testament, vor allem aber der Evangelien untereinander auf und entlarvte das Buch *Daniel*, das wegen seiner Prophezeiungen berühmt war und vorgibt, zur Zeit des Perserkönigs Kyros des Großen im 6. Jahrhundert v. Chr. geschrieben zu sein, als Fälschung aus hellenistischer Zeit (verfaßt 167–165 v. Chr.); die angeblich prophezeiten Ereignisse waren da schon Geschichte. Porphyrios unterschied auch bereits deutlich zwischen der «mythischen» Christusfigur, wie sie vor allem das *Johannesevangelium* zeichnet, und dem «historischen» Jesus der synoptischen Evangelien. Seine Bibelkritik war für das damalige Christentum extrem gefährlich, weil sie die Glaubwürdigkeit der christlichen Offenbarungsschriften zu erschüttern drohte. Nicht weniger als viermal, 324, 448, 451 und 536, wurde die Schrift des Porphyrios durch kaiserliche Edikte verboten; die häufige Wiederholung des Verbots über einen Zeitraum von mehr als zweihundert Jahren zeigt, wie relativ wirkungslos es zunächst blieb.

Fragt man, warum Porphyrios das Christentum aus seiner Synthese von religiöser und philosophischer Wahrheit ausschloß, so waren vor allem zwei Gründe ausschlaggebend. Zum einen war es der christliche Anspruch auf den exklusiven Zugang zum Heil, der keinen anderen Weg zu Gott anerkennt als das Bekenntnis zu Christus; dieser Absolutheitsanspruch, der sich auch gegen die Philosophie richtet, mußte von einem Philosophen, der zumindest Spuren der Wahrheit in allen religiösen Überlieferungen fand, tief mißbilligt werden. Zum anderen war es der christliche Glaube an die Menschwerdung Gottes, wörtlich verstanden und exklusiv auf den historischen Menschen Jesus bezogen, der als Rückfall in den schon von Platon und dem Vorsokratiker Xenophanes (6. Jahrhundert v. Chr.) bekämpften Anthropomorphismus erschien und dem Dogma der Unveränderlichkeit Gottes widersprach. Ein antiker Platoniker konnte die Botschaft von der Menschwerdung Gottes darum nur ablehnen (vgl. Augustinus, *De civ. dei* X 29), wenn er sie nicht radikal enthistorisierte und als mythisches Bild für den weltsetzenden Abstieg der Seele ins Werden deutete; in dieser allegorisierenden Weise interpretierte Amelios die Aussagen des *Johannesevangeliums* über den Abstieg des Logos ins Fleisch und seine Wiederauferstehung und Rückkehr zu Gott (bei Eusebios, *Praep. ev.* XI 19, 1).

Es gehört zu den merkwürdigsten Ironien der Geschichte, daß ausgerechnet der erklärte Christenfeind Porphyrios mit seinem trinitarischen Gottesbegriff, den er aus der Interpretation der *Chaldäischen Orakel* entwickelte, zum wichtigsten Anreger für die Ausbildung des kirchlichen Trinitätsdogmas im 4. Jahrhundert wurde. Nachdem Origenes sich bei der Auslegung des Verhältnisses von Gottvater und Gottsohn philosophischer Begriffe platonischer Provenienz bedient und den Sohn, den weltbegründenden Logos, dabei als den Inbegriff der Ideen gedeutet hatte, kam es zu einer erbittert ausgetragenen Kontroverse über die Frage, wie jenes Verhältnis genauer zu bestimmen sei. Arius und seine zahlreichen Anhänger bestanden darauf, daß Christus dem Vater niemals *gleich*, sondern nur *ähnlich* sein könne; er sei nur das erste und vornehmste Geschöpf Gottes. Dagegen stand die Lehre der Konzilien von Nizäa (325) und Konstantinopel (381), daß Christus und der Heilige Geist dem Vater wesensgleich (*homoousios*) und darum ebenso im vollen Sinne Gott seien wie der Vater. Durch Athanasius, vor allem aber durch Gregor von Nyssa und Marius Victorinus gewann diese Lehre in der zweiten Hälfte des 4. Jahrhunderts das intellektuelle Übergewicht über den Arianismus. Es war ausgerechnet Porphyrios, der die rechtgläubigen Kirchenväter gelehrt hatte, wie man die wechselseitige Implikation und damit die Gleichwesentlichkeit von drei unterschiedenen, aber nicht getrennten Momenten in Gott mit der Einheit Gottes zusammendenken kann, wodurch die Gottheit Christi erst mit dem biblischen Monotheismus vereinbar wurde. Kein geringerer als Augustinus bestätigt Porphyrios denn auch ausdrücklich das richtige Verständnis der Trinität; Augustinus zitiert dabei dessen von den *Chaldäischen Orakeln* beeinflußte Terminologie, die vom «Vater» und vom «väterlichen Geist» spricht (*De civ. dei* X 23; vgl. 29).

2. Proklos

a) Von Jamblich zu Proklos

Porphyrios' bei weitem berühmtester Schüler war der wohl nur etwa ein Jahrzehnt jüngere Jamblich aus Chalkis in Koilesyrien (ca. 240/45–325), der aus der Dynastie der Priesterkönige von Emesa stammte. Jamblich, der zu Porphyrios ein ähnlich kompliziertes und kritisches Verhältnis hatte wie Aristoteles zu Platon, gründete spätestens um 290 seine eigene Schule, wahrscheinlich im syrischen Apamea, wo schon Numenios und Amelios gelehrt hatten. Der äußerst charismatische Jamblich prägte eine ganze Generation griechischer Intellektueller und bestimmte das geistige Klima des Heidentums im seit Konstantin christlich werdenden Römerreich bis zum Ende der Antike. Religiösem Gedankengut und besonders der Theurgie öffnete er sich noch weit vorbehaltloser als Porphyrios. Überzeugt von der Einheit und vom göttlichen Ursprung aller Weisheit, fand er deren älteste Zeugnisse in den Religionen der Ägypter und der Chaldäer (d.h. der Sumerer). Durch den zum Gottmenschen stilisierten Pythagoras sei die uralt-offenbarte Weisheit des Orients zu den Griechen gelangt, unter denen schließlich Platon der erleuchtete Interpret ihrer Mysterien geworden sei. Jamblich verschaffte dem Platonismus damit eine Genealogie, die über die Anfänge des griechischen Denkens hinaus bis zu den Ursprüngen menschlicher Kultur zurückreicht. Er verwarf Plotins Lehre von der unaufhebbaren Verbundenheit der individuellen Seele mit dem absoluten Geist (oben S. 133 ff). Für Jamblich *verliert* die Seele durch ihren Abstieg ins Werden die Verbindung mit der intelligiblen Welt. Darum ist die inkarnierte Seele, auch die des Philosophen, erlösungsbedürftig: sie muß den verlorenen Kontakt zum Übersinnlichen durch die magisch-sakralen Rituale der Theurgie erst wiederherstellen.

Durch Jamblich wurde der Neuplatonismus selber zu einer veritablen Religion, die mit dem Christentum um die Oberschichten konkurrierte; während sich die neuen Funktionseliten des Imperiums (Offiziere und Beamte) seit Konstantin der Kirche zuwandten, fand die alte Bildungs- und Geblütsaristokratie im Neuplatonismus Jamblichs eine intellektuelle Heimat, die ihnen die Vereinbarkeit ihrer geheiligten Traditionen mit den tiefsten Einsichten der Philosophie zu garantieren schien und dadurch ein Bewußtsein der Überlegenheit über den neuen Glauben erlaubte. Zu Jamblichs glühendsten Anhängern gehörte Konstantins Neffe Julian, der 355 Cäsar und 361 Alleinherrscher wurde; der politisch wie miltärisch hochbegabte Kaiser wollte die von Konstantins Sohn Constantius II. (regierte 337–361) forcierte Christianisierung des Reiches rückgängig machen und versuchte, zu diesem Zweck alle nicht-christlichen Religionen auf neuplatonischer Grundlage in einer Art heidnischer «Kirche» zu vereinigen. Das Scheitern dieser altgläubigen Restauration durch Julians frühen Tod im Jahre 363 beendete die politischen Ambitionen der Neuplatoniker, aber keineswegs ihre intellektuelle Dominanz, die bis zum Ende der Antike unangefochten blieb.

In der zweiten Hälfte des 4. Jahrhunderts wurde Platons Akademie in Athen, die in den vorangegangenen Jahrhunderten ein eher bescheidenes Dasein gefristet hatte, erneut zum intellektuellen Zentrum des Platonismus, und zwar durch zwei Philosophen, die nachhaltig von Jamblich beeinflußt waren: Plutarch von Athen (gest. 432) und Syrian aus Alexandria (gest. 437 oder 439). Sie übernahmen von Jamblich nicht nur die Einbeziehung der Theurgie und die symbolisch-allegorische Deutung aller überlieferten Mythologien, sondern ebenso das philosophische Curriculum, die Methodik der Platoninterpretation sowie die Tendenz, die Hierarchie der Hypostasen durch die Einführung immer neuer vermittelnder Zwischenstufen zu einem immer komplexeren System auszugestalten. Ihr gemeinsamer Schüler war Proklos, der «Hegel der Antike», in dessen Denken der Neuplatonismus seine systematische Vollendung erreichte.

Proklos wurde am 8. Februar 412 in Konstantinopel geboren. Seine Jugend verbrachte er in Xanthos in Lykien, der Heimat seiner vornehmen und wohlhabenden Eltern. Die Familientradition bestimmte ihn zum Juristen, doch er entschied sich für die Philosophie und studierte zunächst in Alexandria Mathematik und die Schriften des Aristoteles, bevor er mit 19 Jahren nach Athen zu Plutarch und Syrian ging (430/31). Gemäß dem von Jamblich festgelegten Curriculum folgte auf die Beschäftigung mit Aristoteles die Lektüre der Platonischen Dialoge, bevor die *Chaldäischen Orakel* und die *Orphischen Hymnen* den Kursus abschlossen; als Höhepunkt dieser Einweihung in die Mysterien der Philosophie galt Platons *Parmenides*, der Dialog über das Eine. Nachdem er dieses Curriculum absolviert hatte, verfaßte Proklos im Alter von 27 Jahren seinen riesigen und äußerst gelehrten *Kommentar zu Platons Timaios*, der ihn schlagartig berühmt machte, und wurde noch im gleichen Jahr (439) als Nachfolger Syrians Oberhaupt der Akademie. Diese ehrwürdigste Bildungsinstitution der antiken Welt stand damals wieder in höchstem Ansehen und erfreute sich eines erheblichen Vermögens, das Proklos ein fürstliches Einkommen von über 1000 Goldsolidi jährlich bescherte (Dörrie-Baltes I

Nr. 34.3). Das Haupt der Akademie nannte sich «Nachfolger des göttlichen Platon», so wie der Bischof von Rom sich als «Nachfolger des heiligen Petrus» titulierte; sein gesellschaftliches Prestige war so groß, daß die in Attika tätigen Beamten ihm bei Antritt ihres Amtes ihren Respekt erweisen mußten, er galt als der erste Bürger Athens. Über Proklos' strikt geregelten Tagesablauf, in dem sich Vorlesungen und Seminare, die Arbeit an seinen Schriften und Gebete ablösten, informiert uns detailliert die Biographie seines Schülers und Nachfolgers Marinos, der den äußerst seriösen Gelehrten und scharfsinnigen Intellektuellen, der Proklos gewesen ist, zum typisch spätantiken Heiligen und «Hierophanten des gesamten Universums» stilisiert. Proklos, der in dem großen Haus Plutarchs mit Blick auf die Akropolis lebte und lehrte, hatte zahlreiche Schüler, darunter auch Christen; zu seinen Füßen saßen die Spitzen der römischen Aristokratie, unter ihnen mit Anthemius (regierte 467–472), einem Verwandten Julians, und Julius Nepos (regierte 474–480) zwei der letzten weströmischen Kaiser sowie der Vater des Boethius. Am 17. April 485 starb Proklos an den Folgen der Gicht, der typischen Krankheit der Reichen.

Proklos' Oeuvre, das ähnlich umfangreich wie das des Aristoteles ist, besteht zum größten Teil aus Kommentaren zu Platons Dialogen, aber auch zu Euklids *Elementen* und zu Nikomachos' *Einführung in die Zahlenlehre*. Erhalten sind außer diesen beiden und dem schon erwähnten *Timaioskommentar* die Kommentare zur *Politeia*, zum *Großen Alkibiades*, zum *Kratylos* und vor allem zum *Parmenides*, das Hauptwerk des Proklos; weitere Kommentare zum *Philebos*, *Phaidon*, *Phaidros*, *Sophistes*, *Theaitetos*, *Gorgias* und zur Diotima-Rede im *Symposion* sind nicht erhalten, teilweise kann ihr Inhalt aber aus anderen Schriften des Proklos oder aus Referaten späterer Autoren rekonstruiert werden; die Kommentare, die Proklos zu Plotin verfaßt hat, sind restlos verloren. Proklos verfaßte aber auch systematische Darstellungen, von denen die wichtigsten, die *Platonische Theologie* (d. h. Metaphysik), die *Grundlegung der Theologie* (*Stoicheiôsis theologikê*) und die *Grundlegung der Naturphilosophie* (*Stoicheiôsis physikê*) erhalten sind. Dazu kommen zahlreiche Abhandlungen zu speziellen Problemen der Philosophie, aber ebenso der Mathematik und Astronomie, zur Religionsphilosophie und Theurgie sowie theologische Hymnen; das meiste davon ist verloren. Was Proklos von allen Vorgängern außer Plotin abhebt, ist nicht nur die Größe seiner spekulativen Begabung und sein unvergleichlicher Scharfsinn, sondern auch seine strikte Zentrierung aller Probleme auf Platon. Bei aller Bewunderung für den «göttlichen Jamblich» machte Proklos dessen Pythagoreisierung des Platonismus wieder rückkgängig. Unmißverständlich schreibt er zu Beginn seiner *Platonischen Theologie*, die göttliche Wahrheit sei den Menschen nur durch Platon unverhüllt offenbart worden (*Theol. Plat.* I 1, 5, 6 ff).

b) Proklische Dialektik

Proklos' philosophisches System ist das umfassendste und differenzierteste aller neuplatonischen Systeme. Auch nur seine Grundzüge nachzuzeichnen, würde ein eigenes Buch erfordern. Nicht übergangen werden darf aber Proklos' Dialektik, über die Hegel urteilte, sie enthalte «das Vorzüglichste, Ausgebildetste unter den Neuplatonikern» (*Vorlesungen über die Geschichte der Philosophie* Bd 2, 474). Proklos' Dialektik knüpft unmittelbar an Platon an und ist wie dessen Dialektik eine philosophische Reflexion der Prinzipien, welche den Zusammenhang von Sein und Denken allererst ermöglichen (vgl. *Rep.* 511 A-E, 533 C-535 A); wie Platons Dialektik verbindet auch Proklos den transzendierenden Aufstieg zum Absoluten mit der Ableitung der Prinzipiate aus dem Absoluten. Die verschiedenen dialektischen Methoden, deren sich Platon dabei bedient hatte und die in der langen Geschichte des Platonismus kanonisch geworden waren, werden von Proklos in einer eigenen Methodenreflexion thematisiert und in ihrer systematischen Zusammengehörigkeit durchsichtig gemacht. Bei Proklos finden wir damit die erste voll ausgearbeitete Theorie der dialektischen Methode, die natürlich selber dialektischen Charakter hat, so daß in ihr das dialektische Verfahren selbstreflexiv wird. Diese Selbstthematisierung der Dialektik bei Proklos präludiert in der Tat der Dialektik Hegels, der in Proklos den neben Platon wichtigsten Vorgänger seiner eigenen Dialektik sah. Im Zentrum von Proklos' Theorie der Dialektik steht aber nicht seine ebenso subtile wie komplexe Triadik, die zahlreiche systematische Übereinstimmungen mit der triadischen Dialektik Hegels aufweist (dazu Halfwassen 1999, 432–462), sondern seine Theorie der analogischen und negativen Dialektik (grundlegend dazu Beierwaltes 1979, 329–366).

Analogie (*analogia*) und Negation (*apophasis, aphairesis*) sind die beiden Wege, auf denen sich das Denken auf das Absolute zu beziehen vermag. Diese beiden Wege des Denkens zur Transzendenz des Absoluten gründen in dem Transzendenzbezug der Wirklichkeit selber zum Absoluten, dem jenseitigen Einen. Die Beziehung zum Absoluten ist nun für Proklos eine dreifache: dem Hervorgang (*prohodos*) der Vielheit und des Seins aus der Überfülle des Absoluten korrespondiert wie bei Plotin die Rückwendung (*epistrophê*) der entspringenden Wirklichkeit auf das jenseitige Eine, wodurch das Entspringende allererst Einheitscharakter und damit Sein und Bestimmtheit erhält. Durch Hervorgang und Rückwendung, die zwei Aspekte eines und desselben Ursprungsgeschehens sind, ist die entsprungene Wirklichkeit mit dem Absoluten, das in absoluter Transzendenz in sich bleibt, ohne aus sich herauszugehen, geeint (*monê*); dieses Geeintsein mit dem Absoluten ist die Spur des überseienden Einen in allem Seienden, seine in allen Prinzipiaten gegenwartige Übermacht, die den Prinzipiaten die Kraft verleiht, sich selbst zu transzendieren, ihre jeweilige Besonderheit auf die alles begründende Einheit hin zu überschreiten. Während aber das Geeintsein alles Seienden mit dem über alles Sein und über alles Denken hinausliegenden Absoluten jede Erkenntnis transzendiert, sind der Hervorgang und die Rückwendung des Seienden als *dessen* eigene Tätigkeit für das Denken erkennbar; sie werden in der zum absoluten Prinzip aufsteigenden und von ihm wieder absteigenden Bewegung der Dialektik nachvollzogen oder «mitgegangen» (griech. *methodos*).

Die *aufsteigende* Dialektik basiert auf dem *Hervorgang* der Wirklichkeit aus dem Übersein des Absoluten: sie geht nämlich den Weg des Hervorgehens vom Entsprungenen zum absoluten Ursprung zurück. Ihre grundlegende Methode ist darum die *Negation*, die dem Absoluten alle Bestimmungen der entsprungenen Wirklichkeit abspricht; im Verneinen aller denkbaren Seinsbestimmungen, die stets Vielheit enthalten, erweist sie das Absolute, das einfachhin Eine selbst, als das absolut Transzendente. Dagegen basiert die *absteigende* Dialektik auf der *Rückwendung* alles Seienden auf das absolute Eine, in der sich das Sein alles Seienden konstituiert, indem sich die entsprungene Vielheit in eine Einheit einigt, durch die sie an der absoluten Einheit des Ursprungs teilhat; diesen konstitutiven Rückbezug der Wirklichkeit auf den Einheit-stiftenden

Ursprung vollzieht die absteigende Dialektik mit, indem sie von der entsprungenen Wirklichkeit auf den Ursprung zurückgeht. Ihre grundlegende Methode ist darum die *Analogie*, die alles Entsprungene auf den absoluten Ursprung zurückbezieht und damit dessen Sein-setzende und alles im Sein erhaltende Ursprünglichkeit erweist. Grundgelegt sind beide Methoden bei Platon: die Analogie im Sonnengleichnis, die Negation in der ersten Hypothese des *Parmenides*. Diesen beiden Methoden entsprechen auch die beiden Namen des Absoluten: die Benennung als «das Eine» (*to hen*) spricht sein Herausgenommensein aus aller Vielheit aus und damit seine absolute Transzendenz, sie entspricht also der negativen Dialektik; die Benennung als «das Gute» (*tagathon*) spricht dagegen seine alles Sein setzende und erhaltende Überfülle und damit seine absolute Ursprünglichkeit aus und entspricht darin der analogischen Dialektik. Wie die beiden Formen der Dialektik gründen auch die beiden Namen des Absoluten nicht in diesem selbst – denn das Absolute transzendiert jede Sagbarkeit und Benennbarkeit –, sondern in der Beziehung der Wirklichkeit zum Absoluten; darum benennen sie das unsagbare Absolute auch nur in einer uneigentlichen und metaphorischen Weise (*Theol. Plat.* II 5–6). Bestimmend für den Sinn auch der Analogie bleibt darum die Negation. Wie bei Plotin, so haben wir es auch bei Proklos mit einer *negativen Theologie* zu tun, welche die auf das Absolute bezogenen Negationen als Ausdruck seiner reinen Transzendenz versteht. Proklos unterscheidet diese als Transzendenzaussagen verstandenen Verneinungen auch methodisch von anderen Weisen der Verneinung. Dabei entwickelt er eine differenzierte Theorie der mehrfachen Bedeutung der Negation (zum Folgenden *In Parm.* 1072, 19–1074, 21; *In Parm.* VII 44, 13–46, 18; *Theol. Plat.* II 5, 38, 13–39, 5).

Aufgrund des Seinsbezugs allen Denkens und Sprechens kann die Verneinung des Seins verschiedene Bedeutungen haben, je nachdem, in welchem Verhältnis sie zu dem in ihr verneinten Sein steht. Sein im vollen und eigentlichen Sinne ist für den Platoniker nur das intelligible Sein, das Sein der Ideen: es besagt ewiges Bestehen, vollkommene Ausprägung des eigenen Wesens, also uneingeschränkte Seinserfüllung und unveränderliches Sich-Gleichbleiben (vgl. z.B. Plotin III 6, 6). Dieser Vollsinn von Sein kann nun auf *drei-* bzw. *vierfache* Weise verneint werden. Die Seinsverneinung, also das Nichtsein kann nämlich erstens die Privation (*sterêsis*), d.h. den

Mangel oder das Fehlen von Sein bedeuten, zweitens die Andersheit oder Verschiedenheit (*heterotês*), die kein Seinsmangel, sondern selber ein positiver Seinscharakter ist, und drittens die Transzendenz, das Jenseits des Seins (*epekeina tou ontos*). Hierbei ist das Nichtsein im Sinne der Privation weiter zu unterscheiden in die *absolute* Privation, die das vollständige Fehlen jeglichen Seins bedeutet, und die *relative* Privation, die einen nur partiellen Seinsmangel, also eine Unvollkommenheit anzeigt. Während sich die absolute Privation auf das absolute Nichts der reinen Materie bezieht, referiert die relative auf alles, das in der einen oder anderen Hinsicht einen Mangel an Sein aufweist; dazu gehört alles Werdende und Vergehende, das zwar existiert, aber ebensogut auch nicht sein könnte, ebenso wie alles bloß Mögliche, das zwar nicht aktuell existiert, aber sein könnte, dazu gehört aber auch alles irgendwie Veränderliche wie die Seele, welche von einem Inhalt zum anderen übergehen muß und darin einen Seinsmangel aufweist. Gemeinsam ist allen privativen Negationen somit, daß sie einen Seinsmangel anzeigen und darin der positiven Seinsbehauptung semantisch unterlegen sind. Dagegen bedeutet die Seinsverneinung im Sinne der Verschiedenheit keinen Seinsmangel, sondern ein nur relationales Nichtsein: Z. B. ist die Idee der Ruhe nicht die Idee der Bewegung, sie ist von dieser verschieden, sie ist aber gleichwohl ebenso seiend wie diese, weshalb ihr nichts fehlt, wenn ihr Bewegung abgesprochen wird. Das relationale Nichtsein der Verschiedenheit referiert darum nicht auf Nichtseiendes, dem das Sein fehlt, sondern auf im Vollsinne Seiendes und gibt dessen Verhältnis zu anderem Seienden an. Dies ist aber selber ein positiver Seinscharakter und seine Erfassung somit eine Erkenntnis, weshalb der semantische Gehalt hier dem einer Affirmation, in der ein Seinsgehalt positiv erfaßt wird, nicht unterlegen, sondern ihr gleichrangig ist. Die dritte Art der Seinsverneinung, die Transzendenzbehauptung, besagt nun weder einen Seinsmangel noch eine Verschiedenheit eines Seienden von anderem, sondern das *Übersein*: sie referiert auf die positiv unsagbare *Überfülle* des Absoluten, indem sie dieses aus allem Sein herausnimmt. Der semantische Gehalt dieser transzendierenden Verneinung geht darum über den jeder affirmativen Seinsbehauptung hinaus, nicht trotz, sondern gerade wegen ihrer negativen Form. Diese Negation spricht dem Absoluten ab, worüber es erhaben ist, was aber in ihm gründet. Sie ist darum für Proklos der Affirmation auch nicht entgegengesetzt, sondern steht *über* dem Gegensatz von Bejahung und Verneinung; anders als Bejahung und Verneinung bestimmt die Transzendenzaussage das Absolute nicht in dem, was es ist oder nicht ist, sondern weist über alle Bestimmtheit hinaus auf die reine Transzendenz jenseits von Sein und Nichtsein: «Somit besagen die Negationen in dieser Bedeutung Transzendenz (*exhairêmenos*), absolute Einheit und Ursprünglichkeit im Übersteigen der Totalität (*ekbebêkôs tôn holôn*) durch ein unerkennbares und unsagbares Übermaß an Einfachheit.» (*Theol. Plat.* II 10, 63, 18–20)

Aus dieser Besonderheit der Transzendenzbehauptung schließt Proklos nun, daß transzendierende Negationen kraft ihres semantischen Überschusses zugleich auch *produktive* Bedeutung haben: sie ermöglichen die ihnen korrespondierenden Affirmationen erst und bringen sie hervor (*Theol. Plat.* II 10; vgl. dazu Beierwaltes 1979, 348 ff). Das Absolute begründet die Totalität von Sein und Denken gerade darum, weil es selbst jenseits von allem ist; seine Allbegründung gründet in seiner absoluten Transzendenz (*Theol. Plat.* II 10, 62, 9 ff; vgl. II 5, 37, 22 ff). Darum sind die auf die absolute Transzendenz hinweisenden Negationen nicht nur nicht privativ, sondern sogar produktiv: «Sie berauben nicht das, von dem sie ausgesagt werden [das Absolute], sondern sie erzeugen das, was ihnen gewissermaßen entgegengesetzt ist: eben weil das Erste Prinzip nicht Vieles ist, darum geht das Viele aus Ihm hervor, und weil Es nicht ein Ganzes ist, darum geht die Ganzheit aus Ihm hervor und so gleichermaßen bei allen Bestimmungen.» (Ebd. II 10, 63, 9 ff) Diese Produktivität der Negation, welche alle positiven Seinsbestimmungen erst hervorbringt, berührt sich zwar mit der Produktivität der Negation in Hegels Dialektik, sie hat aber bei Proklos eine andere Bedeutung als bei Hegel. Hegel interpretiert Proklos so, daß die Negation als dialektische «Aufhebung» einer Bestimmung diese auf höherer Stufe bewahrt und dadurch den Inhalt, der negiert wird, nicht nur nicht zerstört, sondern anreichert und potenziert (*Vorlesungen über die Geschichte der Philosophie* Bd 2, 471 f). Dagegen sagt Proklos deutlich, daß die Negation das logische Subjekt, dem etwas abgesprochen wird, also das Absolute, nicht aufhebt; der Inhalt der ihm abgesprochenen Bestimmungen wird dabei sehr wohl aufgehoben.

Doch zuletzt bleibt auch die transzendierende Negation dem Absoluten, das in seiner reinen Transzendenz unsagbar (*arrhêton*) ist, unangemessen. Als der Versuch, das Unsagbare durch die Verneinung alles Sagbaren zu sagen, muß sie darum selber wieder zurückgenommen werden. Dies geschieht in der «Negation der Negation» (*hyperapophasis*), in der alle Verneinungen selber verneint werden. Die Verneinung aller Verneinungen und des Verneinens selbst schlägt aber bei Proklos, wiederum anders als die Negation der Negation in Hegels Dialektik, *nicht* in die Affirmation um, sondern in ihr *übersteigt* das verneinende Denken sich selbst auf das hin, was jenseits allen Denkens und darum auch jenseits aller Verneinung ist. Die Verneinung ist nämlich selber noch ein Akt des Denkens und insofern von Andersheit bestimmt. Was in den Verneinungen gedacht wird, ist wohlverstanden nicht das Absolute selbst, sondern nur das, was ihm abgesprochen wird: die Totalität aller Bestimmungen des Seins und des Denkens. Dabei wird das Absolute durch die Ausgrenzung aus allem, was Es selbst nicht ist, zwar nicht gedacht, wohl aber denkend intendiert. Im Verneinen bleibt darum die Intentionalität des Denkens und damit dessen grundlegende Zweiheit erhalten. Durch die Negation der Negation wird nun die Intentionalität des Denkens selbst zurückgenommen. Das Denken, das sich im Vollzug der negativen Dialektik allen Inhalt weggenommen hat, hebt sich in der Negation der Negation selbst auf, indem es nach allen Denkinhalten nun auch den reinen Denkakt des Verneinens selber verneint. Dabei übersteigt das Denken sich selbst, indem es seine konstitutive Zweiheit zurücknimmt in jene einfache, ununterschiedene Einheit (*henôsis*) mit dem Absoluten, die Plotin *Ekstasis* genannt hatte (*In Parm.* VII 70, 5–76, 7; *Theol. Plat.* II 10, 63, 20 ff; vgl. dazu Beierwaltes 1979, 361 ff).

c) Das Ende der Akademie

Die Metaphysik des Proklos ist die vollendetste systematische Ausgestaltung des neuplatonischen Denkens. Dessen Kraft war damit aber noch keineswegs erschöpft. Auf Proklos folgten in der Akademie noch zwei Generationen von Philosophen, zur zweiten gehören die beiden letzten bedeutenden Denker der nicht-christlichen Antike: Damaskios und Simplikios.

Damaskios steht seinem Lehrer Proklos an spekulativer Begabung und metaphysischem Tiefsinn nicht nach. Dieser letzte große Metaphysiker der Antike war wohl um 458 in Damaskus geboren und lebte bis nach 538; etwa 515 wurde er der letzte «Nachfolger Platons», das letzte Haupt der Akademie. Er entwickelte die negative Theologie, die zentralen Gedanken von Plotin und Proklos, aber auch von Jamblich verbindend, zu einer Metaphysik des sich wissenden Nichtwissens weiter und nahm dabei Einsichten des Nikolaus von Kues, aber auch solche der Spätphilosophie Schellings vorweg. Seine Philosophie gab dem Neuplatonismus nach dem umfassenden System des Proklos eine neue, erkenntniskritische Wendung durch einen Agnostizismus im Namen der Transzendenz. Sein erhaltenes Hauptwerk *Über die Prinzipien* verbindet eine systematische Prinzipientheorie mit einem Kommentar zu Platons *Parmenides*, dem Dialog über die Prinzipien.

Damaskios knüpft an Jamblich an, der eine merkwürdige Verdoppelung des Einen vorgenommen hatte (dazu Halfwassen 1996). Das Prinzip aller Vielheit des Seins und aller die Vielheit strukturierenden Gegensätze ist das Eine, das selbst kein Seiendes ist, sondern überseiend. Für Damaskios ist wie für Jamblich das überseiende Eine aber selber noch in gewisser Weise auf die Vielheit bezogen und kann darum nicht absolut transzendent sein; denn es enthält für sie als All-Einheit (*hen panta*) alle Gegensätze auf nicht-entgegengesetzte, einfache Weise in sich vorweg. Das Absolute aber muß jenseits von allem schlechthin sein, es darf darum für Damaskios noch nicht einmal «das Eine» genannt werden, sondern es ist «das absolut Unsagbare» (*pantê arrhêton*) jenseits des Einen, in dem dieses und mit ihm alles andere gründet (*De princ.* I 84; II 1; II 25 u. ö.). Damaskios arbeitet die Paradoxien dieser absoluten Transzendenz scharf heraus: Das Absolute kann als Ursprung von allem weder selbst die Totalität, die All-Einheit, sein noch in irgendeiner Weise zur Totalität von allem gehören oder auch nur auf sie bezogen sein; vielmehr transzendiert es die Totalität absolut und ist darum im eigentlichen Sinne auch nicht mehr Urgrund und Ursprung, sondern erscheint nur von dem Entsprungenen her so, wie schon Plotin betont hatte (vgl. VI 9, 3, 49 ff; VI 8, 8, 9 ff). Darum ist für Damaskios nicht nur das Absolute in seiner reinen Transzendenz jenseits aller Erkenntnis, sondern auch der Hervorgang der Wirklichkeit aus ihm und deren Transzendenzbezug zu ihm bleiben dem Erkennen letztlich entzogen. Alle Aussagen darüber sind folglich nur vorläufig und uneigentlich und müssen durch Paradoxien in einer dialektischen Schwebe gehalten werden. Das begründende Denken vermag den absoluten Urgrund, das absolut Transzendente, niemals einzuholen und muß sich in negativer und paradoxer Dialektik selbst transzendieren. Diese Einsicht in das Nichtwissen auf dem Grunde allen Wissens schließt bei Damaskios eine gehaltvolle Metaphysik keineswegs aus, die in der Differenziertheit ihrer begrifflichen Bestimmungen sogar noch über Proklos hinausgeht. Nur bleibt sich diese aporetische Metaphysik der unaufhebbaren Vorläufigkeit ihrer gedanklichen Distinktionen angesichts der letzten Unbegreiflichkeit der im «absolut Unsagbaren» gründenden Wirklichkeit stets bewußt. Dazu gehört bei Damaskios auch das Wissen, daß nicht jeder begrifflichen Differenzierung, die das Denken zur Erfassung der Struktur der Wirklichkeit sinnvollerweise einführen kann, auch eine eigene, fürsichseiende Stufe des Seins entsprechen muß. Die von Jamblich eingeleitete «Vermehrung» der Hypostasen hatte ihren Höhepunkt bei Proklos erreicht, der allein innerhalb des Geistes nicht weniger als 108 sich triadisch durchdringende Stufen unterschieden hatte. Sie wird von Damaskios nicht eigentlich zurückgenommen, aber doch als heuristisches Mittel des Denkens durchschaut und in ihrer ontologischen Bedeutung kritisch eingeschränkt. Die Erkenntnistranszendenz des Absoluten greift gewissermaßen auf die in ihm gründende Wirklichkeit über, so daß deren Erkenntnis immer zugleich Nichtwissen ist.

Als spekulativer Denker Damaskios deutlich unterlegen, ist sein aus Kilikien stammender Schüler und späterer Kollege Simplikios als Aristoteles-Kommentator von großer Bedeutung. Er wollte für Aristoteles leisten, was Proklos für Platon geleistet hatte. Seine Kommentare, von denen diejenigen zur *Physik*, zu den Schriften *Über die Seele* und *Über den Himmel* sowie zur *Kategorienschrift* erhalten sind, übertreffen alle anderen antiken Aristoteles-Kommentare an Umfang und Kenntnisfülle. Sie verbinden einen immensen Reichtum an Informationen, nicht nur über Aristoteles und seine Auslegungsgeschichte in der Antike, sondern über die gesamte antike Philosophie, mit philologischer Sorgfalt und hohem philosophischem Niveau. Besonders der sehr umfangreiche *Kommentar zur Physik des Aristoteles* gehört zu unseren wichtigsten Quellen für die Geschichte der griechischen Philosophie. So verdanken wir ihm die meisten Fragmente der Vorsokratiker, aber ebenso zahlreiche Zeugnisse von späteren Philosophen. Philosophisch ist Simplikios' Aristoteles-Deutung von der auf Porphyrios zurückgehenden Harmonisierung von Aristoteles mit Platon bestimmt; Aristoteles' Philosophie gilt danach nicht als kritischer Gegenentwurf zu jener Platons, sondern als mit dieser in allen wesentlichen Punkten vereinbar, wenn man sie nur als Hinführung zur höheren Weisheit Platons interpretiert.

Das Ende der neuplatonischen Schule wurde gewaltsam von außen herbeigeführt. Im Jahre 529 schloß Kaiser Justinian I. (regierte 527–565) die Akademie Platons, die über 900 Jahre bestanden hatte, zog ihr Vermögen zugunsten der Staatskasse ein und verbot jede weitere Lehrtätigkeit in Athen. Justinian, der für seine zahlreichen Kriege gegen Vandalen, Ostgoten und Perser viel Geld benötigte, hatte es dabei nicht einmal zuerst auf das Vermögen der Akademie abgesehen. Diese war vielmehr das letzte prominente Zentrum eines hartnäckigen heidnischen Widerstandes im christlich gewordenen Oströmischen Reich (das Westreich war 476/80 untergegangen), dessen religiöse Konformität der «allerchristlichste Kaiser» Justinian mit brutaler Gewalt erzwingen wollte. Die sieben letzten heidnischen Platoniker, die noch in Athen gelehrt hatten, emigrierten mit ihrem Scholarchen Damaskios nach Persien, dessen Großkönig Chosroes I. (regierte 531–578), ein Bewunderer Platons und Freund der griechischen Kultur, ihnen sofort nach seiner Thronbesteigung Exil an seinem Hof in Ktesiphon angeboten hatte. Die Hoffnung, in Chosroes einen Philosophenkönig im Sinne Platons und im Sassanidenreich einen geordneten Kulturstaat vorzufinden, wurde freilich rasch enttäuscht. So ermöglichte Chosroes, als er 532 mit Justinian den «ewigen» Frieden schloß, seinen philosophischen Freunden die Rückkehr ins Imperium; der Kaiser mußte ihnen Sicherheit und persönliche Glaubensfreiheit zusichern, das Lehrverbot wurde allerdings nicht aufgehoben. Damaskios kehrte wohl nicht nach Athen, sondern in seine syrische Heimat zurück: für das Jahr 538 ist durch eine Inschrift seine Anwesenheit in Emesa bezeugt, also in der Stadt, über die Jamblichs Familie jahrhundertelang geherrscht hatte. Simplikios hat sich sehr wahrscheinlich in Harran im römisch beherrschten Nordmesopotamien niedergelassen (vgl. Thiel 1999, bes. 49–55). Die Bevölkerungsmehrheit dieser Stadt war damals und noch für lange Zeit heidnisch; die letzten Tempel wurden erst 1081 durch die neuen türkischen Herrscher zerstört. In Harran entstand, offenbar durch Simplikios' Wirksamkeit, eine neuplatonische Philosophenschule, die nach einem Bericht des arabischen Autors Al-Masudi noch 946 bestand.

So überlebte der Neuplatonismus das Ende der Akademie und sogar das Ende der römischen Herrschaft über den Orient durch die Araber, die 642 auch die Universität von Alexandria zerstörten, an der bis zuletzt ein christianisierter und stark an Aristoteles orientierter Neuplatonismus geherrscht hatte, dessen wichtigster Vertreter Simplikios' Zeitgenosse Johannes Philoponos (gest. um 575) war. Im 9. Jahrhundert entstand in Bagdad, nicht ohne Einfluß der Schule von Harran, im Umkreis des Abbasidenhofes ein arabischer, islamisch geprägter Neuplatonismus und ebenso ein arabischer Aristotelismus. Beide beeinflußten nicht nur den islamischen Kulturraum, sondern seit dem 12. Jahrhundert auch das Denken des Abendlandes.

3. Christlicher Neuplatonismus

Den stärksten und nachhaltigsten Einfluß auf das Denken der nachantiken Epochen übte der Neuplatonismus freilich nicht auf dem Umweg über die Araber aus, sondern durch seine christliche Rezeption. Diese setzte früh ein und intensivierte sich in mehreren Schüben während der gesamten Spätantike. Am Ende der Epoche galt der Neuplatonismus nicht nur als der Inbegriff der griechischen Philosophie, sondern trotz des hartnäckigen Heidentums der Erben Platons in Athen auch als die dem Monotheismus angemessene Deutung des Zusammenhangs von Gott, Welt und Mensch. Das Christentum übernahm, mit unabschätzbaren Folgen für die gesamte weitere Geschichte Europas, vom Neuplatonismus die Ausrichtung auf die Transzendenz des Absoluten, die Überzeugung vom Primat des Geistes als der eigentlichen und höchsten Wirklichkeit sowie eine geistbezogene, intellektualistische Sicht des Menschen und der Welt. So wurden das Römische Reich und seine griechische Kultur im Verlauf der Spätantike christlich, aber das Christentum, das sie annahmen, wurde im gleichen Zug, in dem es siegte und zur kulturbestimmenden Macht aufstieg, selber immer mehr eine griechisch-philosophische, neuplatonisch interpretierte Religion.

Im 4. Jahrhundert erfolgte die christliche Rezeption neuplatonischen Denkens im Zusammenhang mit dem Streit um die Trinität. Dabei bedienten sich beide Parteien, die Arianer wie die Orthodoxen, neuplatonischer Denkformen und neuplatonisch imprägnierter philosophischer Begriffe wie «Wesen» (*ousia*) oder «Hypostase». Die Arianer, unter denen Eusebios von Caesarea (ca. 260/65–338/39), der Hoftheologe Konstantins des Großen, besonders einflußreich war, beriefen sich gerne auf die Transzendenz des Einen über alles Sein und Wesen, um zu begründen, daß der Logos Gottvater nicht wesensgleich sein kann (*Praep. ev.* XI 21, 5). Dagegen übernahmen die orthodoxen Kirchenväter den trinitarischen Gottesbegriff des Porphyrios, der es erlaubte, den triadischen Selbstvollzug des Geistes als Selbstentfaltung des absoluten Einen zu denken. Den intellektuellen Durchbruch brachte hier der Senator Gaius Marius Victorinus Afer (ca. 300–386), der als Rhetorikprofessor und neuplatonischer Philosoph in Rom lehrte und nach 353 zum Christentum konvertierte, ohne seine neuplatonischen Überzeugungen aufzugeben; vielmehr nutzte er die Triadik des Porphyrios zur philosophischen Rechtfertigung des orthodoxen Trinitätsmodells. Victorinus' Konversion machte gewaltigen Eindruck auf die Intellektuellen und beeinflußte noch die Bekehrung Augustins im Jahre 386, weil sie die Vereinbarkeit des Christentums mit dem Erbe des griechischen Denkens zu beweisen schien. Mit seiner neuplatonischen Trinitätsphilosophie prägte Victorinus das Trinitätsdenken des lateinischen Westens tiefgreifend. In Mailand entstand ein Kreis christlicher Neuplatoniker um den Kirchenvater Ambrosius, dessen geistiges Haupt Victorinus' Freund und Schüler Simplician war. Augustinus schloß sich diesem Kreis nach seiner Bekehrung an und blieb Simplician als Mentor und väterlichem Freund verbunden, als er nach Afrika zurückging. Victorinus übersetzte auch Schriften von Plotin und Porphyrios ins Lateinische; durch diese Übersetzungen lernte der des Griechischen unkundige Augustinus die «Bücher der Platoniker» kennen, die nicht nur bei seiner Bekehrung eine ausschlaggebende Rolle spielten (*Conf.* VII; *De beata vita* 1, 4), sondern sein Denken dauerhaft prägten. Augustins eigene Trinitätstheologie, wie sie sein Hauptwerk *De Trinitate* enthält, vertieft das an Porphyrios orientierte Modell einer dreifaltigen Einheit auf originelle Weise und macht es zugleich fruchtbar für die Analyse der Struktur des menschlichen Geistes und seiner bewußten Selbstbeziehung. Durch Augustinus wurden neuplatonische Motive und Denkformen bestimmend für das Denken des Mittelalters und für die gesamte weitere Entwicklung der westlichen Theologie. Ähnlich großen Einfluß hatte der aus einer der ersten Familien Roms stammende Anicius Manlius Severinus Boethius (ca. 480–524), dessen Philosophie weithin neuplatonisch geprägt ist, sowohl in seinen mehr schulmäßigen ontologischen Abhandlungen, die im Mittelalter zu den Grundtexten der philosophisch-theologischen Bildung gehörten, noch stärker aber in seiner ungeheuer einflußreichen Schrift *Vom Trost der Philosophie*, die Boethius als Selbsttröstung im Gefängnis verfaßte, nachdem ihn der Ostgotenkönig Theoderich, dessen Kanzler (magister officiorum) er gewesen war, zum Tode verurteilt hatte. Victorinus, Augustinus und Boethius denken ihren Gott als das Eine, und sie bedienen sich auch der Denkform der negativen Theologie. Aber sie scheuen dabei vor der letzten Konsequenz zurück: Ihr Gott ist zugleich Sein, Leben, Geist und Liebe, er ist unbeschadet seiner Unbegreiflichkeit die Fülle alles Positiven.

Eine zweite Spielart des christlichen Neuplatonismus bleibt dagegen näher an Plotin, der von dem Einen selbst jede denkbare Bestimmung strikt ferngehalten hatte. Der erste christliche Autor, der diese radikale Form der negativen Theologie übernimmt, ist ein wohl um 500 schreibender Schüler des Proklos, den wir nur unter seinem Pseudonym «Dionysius Areopagita» kennen. Von ihm sind vier Bücher *Über göttliche Namen, Über mystische Theologie* sowie über die himmlische und die kirchliche Hierarchie überliefert, ferner eine Reihe von Briefen; alle diese Schriften enthalten zahlreiche wörtliche oder sinngemäße Entlehnungen aus Proklos und wenden dessen Theorie des jenseitigen Einen und seiner Manifestation in allem Seienden rigoros auf die christlichen Glaubensinhalte an. Ihr Verfasser erhebt dabei Anspruch auf apostelgleiche Autorität: er suggeriert, der Athener Ratsherr Dionysius zu sein, den der Apostel Paulus nach dem Bericht in der *Apostelgeschichte* als einzigen Zuhörer bekehrt hatte, als er über den «unbekannten Gott» predigte. Die Apostelschülerschaft des Verfassers wurde zwar schon früh bezweifelt, sie fand aber seit dem 7. Jahrhundert zuerst im Osten, dann auch im Westen allgemeine Anerkennung. Im Westen wuchs seine Autorität noch erheblich, weil man ihn mit dem Pariser Märtyrer Dionysius identifizierte, der als Apostel Galliens und erster Bischof von Paris galt. Seine Abtei im Norden von Paris wurde zur Grablege der meisten merowingischen, karolingischen und kapetingischen Könige, und so stieg Dionysius zum Schutzpatron der französischen Monarchie auf. Seine Schriften kamen im 8. Jahrhundert ins Frankenreich und wurden im 9. Jahrhundert zum ersten Mal ins Lateinische übersetzt. Von da an beeinflußten sie intensiv das philosophische und theologische Denken des Mittelalters und der Renaissance. Sie wurden zur wichtigsten Quelle für alle spätere negative Theologie und Mystik. Aber auch ein Autor wie Thomas von Aquin zitierte sie häufiger als Aristoteles, auch öfter als die Bibel. Nikolaus von Kues pries Dionysius als den größten aller Theologen und Philosophen und stellte ihn sogar über Platon und Proklos.

Dionysius umschreibt in sprachlich faszinierenden, barocken Wendungen die Transzendenz des «übergöttlichen» Einen, das in seiner Absolutheit jenseits aller stets vielheitlichen Bestimmungen und sprachlichen Ausdrücke bleibt, auch «jenseits des Seins» und «jenseits des Geistes». Zugang zu diesem überseienden, undenkbaren und unsagbaren Absoluten haben wir nur, weil alles Seiende Manifestation seiner Übermacht und Überfülle ist. Dionysius formuliert das so, daß die Wirklichkeit in allen ihren Stufen vom reinen Geist bis zum Materiellen «Theophanie» ist, Erscheinung des verborgenen göttlichen Einen. Die Theophanien sind hierarchisch gestuft, und sie verweisen in ihrer hierarchischen Ordnung über sich hinaus auf ihren überseienden Grund; dadurch ermöglichen sie den Aufstieg zu ihm. Sie ermöglichen auch «Theologie» als Rede vom Absoluten, die freilich stets uneigentlich, weil dem Unsagbaren unangemessen bleibt. Dionysius unterscheidet drei hierarchisch gestaffelte Stufen, in denen sich unser Denken und Sprechen dem transzendenten Absoluten zu nähern vermag. 1. Wir müssen dem göttlichen Einen zunächst alle positiven Bestimmungen seiner Erscheinungen zusprechen, weil es deren Ursprung ist; dies ist der Weg der *kataphatischen* oder affirmativen Theologie, die bei Dionysius an die Stelle der analogischen Dialektik des Proklos tritt. 2. Dieselben Bestimmungen müssen wir dem Einen auf der nächsten Stufe dann aber wieder absprechen, weil sie ihm in seiner Absolutheit nicht zukommen; dies ist der Weg der *apophatischen* oder negativen Theologie. 3. Auf der dritten Stufe müssen wir sodann Bejahung und Verneinung verbinden in der formal bejahenden, inhaltlich aber verneinenden Transzendenzbehauptung, die den Gegensatz von Bejahung und Verneinung übersteigt, weil dem Absoluten die Bestimmungen seiner Prinzipiate nicht fehlen, die es nach Dionysius im Modus des Überseins unentfaltet vorwegnimmt; dies ist der Weg der «Theologie der Erhabenheit» oder «der Übersteigerung». So nennen wir Gott in der Sprechweise der affirmativen Theologie beispielsweise gut, schön oder seiend, weil er Ursprung aller Vollkommenheit und Grund des Seienden ist. In der Sprechweise der negativen Theologie müssen wir Gott aber nicht-seiend, nicht-gut und nicht-schön nennen, weil ihm diese Bestimmungen in seiner Absolutheit nicht zukommen. Damit wollen wir ausdrücken, daß das göttliche Eine in absoluter Transzendenz über alle Prinzipiate erhaben ist; darum nennen wir es in der Sprechweise der «Theologie der Erhabenheit» «überseiend» und «übergut», «überweise», «überschön» und «übergöttlich». *Alle* positiven Aussagen über Gott benennen für Dionysius eigentlich immer nur «Theophanien», Erscheinungsweisen des göttlichen Einen, nie dieses selbst; das gilt für die Bilderreden der Bibel, aber genauso auch für alle theologischen Aussagen über Trinität, Schöpfung und Menschwerdung Gottes. Es handelt sich dabei immer nur um Metaphern und ungleiche Analogien, in denen wir die Theophanien auf ihren jenseitigen Urgrund gleichsam zurückprojizieren, der als reine Einheit an sich selbst alle Bestimmungen abweist, weshalb der «Über-Gottheit», die «überunerkennbar» (*hyperagnôstos*) ist, zuletzt nur die allumfassende Verneinung angemessen sein kann. Die Theophanien, auf die sich unsere positiven Gottesprädikate beziehen, werden aber von dem jenseitigen Einen hervorgebracht, so wie nach Proklos die transzendierenden Negationen die in ihnen verneinten positiven Bestimmungen hervorbringen. Dionysius kann sich darum gelegentlich so ausdrücken, als ob die Stufen des Redens von Gott nicht nur *unseren* Weg zum Unsagbaren meinten, sondern dessen eigenes Wesen: so ist das Eine «zugleich die Setzung von allem (*pantôn thesis*) und die Aufhebung von allem (*pantôn aphairesis*) und über alle Setzung und Aufhebung zugleich hinaus.» (*De div. nom.* II 4)

Dieser letzte Gedanke ist ohne Vorbild bei Proklos; er wird von Dionysius auch nur angedeutet. Ausgeführt hat ihn ein Denker, der vielleicht der originellste und radikalste unter allen christlichen Neuplatonikern war: Johannes Eriugena (ca. 810–877). Geboren in

Irland, das von den Stürmen der Völkerwanderung verschont geblieben war, und dort mit einer exzellenten lateinischen und griechischen Bildung versehen, kam Johannes um 845 ins Westfrankenreich, wo er in Kaiser Karl dem Kahlen (regierte 840–877), dem Enkel Karls des Großen, einen intellektuell aufgeschlossenen Förderer fand. Für ihn übersetzte er die Schriften des Ps.-Dionysius und andere Grundwerke der griechischen Theologie ins Lateinische. Um 866/67 vollendete er mit seinem Hauptwerk *Über die Einteilung der Wirklichkeit* (*De divisione naturae*, griech. *Periphyseon*) den ersten umfassenden metaphysischen Entwurf des nachantiken Denkens, der die Summe des christlichen Neuplatonismus darstellt. Grundlage und Zentrum von Eriugenas Denken ist die radikale Form der negativen Theologie, wie sie Ps.-Dionysius überliefert hatte. Eriugena nennt das göttliche Eine konsequent das «überseiende» oder «transzendente Nichts» (nihil per superessentialitatem, nihil per excellentiam). Wenn Gott alle Dinge einschließlich der Materie aus dem Nichts erschafft, so ist dieses Nichts *Er selbst*: das überseiende Nichts des bestimmungslosen Einen bringt alle Wirklichkeit aus der Überfülle seiner eigenen Nichtigkeit hervor; dabei erscheint es, ohne seine Transzendenz aufzuheben, so daß Wirklichkeit «das Erscheinen des Nicht-Erscheinenden, die Offenbarung des Verborgenen, die Bejahung des Verneinten» ist (*Periphyseon* III 4, 58, 12 f; vgl. dazu Beierwaltes 1994, 120 ff).

Was bei Dionysius in einzelnen Formulierungen anklingt, daß nämlich das dialektische Verhältnis zwischen der begrifflichen Negativität der Transzendenz und der ontologischen Positivität ihrer Prinzipiate die eigene Tätigkeit des Absoluten selbst beschreibt und nicht nur unseren Weg zu ihm hin, das wird von Eriugena in aller Ausdrücklichkeit gelehrt und ausgeführt: «Die göttliche Gutheit [d. h. das Eine], die angemessenermaßen Nichts genannt wird, weil sie jenseits von allem ist, was ist und nicht ist, und in keinem Sein gefunden wird, steigt aus der Negation allen Seins in die Affirmation des ganzen Alls des Seins von sich selbst her in sich selbst herab, gleichsam aus dem Nichts in Etwas, aus der Nicht-Wesenheit in die Wesenheit, aus der Formlosigkeit in die unzählbaren Formen und Gestalten.» (*Periphyseon* III 168, 10 ff; dazu Beierwaltes 1985, 358 ff) Der alle Realität setzende Abstieg aus dem Nichts des Überseins ins Sein vollzieht sich für Eriugena also *im* Absoluten selbst und als *dessen eigene* Tätigkeit. Eriugena denkt dies als die ewige

Selbsterschaffung Gottes, der dreifaltig-einiger Geist ist, aus der überseienden, a-personalen reinen Gottheit. Der Hervorgang der Bestimmtheit aus dem Urgrund des bestimmungslosen Absoluten ist die Selbstbestimmung des Bestimmungslosen, in der dieses sich in sich selbst und für sich selbst manifestiert, um sich selbst zu erkennen – ein Gedanke, den sehr viel später Hegel zum Zentrum seiner Dialektik des Absoluten machen wird. Anders als Hegel hält Eriugena aber an der Transzendenz des Absoluten über alle Bestimmtheit mit allem Nachdruck fest: das Eine bleibt jenseits von allem, auch wenn es in allem erscheint, das Übersein hebt sich nicht selbst auf ins Sein, sondern bleibt dessen transzendenter Ursprung (vgl. z. B. *Periphyseon* I 14, IV 5). Den Hervorgang der intelligiblen wie der sinnlich-wahrnehmbaren Welt aus Gott denkt Eriugena zugleich als die Rückkehr aller Dinge und aller die Dinge begründenden Ideen in das überseiende göttliche Eine, so daß die Schöpfung zugleich die Selbstvermittlung der transzendenten Gottheit ist, in der das Überseiende sich selbst erkennt. Weil Gott aber kein bestimmtes und d. h. immer auch: begrenztes Etwas ist, das positiv gewußt werden könnte, sondern das unendliche Nichts der reinen Transzendenz, darum ist die göttliche Selbsterkenntnis auch kein Wissen, sondern ein alles Wissen übersteigendes *Nichtwissen* (*Periphyseon* II 142, 27 ff und öfter; dazu Beierwaltes 1994, 193 ff).

Eriugena geht damit weit über Dionysius hinaus. Er tut dies erst recht, wenn er den Menschen als einen «zweiten Gott» denkt. Daß der Mensch als verbindende Mitte zu beiden Welten gehört, zur raum-zeitlichen Erscheinungswelt durch Leib und Sinnlichkeit und zur ewigen Ideenwelt durch seine denkende Geistseele, entspricht der Anthropologie Plotins. Daß Sinn und Ziel des Menschenlebens umfassende Welt- und Selbsterkenntnis ist, hatten nicht nur die Platoniker, sondern auch Aristoteles gelehrt. Für Eriugena entzieht sich jedoch das eigentliche Wesen der Dinge jeder begrifflichen Erkenntnis, weil es in dem unerkennbaren Absoluten gründet, – ein Gedanke, den er mit Damaskios teilt. Unser Erkennen erfaßt darum nicht das *Wassein* der Dinge, sondern vielmehr die dialektische Struktur ihres Hervorgangs und ihrer Entfaltung aus dem überseienden Nichts der Gottheit und ihrer Rückkehr zu Gott. Diese Erkenntnis ist aber zugleich die Erkenntnis des göttlichen Wortes, des Inbegriffs der Idealgründe, das jene Entfaltung und Rückkehr vollzieht; in ihr erfaßt darum das Denken sich selbst, aber nicht in seinem Wassein, weil das Denken kein Was oder Etwas ist, sondern übergegenständliche und unendliche reine Tätigkeit, so daß die menschliche Selbsterkenntnis wie die göttliche zuletzt ein sich wissendes Nichtwissen ist. Das Erkennen gelangt zu seiner Vollendung, indem es mit dem Erkannten, der Entfaltung der Wirklichkeit aus der Gottheit, identisch wird. In dieser Vollendung, in der er die sich selbst und die Welt erschaffende Tätigkeit des göttlichen Logos mitvollzieht, erfaßt der Mensch sein Selbst als einen individuellen, vollständigen Inbegriff der gesamten Wirklichkeit und sieht auch in jedem anderen einen solchen Inbegriff der Totalität, in dem das bestimmungslose Eine erscheint. In dieser geistigen All-Durchdringung besteht für Eriugena die volle Glückseligkeit. Die biblischen Aussagen über die jenseitige Vollendung des Menschen und die eschatologische Neugestaltung der Welt interpretiert Eriugena als allegorische Umschreibung dieses vollkommenen Zustands konkreter Totalität, in dem Gott alles in allem ist.

4. Ausblick

Die weitere Wirkungsgeschichte des Neuplatonismus ist mit der Geschichte der Metaphysik in den nachantiken Epochen auf weite Strecken hin identisch. Sie kann darum hier nicht nachgezeichnet werden. Hier sei nur ein knapper Ausblick gegeben auf die Geschichte der Wiederentdeckungen der neuplatonischen Texte. Die Schriften Plotins und seiner Nachfolger waren nach dem Untergang der antiken Kultur und dem Verfall der Griechischkenntnisse im lateinischen Westen unbekannt. Trotzdem wirkte ihr Denken weiter, durch die zahlreichen neuplatonischen Motive bei Augustinus und Boethius, ab dem 9. Jahrhundert dann vor allem durch Ps.-Dionysius Areopagita und Eriugena. In Byzanz blieben die Originaltexte der Neuplatoniker dagegen während des gesamten Mittelalters präsent; am stärksten wirkten sie auf Michael Psellos, den Großintellektuellen des byzantinischen 11. Jahrhunderts, das eine Renaissance der antiken Philosophie erlebte. Im abbasidischen Bagdad begann man seit dem 9. Jahrhundert, neuplatonische Texte, die man aus Byzanz oder aus Harran bezog, ins Arabische zu übersetzen und dabei im Sinne des islamischen Monotheismus redaktionell zu bearbeiten. Diese arabischen Paraphrasen, die von ihren griechischen Vorlagen gelegentlich stark abwichen, wurden meistens unter dem Namen des Aristoteles verbreitet, dessen Denken die arabischen Kommentatoren vor Averroes (gest. 1198) von dem der Platoniker nicht grundsätzlich unterschieden. Eine dieser arabischen Paraphrasen, eine Bearbeitung der *Grundlegung der Theologie* des Proklos, wurde unter dem Titel *Liber de causis* («Buch von den Ursachen») in Toledo ins Lateinische übersetzt und gehörte im 12. und 13. Jahrhundert im Abendland zu den einflußreichsten und am häufigsten zitierten Texten. Über Spanien mit seiner intellektuell ungeheuer fruchtbaren christlich-islamisch-jüdischen Mischkultur kamen zahlreiche neuplatonisch beeinflußte arabische, aber auch hebräische und aramäische Texte in den Westen. Nachdem französische Normannen im 12. Jahrhundert das bis dahin byzantinische Süditalien erobert hatten, kamen vermehrt auch griechische Texte in den Westen und wurden ins Lateinische übersetzt. Nach der Mitte des 13. Jahrhunderts übersetzte der gelehrte Dominikaner Wilhelm von Moerbeke nicht nur die Hauptwerke des Aristoteles, sondern auch die *Grundlegung der Theologie* und den *Parmenideskommentar* des Proklos ins Lateinische. Das Bekanntwerden dieser Texte veränderte die intellektuelle Szenerie Westeuropas und beeinflußte so bedeutende Denker wie Dietrich von Freiberg (gest. um 1320) und Meister Eckhart (gest. 1328), am stärksten aber Nikolaus von Kues (gest. 1464).

Mit dem Anbruch der Renaissance änderte sich das intellektuelle Klima erneut grundlegend. Das Interesse am Platonismus wuchs deutlich. Anfang des 15. Jahrhunderts gründete der byzantinische Philosoph Georgios Gemistos Plethon (gest. 1452) in Mistra eine neue Platonische Akademie. Er wollte den paganen Neuplatonismus von Plotin und Proklos erneuern, knüpfte also nicht bloß an Ps.-Dionysius an. Als Plethon und sein wichtigster Schüler Bessarion 1437/38 nach Italien gingen, brachten sie die originalen Texte von Platon, Plotin und Proklos mit. Bessarion, der allein fünf vollständige Plotinhandschriften besaß, machte in der römischen Kirche eine bemerkenswerte Karriere, er wurde Kardinal, galt mehrfach als Papstkandidat und starb 1472 als Patriarch von Venedig. Plethons Mäzen wurde Cosimo de Medici, der Herrscher über Florenz, das kulturelle Zentrum der Frührenaissance. Cosimo sammelte griechische Handschriften. Er begriff, daß dem Abendland, das seit dem 13. Jahrhundert nahezu den gesamten Aristoteles auf

Lateinisch besaß, aber nur wenige Schriften Platons und gar nichts von Plotin (die Übersetzungen des Victorinus hatten das Ende der Antike nicht überdauert), die beiden anderen Klassiker der antiken Philosophie in lateinischer Sprache zugänglich gemacht werden mußten. Er ließ den begabten Sohn seines Leibarztes, Marsilio Ficino (gest. 1499), Griechisch lernen und beauftragte ihn damit, den gesamten Platon in ein elegantes Humanistenlatein zu übersetzen. Etwa ab 1460 beschäftigte sich Ficino auch mit Plotin; zwischen 1484 und 1486 übersetzte er alle Schriften Plotins ins Lateinische und verfaßte anschließend auch lateinische Kommentare, um die schwierigen und voraussetzungsreichen Texte Plotins zu erschließen. 1492 erschien Ficinos Plotin-Übersetzung mit seinen Kommentaren; damit war Plotin dem Bildungsbewußtsein Europas zurückgegeben. Sein Denken beeinflußte die Philosophie der Renaissance intensiv; Ficino galt er nicht nur als der größte Platoniker, sondern noch vor Proklos auch als der wichtigste und kongeniale Interpret Platons. Schon vorher hatte Nikolaus von Kues, der ein enger Freund Bessarions war, für die lateinische Übersetzung von Proklos' *Platonischer Theologie* gesorgt. Ficino wurde in Florenz das Haupt einer neuen Platonischen Akademie; diese versammelte sich in der Medici-Villa in Careggio, die Cosimo seinem Freund Ficino 1462 geschenkt hatte und wo auch dessen Übersetzungen entstanden. Anders als Plethon propagierte Ficino aber keine Rückkehr zum paganen Neuplatonismus, sondern vertrat wie Cusanus eine Synthese von Platonismus und Christentum, die alle menschliche Weisheit, auch die der vorchristlichen Religionen der Antike, in sich aufnehmen sollte. Ficino übersetzte nicht nur Platon und Plotin, sondern auch Ps.-Dionysius und die Schriften des sogenannten *Hermes Trismegistos*, die er für den Urspung der Weisheitsüberlieferung der Menschheit hielt; erst hundert Jahre später bewies Casaubon, daß die hermetischen Schriften aus dem 2. Jahrhundert nach Christus stammen und – genau wie die *Chaldäischen Orakel* – ein typisches Produkt der spätantiken Verbindung von Platonismus und religiöser Weisheit sind. Die Erfindung des Buchdrucks verbreitete die neu erschlossenen Texte über ganz Europa. 1559 wurde der lateinische Plotin in Basel gedruckt, 1580 folgte – ebenfalls in Basel – die erste gedruckte Ausgabe des griechischen Plotin-Textes von Perna, der Ficinos Übersetzung und dessen Kommentar beigegeben waren. In dieser Ausgabe lasen noch Goethe und Hegel Plotin.

Plethon und Bessarion, Cusanus und Ficino schätzen die Neuplatoniker nicht nur um ihrer selbst willen; auch ihr Bild von Platon war ganz und gar durch dessen neuplatonische Auslegung geprägt. Ficinos Übersetzungen und Kommentare verstärkten noch diese Tendenz, Platon ganz im Sinne seiner neuplatonischen Nachfolger zu deuten. Das änderte sich seit dem späten 16. Jahrhundert (vgl. Tigerstedt 1974). Kritische Humanisten suchten nun einen eigenen und unmittelbaren Zugang zu Platon, der unabhängig von der neuplatonischen Auslegungstradition sein sollte. Im metaphysikfeindlichen Zeitalter der Aufklärung geriet der Neuplatonismus dann vollends in Mißkredit. Die Neuplatoniker galten als religiöse Schwärmer und Mystiker und als Verderber des Platonverständnisses. Dies ist das Bild, das die philosophiehistorischen Darstellungen des 18. Jahrhunderts von Brucker (1742) bis Tiedemann (1793) vom Neuplatonismus zeichnen.

Es war der oppositionelle Geist der Frühromantiker, der zunächst Plotin wieder aus dieser Grube holte. Novalis lernte 1798 Plotin durch die materialreiche, aber geistlose und enervierend besserwisserische Darstellung bei Tiedemann kennen und war sofort Feuer und Flamme (vgl. Mähl 1963). Der romantischen Bewegung eng verbunden war der Heidelberger Graezist Friedrich Creuzer; er übersetzte 1805 zum ersten Mal eine Schrift Plotins ins Deutsche (III 8: *Über die Natur, die Betrachtung und das Eine*), mit großer Wirkung nicht nur auf Goethe und die Romantiker, sondern auch auf die Philosophen des Deutschen Idealismus. Unter diesen war es dann Hegel, der den Neuplatonismus als die dritte klassische Gestalt der antiken Philosophie nach Platon und Aristoteles rehabilitierte und seine Bedeutung als eine unübertroffene Vollendungsform spekulativer Metaphysik angemessen zu würdigen wußte. Hegels Hochschätzung war getragen durch eine tiefgehende systematische Affinität seines eigenen philosophischen Denkens zum Neuplatonismus, die bis zu den Anfängen von Hegels Denkentwicklung zurückreicht und diese in allen ihren Phasen intensiv beeinflußt hat (dazu Halfwassen 1999). Neben Hegel, dessen Berliner *Vorlesungen über die Geschichte der Philosophie* Plotin und Proklos den Rang philosophischer Klassiker endgültig zurückgab, war auch Schelling am Neuplatonismus, vor allem an Plotin, intensiv interessiert und von neuplatonischen Denkformen und Motiven in seiner eigenen Philosophie tief beeinflußt (dazu Beierwaltes 1972, 100–

144; ders. 1980, 204–240; ders. 2001, 182–227). Die idealistische Metaphysik Hegels und Schellings teilt mit dem Neuplatonismus das Programm, den Geist als den Inbegriff aller Wirklichkeit zu denken, aus dessen denkender Selbstbeziehung das Wesen des Seins und sein Zusammenhang mit dem Denken, aber ebenso die Struktur der Geschichte und die Grundlagen der Natur und nicht zuletzt die Wahrheit der Religion wie der Kunst zu begreifen sind. Sie teilen mit Plotin ebenso die Fundierung des Geistes in der Beziehung zum Absoluten, das Hegel selbst als Geist konzipierte, während der späte Schelling das absolute Eine wie Plotin als transzendenten Grund des Geistes und der Subjektivität dachte.

Im Umkreis von Hegel und Schelling beginnt auch die historisch-philologische Erforschung des Neuplatonismus. Hegels Freund Creuzer legte 1820–1825 die ersten modernen, wissenschaftlichen Ansprüchen genügenden Ausgaben neuplatonischer Texte vor; an seiner Edition hat Hegel mitgewirkt. Creuzers vollständige Plotin-Ausgabe, die 1835 folgte, gilt als die beste Textausgabe vor der monumentalen Ausgabe von Hans-Rudolf Schwyzer und Paul Henry, die auf der Auswertung sämtlicher bekannter Handschriften basiert (1951–1973). Die erste moderne Ausgabe des Proklos besorgte 1820–1827 ein französischer Bewunderer Hegels, der Philologe und spätere Kulturminister Victor Cousin; sie ist Hegel und Schelling gewidmet und bleibt für eine Reihe von Texten, von denen bis heute keine modernere Ausgabe vorliegt, nach wie vor unentbehrlich.

Anhang

1. Zeittafel

204	Plotin geboren
212	Constitutio Antoniniana: Verleihung des römischen Bürgerrechts an alle freien Reichsbewohner
232	Plotin wendet sich der Philosophie zu und wird in Alexandria Schüler des Platonikers Ammonios
233	Porphyrios in Tyros geboren
240/45	Jamblich in Chalkis/Koilesyrien geboren
243	Perserkrieg Gordians III., an dem Plotin als Begleiter des Kaisers teilnimmt
244	Ermordung Gordians III. Plotin flüchtet nach Antiochia
244/45	Plotin läßt sich in Rom nieder und lehrt dort mündlich
246	Amelios wird Plotins Schüler
249–251	Christenverfolgung des Kaisers Decius
253	Valerian und Gallienus Kaiser Erneuerung der Christenverfolgung Origenes stirbt an den Folgen der Folter
254	Plotin beginnt mit der Abfassung seiner Schriften
260	Perserkrieg Valerians, der Kaiser wird von den Persern gefangengenommen Gallienus Alleinherrscher Ende der Christenverfolgungen
263	Porphyrios wird Plotins Schüler
267	Plünderung Athens durch die Goten
268	Porphyrios verläßt Plotin und geht nach Sizilien Ermordung des Kaisers Gallienus und seiner Familie Der Schülerkreis Plotins geht auseinander Plotin erkrankt und verläßt Rom
269	Zenobia errichtet das Reich von Palmyra Amelios lehrt in Apamea
270	Plotin stirbt in seiner Villa bei Minturnae
Nach 270	Orakel des Delphischen Apollon über Plotins Vergöttlichung
Nach 270	Porphyrios kehrt nach Rom zurück

272	Kaiser Aurelian beseitigt das Reich Zenobias, erorbert die Hauptstadt Palmyra und läßt Longinos hinrichten
284–305	Diocletian Kaiser, Konsolidierung des Reiches
Um 290	Jamblich gründet in Apamea seine eigene Schule
301	Porphyrios gibt Plotins Schriften heraus
303	Beginn der Christenverfolgung Diocletians
303/05	Porphyrios gestorben
305	Abdankung Diocletians (gest. 313 oder 316)
306	Konstantin der Große Kaiser des Westens
311	Toleranzedikt des Kaisers Galerius: Ende der Christenverfolgungen
312	Bekehrung Konstantins zum Christentum
324	Konstantin der Große Alleinherrscher
	Gründung der neuen Hauptstadt Konstantinopel
325	Konzil von Nizäa
	Jamblich gestorben
337	Konstantin der Große gestorben
	Constantius II. Kaiser, forcierte Christianisierung
341	Verbot heidnischer Opfer, Schließung der Tempel
Ab 350	Athen wird zum intellektuellen Zentrum des Neuplatonismus
Nach 353	Bekehrung des Marius Victorinus zum Christentum
355	Julian wird Cäsar des Westens
360	Julian Kaiser (Augustus) des Westens
361	Constantius II. gestorben
	Julian Alleinherrscher, heidnische Restauration
363	Perserkrieg Julians, endet mit dem Tod des Kaisers
	Ende der heidnischen Restauration
379	Theodosius der Große Kaiser
381	Konzil von Konstantinopel
	Das Christentum wird Staatsreligion
386	Bekehrung des Augustinus zum Christentum
395	Theodosius der Große gestorben
	Reichsteilung in Ost- und Westrom
410	Eroberung und Plünderung Roms durch die Goten
412	Proklos in Konstantinopel geboren
430/31	Proklos wird Schüler von Plutarch und Syrian
432	Plutarch von Athen gestorben
437/39	Syrian gestorben
	Proklos Oberhaupt der Akademie
Um 458	Damaskios in Damaskus geboren
476/80	Ende des Weströmischen Reiches
485	Proklos in Athen gestorben

Um 515	Damaskios Oberhaupt der Akademie
524	Hinrichtung des Boethius in Pavia
527	Justinian der Große Kaiser
529	Justinian schließt die Akademie und verbietet jede Lehrtätigkeit in Athen
531	Die Platoniker emigrieren nach Ktesiphon
532	«Ewiger Friede» zwischen Ostrom und Persien
	Rückkehr der Platoniker ins Reich
	Erste Erwähnung der Schriften des Ps.-Dionysius Areopagita
Nach 538	Damaskios gestorben
6. bis 10. Jh.	Neuplatonische Schule in Harran
642	Die Araber zerstören die Universität von Alexandria
Ab 850	Eriugena übersetzt die Schriften des Ps.-Dionysius ins Lateinische
9./10. Jh.	In Bagdad entstehen arabische Paraphrasen wichtiger Schriften von Plotin und Proklos
Um 1285	Wilhelm von Moerbeke übersetzt Proklos' *Parmenideskommentar* ins Lateinische
1484–86	Marsilio Ficino übersetzt Plotins *Enneaden* ins Lateinische
1492	Ficinos Plotin-Übersetzung erscheint
1559	Ficinos lateinischer Plotin wird in Basel gedruckt
1580	Erste Druckausgabe des griechischen Plotintextes

2. Literaturverzeichnis

A. Texte

1. Plotin: Gesamtausgaben, Übersetzungen, Hilfsmittel

Henry, P./Schwyzer, H.-R. (Hrsg.): Plotini Opera, 3 Bände, Paris/Brüssel 1951–1973 (Editio maior).

Henry, P./Schwyzer, H.-R. (Hrsg.): Plotini Opera, 3 Bände, Oxford 1964–1982 (Editio minor).

Schwyzer, H.-R. 1987: Corrigenda ad Plotini textum, in: Museum Helveticum 44, 191–210.

Harder, R./Beutler, R./Theiler, W. (Hrsg.): Plotins Schriften. Übersetzt von R. Harder. Neubearbeitung mit griechischem Lesetext und Anmerkungen, fortgeführt von R. Beutler und W. Theiler, 6 Bände in 12 Teilbänden, Hamburg 1956–1971.

Armstrong, A. H. (Hrsg.): Plotinus. With an English translation, 7 Bände, London/Cambridge, Mass. 1966–1988.

Tornau, Chr. (Hrsg.): Plotin. Ausgewählte Schriften, übersetzt und kommentiert, Stuttgart 2001.

Dieterici, F. (Hrsg.): Die sogenannte Theologie des Aristoteles. Übers. von F. Dieterici, Leipzig 1883.

Sleeman, J. H./Pollet, G. (Hrsg.): Lexicon Plotinianum, Leiden/Leuven 1980.

Mariën, B. 1949: Bibliografia critica degli studi Plotiniani con rassegna delle loro recensioni, Bari.

Blumenthal, H. J. 1987: Plotinus in the Light of Twenty Years' Scholarship 1951–1971, in: Aufstieg und Niedergang der Römischen Welt II, Band 36/1, Berlin, 528–570.

Corrigan, K./O'Cleirigh, P. 1987: The Course of Plotinian Scholarship from 1971–1986, in: Aufstieg und Niedergang der Römischen Welt II, Band 36/1, Berlin, 571–623.

Dufour, R. 2001: Plotinus: A Bibliography 1950–2000, in: Phronesis 46, 235–411.

2. Plotin: Kommentierte Einzelausgaben und Kommentare

Alt, K. 1990: Philosophie gegen Gnosis. Plotins Polemik in seiner Schrift II 9, Mainz/Stuttgart.

Atkinson, M. 1983: Plotinus: Ennead V 1. On the Three Principal Hypostases, Oxford (Ndr. 1985).

Beierwaltes, W. 1967: Plotin. Über Ewigkeit und Zeit (III 7), Frankfurt a. M. (^{4}1995).
– 1991: Selbsterkenntnis und Erfahrung der Einheit. Plotins Enneade V 3, Frankfurt a. M.
Bertier, J./Brisson, L. und andere 1980: Plotin. Traité sur les nombres (VI 6), Paris.
Boot, P. 1984: Plotinus. Over Voorzienigheid (III 2–3), Amsterdam.
Cilento, V. 1971: Plotino. Paideia antignostica (III 8 – V 8 – V 5 – II 9), Firenze.
Creuzer, F. 1805: Plotin. Von der Natur, von der Betrachtung und von dem Einen (III 8), Heidelberg.
Deck, J. 1967: Nature, Contemplation and the One. A Study in the Philosophy of Plotinus (III 8), Toronto.
Dufour, R. 2003: Plotin. Traité 40 (II 1), Paris.
Ferrari, F. 1991: Plotino. L'eternità e il tempo (III 7), Milano.
Fleet, B. 1995: Plotinus. Ennead III 6: On the Impassivity of the Bodyless, Oxford.
Guidelli, C. 1989: Plotino. Sul bello intelligibile (V 8), Genova.
Hadot, P. 1988: Plotin. Traité 38 (VI 7), Paris.
– 1990: Plotin. Traité 50 (III 5), Paris.
– 1994: Plotin. Traité 9 (VI 9), Paris.
Ham, B. 2000: Plotin. Traité 49 (V 3), Paris.
Helleman-Elgersma, W. 1980: Soul-Sisters. A Commentary on Enneads IV 3 (27), 1–8, Amsterdam.
Isnardi Parente, M. 1994: Plotino, Enneadi VI 1–3, trattati 42–44: Sui generi dell'essere, Napoli.
Leroux, G. 1990: Plotin. Traité sur la liberté et la volonté de l'Un (VI 8), Paris.
Linguiti, A. 2000: Plotino. La felicità e il tempo (I 5), Milano.
Mathias, P. 1991: Plotin. Du beau (I 6 und V 8), Paris.
Meijer, P. A. 1992: Plotinus on the Good or the One (VI 9), Amsterdam.
Narbonne, J. M. 1993: Plotin. Les deux matières (II 4), Paris.
– 1998: Plotin. Traité 25 (II 5), Paris.
O'Meara, D. J. 1995: Plotin. Traité 51 (I 8), Paris.
Roloff, D. 1971: Plotin. Die Großschrift III 8 – V 8 – V 5 – II 9, Berlin.
Schröder, E. 1916: Plotins Abhandlung «Pothen ta kaka» (I 8), Borna/Leipzig.
Siegmann, G. 1990: Plotins Philosophie des Guten. Eine Interpretation von Enneade VI 7, Würzburg.
Susanetti, D. 1995: Plotino. Sul bello (I 6), Padova.
Sinnige, T. G. 1980: Plotinus. Over schouwing en tegen de Gnostici (III 8 und II 9), Bussum.
Tornau, Chr. 1998: Plotin. Enneaden VI 4–5, Stuttgart/Leipzig.

Vorwerk, M. 2001: Plotins Schrift «Über den Geist, die Ideen und das Seiende» (V 9), München/Leipzig.

Wolters, A. M. 1984: Plotinus «On Eros» (III 5), Toronto.

Wurm, K. 1973: Substanz und Qualität. Ein Beitrag zur Interpretation der plotinischen Traktate VI 1, 2 und 3, Berlin/New York.

3. Ausgaben anderer Autoren

Testimonia Platonica. Quellentexte zur Schule und mündlichen Lehre Platons, hrsg. von K. Gaiser, in: Ders., Platons ungeschriebene Lehre, Stuttgart 1963 ([2]1968), 441–557.

Speusippo, Frammenti. Edizione, traduzione e commento a cura di M. Isnardi Parente, Napoli 1980.

Xenokrates, Darstellung der Lehre und Sammlung der Fragmente, von R. Heinze, Leipzig 1892 (Ndr. Hildesheim 1965).

Aristoteles, Fragmenta selecta, rec. W. D. Ross, Oxford 1955 (Ndr. 1979).

Alkinoos, Didaskalikos. Enseignement des doctrines de Platon, ed. par J. Whittacker et P. Louis, Paris 1990.

Alkinoos, The Handbook of Platonism. Translated with an Introduction and Commentary by J. M. Dillon, Oxford 1993 ([2]1995).

Alexander von Aphrodisias, De anima liber cum Mantissa, ed. J. Bruns, Berlin 1892 (Commentaria in Aristotelem Graeca, Supplementband II 2).

Numenios, Fragments. Texte établi et traduit par E. des Places, Paris 1973.

Chaldäische Orakel, Oracles Chaldaiques, ed. par E. des Places, Paris 1971.

Porphyrios, Sententiae ad intelligibilia ducentes, hrsg. von E. Lamberz, Leipzig 1975.

Porphyrios, Fragmenta, hrsg. von A. Smith, Stuttgart/Leipzig 1993.

Porphyrios, Gegen die Christen. 15 Bücher, Zeugnisse, Fragmente und Referate, hrsg. von A. von Harnack, Berlin 1916.

Porphyrios, In Platonis Parmenidem commentarius, ed. et traduit par P. Hadot, in: Ders., Porphyre et Victorinus, Band 2, Paris 1968, 61–113.

Anonymus [Porphyrios], Commentarius in Platonis Parmenidem, ed. A. Linguiti, in: Corpus dei papiri filosofici greci e latini, Parte III, Firenze 1995, 63–202.

Jamblich, Les mystères d'Égypte, ed. par E. des Places, Paris 1989.

Jamblich, Jamblichi Chalcidensis in Platonis dialogos commentariorum fragmenta. Edition with Translation and Commentary by J. M. Dillon, Leiden 1973.

Eusebios von Caesarea, Praeparatio evangelica, hrsg. von K. Mras, 2 Bände, Berlin 1954/1956.

Marius Victorinus, Traités théologiques sur la trinité. Band 1: Texte etabli

par P. Hadot, introduction, traduction et notes par P. Henry. Band 2: Commentaire par P. Hadot, Paris 1960.
Marius Victorinus, Christlicher Platonismus. Die theologischen Schriften des Marius Victorinus. Übers. von P. Hadot und U. Brenke, eingeleitet und erläutert von P. Hadot, Zürich/Stuttgart 1967.
Proklos, Théologie Platonicienne. Texte etabli et traduit par H. D. Saffrey et L. G. Westerink, 6 Bände, Paris 1968–1997.
Proklos, The Elements of Theology. A revised Text with Translation and Commentary by E. R. Dodds, Oxford 1933 (²1963, Ndr. 1992).
Proklos, Procli opera inedita, ed. V. Cousin, Paris 1864 (Ndr. Frankfurt a. M. 1962).
Proklos, Commentarius in Platonis Parmenidem, ed. V. Cousin, in: Procli Opera inedita, Paris 1864, 617–1258 (Ndr. Hildesheim 1961).
Proklos, Commentarius in Parmenidem, pars ultima adhuc inedita, interprete Guillelmo de Moerbeka, ed. R. Klibanksy et C. Labowsky, London 1953 (Ndr. Nendeln 1973).
Proklos, Commentaire sur le «Parménide» de Platon. Traduction de Guillaume de Moerbeke, ed. C. Steel, 2 Bände, Leuven/Leiden 1982/1985.
Proklos, Commentary on Plato's «Parmenides». Translation by G. R. Morrow and J. M. Dillon, Introduction and Notes by J. M. Dillon, Princeton 1987.
Proklos, In Platonis Timaeum commentaria, ed. E. Diehl, 3 Bände, Leipzig 1903–1906.
Damaskios, Traité des premiers principes. Texte etabli par L. G. Westerink et traduit par J. Combès, 3 Bände, Paris 1986–1991.
Damaskios, Commentaire du Parménide de Platon. Texte etabli par L. G. Westerink et traduit par J. Combès, 2 Bände, Paris 1997.
Simplikios, In Aristotelis Physicorum libros commentaria, ed. H. Diels, 2 Bände, Berlin 1882/1885 (Commentaria in Aristotelem Graeca, Band IX–X).
Pseudo-Dionysius Areopagita, De divinis nominibus, hrsg. von R. B. Suchla, Berlin 1990.
Pseudo-Dionysius Areopagita, De coelesti hierarchia. De ecclesiastica hierarchia. De mystica theologia. Epistulae, hrsg. von G. Heil und A. M. Ritter, Berlin 1991.
Johannes Scotus Eriugena, Periphyseon/De divisione naturae, 4 Bände, ed. I. P. Sheldon-Williams (Band 1–3) et E. Jeauneau (Band 4), Dublin 1968–1996.
Johannes Scotus Eriugena, Periphyseon. Editio nova, ed. E. Jeauneau, 2 Bände, Turnhout 1996/1997.
Johannes Scotus Eriugena, Über die Einteilung der Natur. Übers. von L. Noack, 2 Bände, Hamburg 1870/1874 (Ndr. 1984).

B. Sekundärliteratur

1. Standardwerke und Sammelbände zum Platonismus

Dörrie, H./Baltes, M. 1987–2002: Der Platonismus in der Antike. Grundlagen – System – Entwicklung, 7 Bände, Stuttgart-Bad Cannstatt.

Armstrong, A. H. (Hrsg.) 1967: The Cambridge History of Later Greek and Early Medieval Philosophy, Cambridge.

Baltes, M. 1999: Dianoêmata. Kleine Schriften zu Platon und zum Platonismus, Stuttgart/Leipzig.

Beierwaltes, W. 1985: Denken des Einen. Studien zur neuplatonischen Philosophie und ihrer Wirkungsgeschichte, Frankfurt a. M.

Blume, H./Mann, F. (Hrsg.) 1983: Platonismus und Christentum, Münster.

Blumenthal, H. J. 1996: Aristotle and Neoplatonism in Late Antiquity. Interpretations of the «De anima», London.

Blumenthal, H. J./Markus, R. A. (Hrsg.) 1981: Neoplatonism and Early Christian Thought, London.

Brucker, J. 1742: Historia critica philosophiae, Band 2, Leipzig.

Büsching, A. Fr. 1774: Grundriß einer Geschichte der Philosophie, Band 2, Berlin.

Burkert, W. 1962: Weisheit und Wissenschaft. Studien zu Pythagoras, Philolaos und Platon, Nürnberg.

Cleary, J. (Hrsg.) 1997: The Perennial Tradition of Neoplatonism, Leuven.

– (Hrsg.) 1999: Traditions of Platonism, Aldershot.

De Vogel, C. J. 1953: On the Neoplatonic Character of Platonism and the Platonic Character of Neoplatonism, in: Mind 62, 43–64.

– 1986: Rethinking Plato and Platonism, Leiden.

Dihle, A. 1989: Die griechische und lateinische Literatur der Kaiserzeit. Von Augustus bis Justinian, München.

Dillon, J. M. 1977: The Middle Platonists. 80 B. C. to A. D. 220, London/Ithaca (²1996).

– 1990: The Golden Chain. Studies in the Development of Platonism and Christianity, Aldershot.

– 2003: The Heirs of Plato. A Study of the Old Academy (347–274 BC), Oxford.

Dörrie, H. 1976: Platonica Minora, München.

Erler, M. 1987: Der Sinn der Aporien in den Dialogen Platons. Übungsstücke zur Anleitung im philosophischen Denken, Berlin/New York.

Flasch, K. (Hrsg.) 1965: Parusia. Studien zur Philosophie Platons und zur Problemgeschichte des Platonismus, Frankfurt a. M.

Gaiser, K. 1963: Platons ungeschriebene Lehre, Stuttgart (²1968).

Gersh, S. 1986: Middle Platonism and Neoplatonism. The Latin Tradition, 2 Bände, Notre Dame, Indiana.
Gersh, S./Kannengiesser, Ch. (Hrsg.) 1992: Platonism in Late Antiquity, Notre Dame, Indiana.
Hadot, P. 1999 a: Wege zur Weisheit oder: Was lehrt uns die antike Philosophie, Frankfurt a. M.
Halfwassen, J. 1999: Hegel und der spätantike Neuplatonismus. Untersuchungen zur Metaphysik des Einen und des Nous in Hegels spekulativer und geschichtlicher Deutung, Bonn.
Hegel, G. W. F. 1986: Vorlesungen über die Geschichte der Philosophie II, in: Ders., Werke in zwanzig Bänden. Theorie-Werkausgabe, hrsg. von E. Moldenhauer und K. M. Michel, Neuausgabe, Band 19, Frankfurt a. M.
Kobusch, Th./Erler, M. (Hrsg.) 2002: Metaphysik und Religion. Zur Signatur des spätantiken Denkens, München/Leipzig.
Kobusch, Th./Mojsisch, B. (Hrsg.) 1997: Platon in der abendländischen Geistesgeschichte, Darmstadt.
Krämer, H. J. 1959: Arete bei Platon und Aristoteles. Zum Wesen und zur Geschichte der platonischen Ontologie, Heidelberg ([2]1967).
– 1964: Der Ursprung der Geistmetaphysik. Untersuchungen zur Geschichte des Platonismus zwischen Platon und Plotin, Amsterdam ([2]1967).
– 1983: Die Ältere Akademie, in: Ueberwegs Grundriß der Geschichte der Philosophie. Philosophie der Antike, Band 3: Ältere Akademie – Aristoteles – Peripatos, hrsg. von H. Flashar, Basel/Stuttgart, 3–174.
Merlan, Ph. 1953: From Platonism to Neoplatonism, Den Haag ([3]1968).
Oehler, K. 1962: Die Lehre vom noetischen und dianoetischen Denken bei Platon und Aristoteles. Ein Beitrag zur Geschichte der Erforschung des Bewußtseinsproblems in der Antike, München ([2]Hamburg 1985).
Reale, G. 1993: Zu einer neuen Interpretation Platons. Eine Auslegung der Metaphysik der großen Dialoge im Lichte der «ungeschriebenen Lehren», Paderborn.
Robin, L. 1908: La théorie platonicienne des idées et des nombres d'après Aristote, Paris (Ndr. Hildesheim 1963).
Schul, P. M./Hadot, P. (Hrsg.) 1971: Le néoplatonisme, Paris.
Szlezák, Th. A. 1985: Platon und die Schriftlichkeit der Philosophie, Berlin/New York.
– 2003: Die Idee des Guten in Platons Politeia, Sankt Augustin.
Theiler, W. 1930: Die Vorbereitung des Neuplatonismus, Berlin (Ndr. Hildesheim 2001).
– 1966 a: Forschungen zum Neuplatonismus, Berlin.
Tiedemann, D. 1793: Geist der spekulativen Philosophie, Band 3, Marburg.
Whittaker, J. 1984: Studies in Platonism and Patristic Thought, London.

Wilpert, P. 1949: Zwei aristotelische Frühschriften über die Ideenlehre, Regensburg.
Wippern, J. (Hrsg.) 1972: Das Problem der ungeschriebenen Lehre Platons, Darmstadt.
Zeller, E. 1903: Die Philosophie der Griechen in ihrer geschichtlichen Entwicklung dargestellt, Band 3/2, Leipzig (4. Aufl.).
Zintzen, C. (Hrsg.) 1977: Die Philosophie des Neuplatonismus, Darmstadt.
– (Hrsg.) 1981: Der Mittelplatonismus, Darmstadt.

2. Plotin: Gesamtdarstellungen, Einführungen, Sammelbände; Plotins Leben und Schriften

Armstrong, A. H. 1940: The Architecture of the Intelligible Universe in the Philosophy of Plotinus, London.
– 1979: Plotinian and Christian Studies, London.
Baltes, M. 1999: Der Platonismus und die Weisheit der Barbaren, in: Cleary (Hrsg.) 1999, 115–138.
Bréhier, E. 1928: La Philosophie de Plotin, Paris.
Brisson, L. und andere 1982/1992: Porphyre. La vie de Plotin, 2 Bände, Paris.
De Gandillac, M. 1952: La sagesse de Plotin, Paris.
– 1999: Plotin, Paris.
Fattal, M. (Hrsg.) 2000: Études sur Plotin, Paris.
Gerson, L. P. (Hrsg.) 1996: The Cambridge Companion to Plotinus, Cambridge.
Hadot, P. 1963: Plotin ou la simplicité du regard, Paris.
– 1999 b: Plotin, Porphyre. Études néoplatoniciennes, Paris.
Harder, R. 1960: Zur Biographie Plotins, in: Ders., Kleine Schriften, München, 275–295.
Jaspers, K. 1957: Plotin, in: Ders., Die großen Philosophen, Band 1, München/Zürich (³1981), 656–723.
Lacrosse, J. 2003: La philosophie de Plotin. Intellect et discursivité, Paris.
Les Sources de Plotin 1960: Entretiens sur l'Antiquité classique 5, Vandoeuvres-Genève.
Narbonne, J. M. 1994: La Métaphysique de Plotin, Paris (²2001).
Plotino e il Neoplatonismo in Oriente e in Occidente 1974: Roma.
O'Meara, D. J. 1995: Plotinus. An Introduction to the «Enneads», Oxford.
Rist, J. M. 1967: Plotinus. The Road to Reality, Cambridge.
Runia, D. T. (Hrsg.) 1984: Plotinus amid Gnostics and Christians, Amsterdam.
Schwyzer, H. R. 1951: Plotinos, in: Paulys Realenzyklopädie der klassischen Altertumswissenschaft, Band 21/1, Stuttgart, 471–592.
– 1983: Ammonios Sakkas, der Lehrer Plotins, Opladen.

Szlezák, Th. A. 1977: Plotin und die geheime Lehre des Ammonios, in: Holzey, H./Zimmerli, W. Chr. (Hrsg.), Esoterik und Exoterik in der Philosophie, Basel, 52–69.
Theiler, W. 1966b: Ammonios, der Lehrer des Origenes, in: Theiler 1966a, 1–45.
– 1971: Überblick über Plotins Philosophie und Lehrweise, in: Harder/Beutler/Theiler (Hrsg.), Plotins Schriften, Band 6: Indices, 103–175.
Trouillard, J. 1955a: La purification plotinienne, Paris.
– 1955b: La procession plotinienne, Paris.
Weber, K. O. 1962: Origenes der Neuplatoniker. Versuch einer Interpretation, München.
Zimmermann, F. 1986: The Origins of the So-Called Theology of Aristotle, in: Kraye, J./Ryan, W. F./Schmitt, C. B. (Hrsg.), Pseudo-Aristotle in the Middle Ages, London, 110–249.

3. Metaphysik des Einen

Arnou, R. 1921: Le désir de Dieu dans la philosophie de Plotin, Paris ([2]Rom 1967).
Beierwaltes, W. 1974: Reflexion und Einung. Zur Mystik Plotins, in: Beierwaltes, W./Balthasar, H. U. von/Haas, A. M., Grundfragen der Mystik, Einsiedeln, 7–36.
– 1979: Proklos. Grundzüge seiner Metaphysik, Frankfurt a. M. (2. erw. Aufl.).
Charrue, J. M. 1978: Plotin. Lecteur de Platon, Paris.
Dodds, E. R. 1928: The Parmenides of Plato and the Origin of the Neoplatonic «One», in: Classical Quarterly 22, 129–142.
Flasch, K. 1973: Die Metaphysik des Einen bei Nikolaus von Kues, Leiden.
Hager, F.-P. 1970: Der Geist und das Eine. Untersuchungen zum Problem der Wesensbestimmung des höchsten Prinzips als Geist oder als Eines in der griechischen Philosophie, Bern/Stuttgart.
Halfwassen, J. 1992a: Der Aufstieg zum Einen. Untersuchungen zu Platon und Plotin, Stuttgart.
– 1992b: Speusipp und die Unendlichkeit des Einen. Ein neues Speusipp-Testimonium bei Proklos und seine Bedeutung, in: Archiv für Geschichte der Philosophie 74, 43–73.
– 1993: Speusipp und die metaphysische Deutung von Platons «Parmenides», in: Hagemann, L./Gley, R. (Hrsg.), Hen kai plêthos – Einheit und Vielheit, Würzburg, 339–373.
– 2002a: Sein als uneingeschränkte Fülle. Zur Vorgeschichte des ontologischen Gottesbeweises im antiken Platonismus, in: Zeitschrift für philosophische Forschung 56, 497–516.

Horn, Chr. 1995 a: Plotin über Sein, Zahl und Einheit. Eine Studie zu den systematischen Grundlagen der Enneaden, Stuttgart/Leipzig.

– 1995 b: Der platonische «Parmenides» und die Möglichkeit seiner prinzipientheoretischen Interpretation, in: Antike und Abendland 41, 95–114.

Huber, G. 1955: Das Sein und das Absolute. Studien zur Geschichte der ontologischen Problematik in der spätantiken Philosophie, Basel.

Krämer, H. J. 1969 a: Epekeina tes ousias. Zu Platon, Politeia 509 B, in: Archiv für Geschichte der Philosophie 51, 1–30.

– 1973: Aristoteles und die akademische Eidoslehre. Zur Geschichte des Universalienproblems im Platonismus, in: Archiv für Geschichte der Philosophie 55, 119–190.

Lacrosse, J. 1994: L'Amour chez Plotin. Érôs hénologique, érôs noétique, érôs psychique, Brüssel.

Merlan, Ph. 1963: Monopsychism, Mysticism, Metaconsciousness, Den Haag.

O'Meara, D. J. 1975: Structures hiérarchiques dans la pensée de Plotin, Leiden.

– 1990: Le problème du discour sur l'indiscible chez Plotin, in: Revue de Théologie et de Philosophie 122, 145–156.

Rist, J. M. 1977: Mystik und Transzendenz im späteren Neuplatonismus, in: Zintzen (Hrsg.) 1977, 373–390.

Schroeder, F. M. 1992: Form and Transformation. A Study in the Philosophy of Plotinus, Montreal.

4. Metaphysik des Geistes

Armstrong, A. H. 1960: The Background of the Doctrine «That the Intelligibles are not outside the Intellect», in: Les sources de Plotin, 393–413 (Deutsch: Der Hintergrund der Lehre, «daß die intelligible Welt sich nicht außerhalb des Nous befindet», in: Zintzen (Hrsg.) 1977, 38–57).

Beierwaltes, W. 1977: Plotins Metaphysik des Lichtes, in: Zintzen (Hrsg.) 1977, 75–117.

– 2001: Das wahre Selbst. Studien zu Plotins Begriff des Geistes und des Einen, Frankfurt a. M.

Blumenberg, H. 1998: Paradigmen zu einer Metaphorologie, Frankfurt a. M.

Bussanich, J. 1988: The One and its Relation to Intellect in Plotinus, Leiden.

Dillon, J. M. 1993: Alkinous. The Handbook of Platonism. Translated with an Introduction and Commentary, Oxford ([2]1995).

Ferwerda, R. 1965: La signification des images et des métaphores dans la pensée de Plotin, Amsterdam/Groningen.

Hadot, P. 1960: Être, vie et pensée chez Plotin et avant Plotin, in: Les Sources de Plotin, 107–157.

Halfwassen, J. 1994: Geist und Selbstbewußtsein. Studien zu Plotin und Numenios, Mainz/Stuttgart.
– 1995: Sur la limitation du principe de contradiction chez Denys l'Areopagite, in: Diotima 23, 46–50.
– 1997: Monismus und Dualismus in Platons Prinzipienlehre, in: Bochumer Philosophisches Jahrbuch für Antike und Mittelalter 2, 1–21.
– 2002 b: Geist und Subjektivität bei Plotin, in: Heidemann, D. H. (Hrsg.), Probleme der Subjektivität in Geschichte und Gegenwart, Stuttgart-Bad Cannstatt, 243–262.
Henrich, D. 1960: Der ontologische Gottesbeweis. Sein Problem und seine Geschichte in der Neuzeit, Tübingen ([2]1967).
– 1967: Fichtes ursprüngliche Einsicht, Frankfurt a. M.
Horn, Chr. 1997: Welche Bedeutung hat das Augustinische Cogito? in: Ders. (Hrsg.), Augustinus: De civitate dei, Berlin, 109–129.
– 2000: Selbstbezüglichkeit des Geistes bei Plotin und Augustinus, in: Brachtendorf, J. (Hrsg.), Gott und sein Bild, Paderborn, 81–103.
Krämer, H. J. 1967: Zur geschichtlichen Stellung der aristotelischen Metaphysik I: Zur aristotelischen Theologie, in: Kantstudien 58, 313–337.
– 1969 b: Grundfragen der aristotelischen Theologie, in: Theologie und Philosophie 44, 363–382 und 481–505.
– 1984: Noesis Noeseos, in: Historisches Wörterbuch der Philosophie, Band 6, Basel/Stuttgart, 871–873.
Lloyd, A. C. 1987: Plotinus on the Genesis of Thought and Existence, in: Oxford Studies in Ancient Philosophy 5, 155–186.
Oehler, K. 1974: Aristotle on Self-Knowledge, in: Proceedings of the American Philosophical Society 118, 493–506.
– 1984: Der Unbewegte Beweger des Aristoteles, Frankfurt a. M.
– 1997: Subjektivität und Selbstbewußtsein in der Antike, Würzburg.
Schwyzer, H.-R. 1960: «Bewußt» und «unbewußt» bei Plotin, in: Les Sources de Plotin, 343–378.
Szlezák, Th. A. 1979: Platon und Aristoteles in der Nuslehre Plotins, Basel/Stuttgart.
Theiler, W. 1970 a: Einheit und unbegrenzte Zweiheit von Plato bis Plotin, in: Ders., Untersuchungen zur antiken Literatur, Berlin, 460–483.
– 1970 b: Das Unbestimmte, Unbegrenzte bei Plotin, in: Revue internationale de philosophie 24, 290–297.
Volkmann-Schluck, K. H. 1966: Plotin als Interpret der Ontologie Platos, Frankfurt a. M. (3., erw. Aufl.).
Wallis, R. T. 1987: Scepticism and Neoplatonism, in: Aufsteig und Niedergang der Römischen Welt, Teil II, Band 36/2, Berlin, 911–954.

5. Seele, Welt und Mensch

Alt, K. 1993: Weltflucht und Weltbejahung. Zur Frage des Dualismus bei Plutarch, Numenios, Plotin, Mainz/Stuttgart.

Baltes, M. 1976/1978: Die Weltentstehung des Platonischen Timaios nach den antiken Interpreten, 2 Bände, Leiden.

Blumenthal, H. J. 1971: Plotinus' Psychology. His Doctrines of the Embodied Soul, Den Haag.

– 1993: Soul and Intellect. Studies in Plotinus and Later Neoplatonism, Aldershot.

Degani, E. 1961: Aion da Omero ad Aristotele, Padua.

Deuse, W. 1983: Untersuchungen zur mittelplatonischen und neuplatonischen Seelenlehre, Mainz/Wiesbaden.

Emilsson, E. K. 1988: Plotinus on Sense-Perception. A Philosophical Study, Cambridge.

Graeser, A. 1972: Plotinus and the Stoics. A Preliminary Study, Leiden.

Guitton, J. 1959: Le temps et l'éternité chez Plotin et Saint Augustin, Paris (3. Aufl.).

Hager, F.-P. 1977: Die Materie und das Böse im antiken Platonismus, in: Zintzen (Hrsg.) 1977, 427–474.

– 1987: Gott und das Böse im antiken Platonismus, Würzburg/Amsterdam.

Halfwassen, J. 2000: Der Demiurg: Seine Stellung in der Philosophie Platons und seine Deutung im antiken Platonismus, in: Neschke-Henschke, A. (Hrsg.), Platons «Timaios». Beiträge zu seiner Rezeptionsgeschichte, Louvain/Paris, 39–62.

– 2003: Freiheit und Transzendenz bei Schelling und Plotin, in: Mojsisch/Summerell (Hrsg.) 2003, 173–191.

Hammerstaedt, J. 1993: Hypostasis, in: Reallexikon für Antike und Christentum, Band 16, Münster, 986–1035.

Happ, H. 1972: Hyle. Studien zum aristotelischen Materiebegriff, Berlin/New York.

Henry, P. 1931: Le problème de la liberté chez Plotin, in: Révue Néoscolastique 33, 50–79. 180–215 und 318–339.

Jonas, H. 1962: Plotin über Ewigkeit und Zeit, in: Politische Ordnung und menschliche Existenz, München, 295–319.

Krämer, H. J. 1977: Die Grundlegung des Freiheitsbegriffs in der Antike, in: Simon, J. (Hrsg.), Freiheit. Theoretische und praktische Aspekte des Problems, Freiburg/München, 239–270.

Mesch, W. 2003: Reflektierte Gegenwart. Eine Studie über Zeit und Ewigkeit bei Platon, Aristoteles, Plotin und Augustinus, Frankfurt a. M.

O'Brien, D. 1971: Plotinus on Evil. A Study of Matter and Soul in Plotinus' Conception of Human Evil, in: Schul/Hadot (Hrsg.) 1971, 113–146.

– 1981: Plotinus and the Gnostics on the Generation of Matter, in: Blumenthal/Markus (Hrsg.) 1981, 108–123.
– 1991: Plotinus on the Origin of Matter. An Exercise in the Interpretation of the Enneads, Napoli.
– 1993: Théodicée plotinienne – théodicée gnostique, Leiden.
O'Daly, G. 1973: Plotinus' Philosophy of the Self, Shannon.
O'Meara, D. J. 1990: The Freedom of the One, in: Phronesis 37, 145–156.
– 1997: Das Böse bei Plotin, in: Kobusch/Mojsisch (Hrsg.) 1997, 33–47.
Pannenberg, W. 1988: Metaphysik und Gottesgedanke, Göttingen.
Rohde, E. 1898: Psyche. Seelencult und Unsterblichkeitsglaube der Griechen, 2 Bände, Leipzig/Tübingen (Ndr. Darmstadt 1980).
Schäfer, Chr. 2002: Unde malum. Die Frage nach den Woher des Bösen bei Plotin, Augustinus und Dionysius, Würzburg.
Schwabl, H. 1962: Weltschöpfung, in: Paulys Realenzyklopädie der klassischen Altertumskunde, Supplementband IX, Stuttgart, 1433–1582.
Volkmann-Schluck, K. H. 1967: Plotins Lehre vom Wesen und von der Herkunft des Schlechten, in: Philosophisches Jahrbuch 75, 1–21.

6. Neuplatonismus nach Plotin

Aubin, P. 1992: Plotin et le christianisme. Triade plotinienne et Trinité chrétienne, Paris.
Baltes, M. 2002: Marius Victorinus. Zur Philosophie in seinen theologischen Schriften, München/Leipzig.
Bechtle, G. 1999: The Anonymous Commentary on Plato's «Parmenides», Bern/Stuttgart.
– 2000: The Question of Being and the Dating of the Anonymous Parmenides Commentary, in: Ancient Philosophy 20, 393–414.
Beierwaltes, W. 1972: Platonismus und Idealismus, Frankfurt a. M.
– 1980: Identität und Differenz, Frankfurt a. M.
– 1994: Eriugena. Grundzüge seines Denkens, Frankfurt a. M.
– 1998: Platonismus im Christentum, Frankfurt a. M. ([2]2001).
– (Hrsg.) 1969: Platonismus in der Philosophie des Mittelalters, Darmstadt.
Beutler, R. 1953: Porphyrios, in: Paulys Realenzyklopädie der klassischen Altertumswissenschaft, Band 22, Stuttgart, 275–313.
Bos, P./Meijer, P. A. (Hrsg.) 1992: On Proclus and his Influence in Medieval Philosophy, Leiden.
Dihle, A. 1985: Die Vorstellung vom Willen in der Antike, Göttingen.
Dodds, E. R. 1970: Die Griechen und das Irrationale, Darmstadt.
Dörrie, H. (Hrsg.) 1966: Porphyre, Entretiens sur l'antiquité classique 12, Vandoeuvres-Genève.
– (Hrsg.) 1975: De Jamblique à Proclus, Entretiens sur l'antiquité classique 21, Vandoeuvres-Genève.

Gersh, S. 1978: From Jamblichus to Eriugena. An Investigation of the Prehistory and Evolution of the Pseudo-Dionysian Tradition, Leiden.
Girgenti, G. 1996: Il pensiero forte di Porfirio. Mediazione fra henologia platonica e ontologia aristotelica, Milano.
Grandgeorge, L. 1896: Saint Augustin et le néoplatonisme, Paris.
Hadot, P. 1961: Fragments d'un commentaire de Porphyre sur le Parménide, in: Revue des Études Grecques 74, 410–438.
– 1968: Porphyre et Victorinus, 2 Bände, Paris.
– 1977: Die Metaphysik des Porphyrios, in: Zintzen (Hrsg.) 1977, 208–237.
Halfwassen, J. 1996: Das Eine als Einheit und Dreiheit. Zur Prinzipienlehre Jamblichs, in: Rheinisches Museum für Philologie 139, 52–83.
Henry, P. 1934: Plotin et l'Occident, Louvain.
Ivanka, E. von 1964: Plato Christianus. Übernahme und Umgestaltung des Platonismus durch die Väter, Einsiedeln.
Klibansky, R. 1950: The Continuity of the Platonic Tradition during the Middle Ages, London.
Kobusch, Th./Mojsisch, B./Summerell, O. F. (Hrsg.) 2002: Selbst-Singularität-Subjektivität. Vom Neuplatonismus zum Deutschen Idealismus, Amsterdam.
Kremer, K. 1966: Die neuplatonische Seinsphilosophie und ihre Wirkung auf Thomas von Aquin, Leiden ([2]1971).
Mähl, H. J. 1963: Novalis und Plotin, in: Jahrbuch des Freien Deutschen Hochstifts, 139–250.
Mojsisch, B./Summerell, O. F. (Hrsg.) 2003: Platonismus im Idealismus. Die platonische Tradition in der klassischen deutschen Philosophie, München/Leipzig.
Narbonne, J. M. 2001: Hénologie, ontologie et Ereignis, Paris.
Nasemann, B. 1990: Theurgie und Philosophie in Jamblichs De Mysteriis, Stuttgart.
Peroli, E. 2003: Dio, uomo e mondo. La tradizione etico-metafisica del Platonismo, Milano.
Saffrey, H. D. 1990: Recherches sur le néoplatonisme après Plotin, Paris.
Saffrey, H. D./Pepin, J. (Hrsg.) 1987: Proclus: lecteur et interprète des anciens, Paris.
Siorvanes, L. 1996: Proclus. Neo-Platonic Philosophy and Science, Edinburgh.
Smith, A. 1974: Porphyry's Place in the Neoplatonic Tradition. A Study in Post-Plotinian Neoplatonism, Den Haag.
Steel, C. 1978: The Changing Self. A Study on the Soul in Later Neoplatonism: Jamblichus, Damascius and Priscianus, Brüssel.
Tardieu, M. 1996: Recherches sur la formation de l'Apocalypse de Zostrien et les sources de Marius Victorinus, Bures-sur-Yvette/Leuven.

Theiler, W. 1933: Porphyrios und Augustin, Königsberg (erneut in: Theiler 1966a, 160–251).
– 1942: Die chaldäischen Orakel und die Hymnen des Synesios, Königsberg (erneut in: Theiler 1966a, 252–301).
Thiel, R. 1999: Simplikios und das Ende der neuplatonischen Schule in Athen, Mainz/Stuttgart.
Tigerstedt, E. N. 1974: The Decline and Fall of the Neoplatonic Interpretation of Plato, Helsinki.
Trouillard, J. 1972: L'Un et l'âme selon Proclus, Paris.
– 1982: La mystagogie de Proclus, Paris.
Zambon, M. 2002: Porphyre et le moyen platonisme, Paris.

3. Personenregister

4. Sachregister